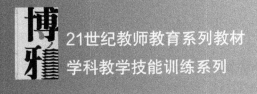

21世纪教师教育系列教材
学科教学技能训练系列

新理念数学教学技能训练

New Concept Training on
Mathematics Teaching Skills

主　编	王光明	冯　虹	康玥媛
编　委	王光明	冯　虹	李　渺
	李　静	仲秀英	庞　坤
	周　莹	钟进均	唐剑岚
	康玥媛	童　莉	程　华

北京大学出版社
PEKING UNIVERSITY PRESS

图书在版编目(CIP)数据

新理念数学教学技能训练/王光明,冯虹,康玥媛主编. —北京:北京大学出版社,2014.11
(21世纪教师教育系列教材·学科教学技能训练系列)
ISBN 978-7-301-24721-1

Ⅰ. ①新… Ⅱ. ①王… ②冯… ③康… Ⅲ. ①中小学—数学课—教学研究—师范大学—教材 Ⅳ. ①G633.602

中国版本图书馆 CIP 数据核字(2014)第 198880 号

书　　　名:	新理念数学教学技能训练
著作责任者:	王光明　冯　虹　康玥媛　主编
丛 书 主 持:	陈　静　郭　莉
责 任 编 辑:	邹艳霞
标 准 书 号:	ISBN 978-7-301-24721-1/G · 3870
出 版 发 行:	北京大学出版社
地　　　址:	北京市海淀区成府路 205 号　100871
网　　　站:	http://www.pup.cn　新浪官方微博:@北京大学出版社
微信公众号:	通识书苑(微信号:sartspku)　科学元典(微信号:kexueyuandian)
电 子 邮 箱:	编辑部 jyzx@pup.cn　总编室 zpup@pup.cn
电　　　话:	邮购部 62752015　发行部 62750672　编辑部 62767857　出版部 62754962
印　 刷　 者:	北京虎彩文化传播有限公司
经　 销　 者:	新华书店
	787 毫米×1092 毫米　16 开本　15.75 印张　370 千字
	2014 年 11 月第 1 版　2024 年 5 月第 7 次印刷
定　　　价:	49.00 元

未经许可,不得以任何方式复制或抄袭本书之部分或全部内容。
版权所有,侵权必究
举报电话:(010)62752024　电子邮箱:fd@pup.cn

目 录

前 言 …………………………………………………………………………… (1)

第 1 章 数学教学技能概述 ………………………………………………… (1)
第 1 节 教学技能的内涵与外延 …………………………………………… (1)
第 2 节 教学技能的训练途径 ……………………………………………… (7)

第 2 章 数学课堂教学设计技能 …………………………………………… (15)
第 1 节 数学课堂教学设计技能概述 ……………………………………… (15)
第 2 节 数学课堂教学设计的书面呈现方式——教案 …………………… (21)
第 3 节 数学课堂教学设计技能的应用及实训 …………………………… (30)

第 3 章 数学课堂导入技能 ………………………………………………… (38)
第 1 节 数学课堂导入技能概述 …………………………………………… (38)
第 2 节 数学课堂导入环节的类型 ………………………………………… (42)
第 3 节 数学课堂导入技能应用策略及实训 ……………………………… (52)

第 4 章 数学教学语言技能 ………………………………………………… (58)
第 1 节 数学教学语言技能概述 …………………………………………… (58)
第 2 节 数学教学语言技能的应用及实训 ………………………………… (71)

第 5 章 数学课堂提问技能 ………………………………………………… (79)
第 1 节 数学课堂提问概述 ………………………………………………… (79)
第 2 节 数学课堂提问的类型 ……………………………………………… (86)
第 3 节 数学课堂提问的构成要素与策略 ………………………………… (89)
第 4 节 数学课堂提问技能的应用及实训 ………………………………… (99)

第 6 章 数学课堂板书技能 ………………………………………………… (105)
第 1 节 数学课堂板书技能概述 …………………………………………… (105)
第 2 节 数学课堂板书的设计 ……………………………………………… (108)

第 3 节 数学课堂板书技能的实施 …………………………………………… (121)

第 7 章 数学课堂信息技术应用技能 …………………………………………… (131)
    第 1 节 数学课堂中的信息技术 …………………………………………… (131)
    第 2 节 信息技术与数学课堂教学整合 …………………………………… (136)
    第 3 节 信息技术在数学课堂教学中的应用策略 ………………………… (141)

第 8 章 数学课堂结束技能 ……………………………………………………… (163)
    第 1 节 数学课堂结束技能概述 …………………………………………… (163)
    第 2 节 数学课堂结束技能的类型与方法 ………………………………… (165)
    第 3 节 数学课堂结束技能的应用策略及实训 …………………………… (173)

第 9 章 数学课堂听课评课技能 ………………………………………………… (177)
    第 1 节 数学课堂听课评课技能概述 ……………………………………… (177)
    第 2 节 如何听课评课 ……………………………………………………… (182)
    第 3 节 评课技能的应用及案例 …………………………………………… (192)

第 10 章 组织数学活动的技能 …………………………………………………… (211)
    第 1 节 数学活动概述 ……………………………………………………… (211)
    第 2 节 组织数学活动的方法与策略 ……………………………………… (219)
    第 3 节 数学活动课的教学技能实训 ……………………………………… (230)

前　言

实现教育现代化,教师是基础,因此提高教师的素质和加强教师的培养是关键。高等师范院校承担着培养"准教师"的任务,那么,培养追求卓越的"准教师"应该是师范院校在教师教育方面的改革方向。

作为一名"准教师",高等师范院校学生要胜任未来的教育工作,除了应具有系统的专业理论知识外,还应具有娴熟的教学技能。《高等师范学校学生的教师职业技能训练大纲(试行)》明确规定了教师应具备的课堂教学技能。教师的课堂教学技能,不但可以体现出教师的内在素质,还可以反映出教师传输教学信息的能力,最终决定着教学质量的高低。

在高等师范院校中,"数学课堂教学技能训练"(数学微格教学)是数学教师教育专业学生的一门必修课。通过数学课堂教学各项技能的训练,学生熟悉和掌握作为数学教师所必备的教学技能,为日后成为优秀教师打下基础。同时,数学课堂教学技能也是在职教师实现专业化发展需要不断钻研和磨炼的职业诉求。

本教材以《国家中长期教育改革和发展规划纲要(2010—2020)》为根本,遵循《基础课程改革纲要》确定的基础教育课程改革的方针政策,体现《义务教育数学课程标准(2011年版)》《中学教师专业标准(试行)》的基本理念,以新理念指导教学方式、教学技能的训练。既可以作为教学技能的理论指导教材,也可以作为微格教学的实践应用教材。教材内容分为以下十章。

第1章是数学教学技能的概述,介绍了技能和教学技能的内涵和基本特征,数学教学技能的类型以及训练途径。此章是本书的理论核心。

第2章介绍了数学课堂教学设计技能。能把数学课堂搭建成每个学生充分发展的舞台,就要求数学教师对教学过程的整体布局做出规划,即设计技能。

第3章介绍了数学课堂教学导入技能。如何在学生思维最佳状态前,运用好导入技能对一节课来说是十分重要的。

第4章介绍了数学教学语言技能。教学语言是课堂教学中传递教学信息的基本载体,教师教学语言水平的高低直接影响着学生的学习成效。

第5章介绍了数学课堂提问技能。德国著名教育家第斯惠(F. A. W. Diesterweg)说:"教学的艺术不在于传授本领,而在于激励和唤醒。"这里所说的激励和唤醒就是激励学生参与学习活动,唤醒学生在学习活动中发挥主动性和自觉性,而激励和唤醒的途径之一就是提问。

第6章介绍了数学课堂板书技能。心理学研究数据告诉我们,学生单凭听觉获得的信息,只能记住15%,将视觉和听觉结合起来,学生就能记住65%以上。板书中的图形、动画,不但可以体现教师处理教学内容的智慧,还可以反映出教师绘制"微型教案"的能力。

第7章介绍了数学课堂信息技术应用技能。计算机、互联网、多媒体等现代信息技术可以化无形为有形、化抽象为直观、化静止为运动,可以为学生提供多种感官的综合刺激,并为课堂教学创造无可比拟的新环境。信息技术带来的不仅是教师教学方式的变革,还有学生学习方式的改变。

第8章介绍了数学课堂结束技能。成功的教学结束技能,不仅能对课堂的内容起到归纳概括、画龙点睛的作用,还能拓展教学内容,激发学生的学习兴趣和求知欲,给学生创造出回味无穷之意境。

第9章介绍了数学课堂听课评课技能。听评课活动的有效开展,不但为同伴教师相互研讨提供了途径,也为校本教研活动的展开提供了支持,同时,听评课活动还能为教师专业化发展提供合理建议。

第10章介绍了组织数学活动的技能。数学活动不仅包括学生动手操作的实验、实践等经历活动,还包括学生头脑的观察、猜想、证明等思维活动。因此,要想使学生获得有效的数学活动经验,教师必须具备组织数学活动的技能。

本教材在阐述理论的同时,均会引用实际教学案例、教师课堂教学录像或教师教育专业学生技能训练录像作为学习范例;个别章节还会附有教学设计、听课记录、评价量规、教学反思等充分展示技能训练提升的全过程。这样安排教材的目的是理论与实践紧密结合,在理论指导下进行实践训练,使技能训练最优化。

本教材与国内同类书相比,另一大特色是侧重于对职前教师(高等师范院校教师教育专业本科生和研究生)和新入职教师的技能训练培养,更注重新手教师经过系统的训练成为经验型甚至是专家型教师这一蜕变过程。

本教材既可作为高等师范院校本科生、研究生教师职前培养专业课程"数学教学技能"的教材,也可以作为教师职后培训或自主学习提升的参考书目。

本教材的内容框架由王光明与冯虹确定,在各位作者的通力合作、集体讨论和共同努力下完成了编写工作。各章具体分工如下:前言由王光明(天津师范大学教授,博士)、冯虹(天津师范大学教授,博士)共同撰写;第1章由康玥媛(天津师范大学讲师,博士)、王光明撰写;第2章由童莉(重庆师范大学副教授,博士)撰写;第3章由仲秀英(重庆师范大学教授,博士)撰写;第4章由康玥媛撰写;第5章由李渺(湖北省工程学院教授,博士)撰写;第6章由程华(陕西省咸阳师范学院副教授)撰写;第7章由庞坤(中国人民武装警察部队学院基础部教授,博士)、李静(河北廊坊师范学院副教授,博士)、王光明共同撰写;第8章由唐建岚(广西师范大学教授,博士)、周莹(广西师范大学教授)共同撰写;第9章由钟进均(广东省广州市白云中学高级教师)、王光明共同撰写;第10章由康玥媛撰写。

虽然对于本教材的编写,我们付出了很大的精力,但由于水平有限,一定存在许多不足,恳请各位同仁提出宝贵意见。

编者
2014年8月

第1章　数学教学技能概述

本章概要

　　教学技能是教师在教学过程中,在教育政策和教育理念的指导下,运用与教学有关的知识和经验,促进学生发展,达成教学目标,顺利地完成教学活动、教学任务的能力。本章主要介绍:什么是技能和教学技能;教学技能的基本特征;数学教学技能的类型;数学教学技能的训练途径。

学习目标

　　通过本章的学习,你应该
　　1. 了解教学技能的概念及其特征;
　　2. 掌握数学教学技能的分类;
　　3. 知道数学教学技能的训练途径;
　　4. 了解微格教学的产生、含义及实施步骤。

关键术语

　　◆ 教学技能　　◆ 数学教学技能　　◆ 微格教学

第1节　教学技能的内涵与外延

　　"高等师范学校应当用其他的方法来培养我们的教师,如怎样站、怎样坐……怎样提高声调、怎样笑和怎样看等'细枝末节'……这一切对教师来说都是很有必要的,如果没有这些技巧,那就不能成为一个好教师。"

苏联教育家马卡连柯

　随堂讨论

　　再请同学们思考、并讨论这样一个问题:
　　早在100多年前,约翰·杜威就将教师列为与建筑师、工程师、医生等专职人员同等对待的职业。那么你认为一名合格的教师,是否与医生、工程师等职业一样需要掌握一定的专业技术?是否需要经过理论学习和实践训练才能走上讲台?

有人认为,教师更多的是依赖经验,而建筑师、工程师、医生凭的是专业技术。这种说法经不起推敲:以临床医生为例,首先要有医德,从医还要有医学理论指导,同时要具备一定的专业技能(如手术操作技能等),而且也需要从医经验,否则病人为什么都愿意找有经验的老大夫看病呢?同样,教师职业素养也包括师德素养、专业知识、教学技能和教学经验。其中,教学技能就是一项专业技术。

各种职业都想成为专业,但并不是所有的职业都可以专业化,各种职业的特点就是其专业化的立足点。对于教师这一职业,国际劳工组织、联合国教科文组织联合建议《关于教员地位的建议》(1966年)宣称:教师是一种职业,教学是教师的"专业"。我国于1993年颁布《中华人民共和国教师法》,明确规定"教师是履行教育教学职责的专业人员……"故毋庸置疑、无可争辩的是:教师也是国家专业技术职称的拥有者,教师这一职业也是具有专业性和技术性的。

知识小卡片

教师职业专业化

教育质量只有当学校教学发展为一门成熟的"专业"时才能得到改善。

美国《有装备的国家:21世纪的教师》

中华人民共和国教师法①

总则

第三条 教师是履行教育教学职责的专业人员,承担教书育人、培养社会主义事业建设者和接班人、提高民族素质的使命。教师应当忠诚于人民的教育事业。

第三章 资格和任用

第十条 国家实行教师资格制度。中国公民凡遵守宪法和法律,热爱教育事业,具有良好的思想品德,具备本法规定的学历或者经国家教师资格考试合格,有教育教学能力,经认定合格的,可以取得教师资格。

既然教师是具有一定教育教学能力的专业技术人员,那么,什么是教育教学能力?什么是教学技能?数学教师又需要具备哪些教学技能?教学技能具有哪些显著的特征?通过什么途径和方法来训练数学教学技能?经过学习和训练之后,如何来评价训练的结果?本章将对这些问题一一作答。

一、教学技能的概念

数学教学是一个师生交流互动的复杂过程,这个过程不仅需要数学教师具备一定的专业知

---

① 全国人民代表大会常务委员会.中华人民共和国教师法[Z].1993-10-31.

识,而且需要教师具有熟练的数学教学技能。因此,掌握各种数学教学基本技能,并能娴熟运用这些数学教学技能是一名合格数学教师必备的专业素养,也是数学教师必须掌握的教学基本功。

(一) 技能

《中国大百科全书·心理学卷》把技能定义为"通过练习获得的能够完成一定任务的动作系统";《辞海(教育学·心理学分卷)》认为:"运用知识和经验执行一定活动的能力叫'技能',通过反复练习达到迅速、精确、运用自如的技能则叫'熟练',也叫'技巧'"[①];《心理学大词典》将技能定义为"个体运用已有的知识经验,通过练习而形成的智力活动方式和肢体的动作方式的复杂系统";《教育大词典》把技能定义为"主体在已有的知识经验基础上,经练习形成的执行某种任务的活动方式"。潘菽在《教育心理学》[②]里指出:"技能是顺利完成某种任务的一种活动方式或心智活动方式,它是通过练习获得的。技能包括动作技能与心智技能,在完成比较复杂的活动过程中,不仅需要心智技能,而且也需要动作技能。"

综上,我们认为技能一般是指运用实践知识和经验,通过练习而形成的、按一定规则或操作程序顺利完成某种任务的能力;技能包括认知技能与动作技能,技能训练是掌握复杂活动的有效途径。

(二) 教学技能

国内外关于教学技能的概括,有众多的表述,比较有代表性的有如下几种。

1. 行为说

澳大利亚学者克利夫·特尼的"行为说"认为,基本教学技能是在课堂教学中教师的一系列教学行为;我国学者张明成认为,教学技能是教师在课堂教学中,依据教学理论运用专业知识和教学经验等,使学生掌握学科基础知识、基本技能并受到思想教育等采用的一系列教学行为方式。[③]

2. 活动(方式)说

莫里逊和马肯它尼亚的"活动'方式'说"认为,教学技能是为了达到教学上规定的某些目标所采取的一种极为常用的、一般认为是有效的教学活动方式;我国教育部指出,教学技能指教师在教学过程中运用一定的专业知识和经验顺利完成某种教学任务的活动方式;[④]我国学者郭友提出"教学技能也包括心智技能和动作技能两个方面,协调统一共同完成教学活动"[⑤]。

3. 结构说

斯诺的"结构说"认为,教学技能是由与行为及认知有关的事项的结构系列组成。[⑥]

4. 能力说

加涅和安德森的"能力说"认为,教学技能是用于具体情景(教学情景)的一系列操作步骤,包

---

① 辞海编辑委员会.辞海(教育学·心理学分卷)[M].上海:上海辞书出版社,1987:191.
② 潘菽.教育心理学[M].北京:人民教育出版社,1983:138-140.
③ 张明成.数学教师教学技能发展路径探析[J].当代教育理论与实践,2011,3(1):120-122.
④ 教育部师范教育司.教师专业化的理论与实践[M].北京:人民出版社,2001.
⑤ 郭友.对师范生教学技能培训模式的探讨[J].高等师范教育研究,1999,61(6):39-43.
⑥ 胡淑珍,等.教学技能[M].长沙:湖南师范大学出版社,1996:2.

括教师在教学中表现出来的动作技能、智慧技能、认知策略等；我国学者认为教学技能应是教师通过练习而形成的运用已有的专业知识、教学理论知识、规则和相关教育技术知识，顺利完成某种教学任务达成教学目标的能力[①]。

综上所述，我们认为教学技能是教师在教学过程中，在教育政策和教育理念的指导下，运用与教学有关的知识和经验，促进学生发展，达成教学目标，顺利完成教学活动、教学任务的能力。教学技能是教学认知技能和教学动作技能的综合体现，教学技能训练是掌握复杂教学活动的有效途径。

二、教学技能的特征

教学过程是一项复杂的活动，教师在课堂上的教学行为是多种多样的，并表现出一定的灵活性，所需要的教学技能也是复杂而多种多样的。教学技能首先具备一般职业技能的一些共同特征，如技能的专业性，技能的稳定性和连续性，以及训练形式上的实践性等。同时，教学技能还具有一些特殊的专业特征。分析各种教学技能，我们将其特点归纳为以下几个方面。

（一）教学技能的目标明确

教学是一种目标明确、计划性强的活动。为了达到教学目标的要求，教学中教师的每一种教学行为都要有具体的目标指向。教学技能是教师的教学行为方式，它的应用是为实现教学目标服务的。不同的教学技能是与不同的目标相联系的，不同的教学目标要求有与之相适应的教学技能才能完成教学任务，达成教学目标。[②]

（二）教学技能具有一定的知识和经验基础

数学课堂教学技能是以教师已有数学学科知识、教学理论知识和数学教学经验为基础的。教师教学技能水平与教师所掌握的知识和拥有的教学经验有很大的关系。一名合格的教师，必须掌握必要的数学学科知识，清楚数学学科知识的基本结构、组成以及数学知识之间的关联，才有可能恰当灵活地应用各种技能，有效地建构课堂。同时，教师教学技能的选择和应用，还会受到教师本人及他人在数学课堂中教学技能的选择、实际实施效果和经验的影响。因此，教学技能既与教师所拥有的数学学科、教育科学等广博的知识有关，也与其所经历的实践经验有关。

（三）教学技能是后天习得的

教学技能是后天习得的，也就是说教学技能是可以通过学习和训练而获得的技能。同时，凭借日积月累的反复训练是可以改变和提高的，而不是与生俱来、不可改变的。因此，只要经过勤奋的学习、反复认真的训练、不断的实践应用，就可以具有娴熟的教学技能。

（四）教学技能具有可操作性

教学技能不同于一般的抽象的教学理论，学习后通过影响教师的观念和教学思想而间接影响教师的教学。教学技能是具体的、可操作的，学习和掌握了这些技能，就可以直接运用于课堂教学实践，解决教学中的实际问题，提高教学效果。为便于被训练教师理解和掌握，便于指导教

---

① 卢强，郑立坤.师范生教学技能培养策略研究[J].信阳师范学院学报，2010,(30):169-73.
② 高艳.现代教学基本技能[M].青岛：青岛海洋大学出版社，2000.

师和被培训教师之间,以及研究者之间进行交流,每项技能必须有确定的内涵和外延,揭示技能的本质及其适用范围。因此,每项教学技能的构成明确而具体,具有很强的可操作性和广泛的应用性。[①]

(五) 教学技能具有灵活性

如前所述,课堂教学技能有着一般规律,有一般的操作程序和实施方法要领,但在具体的教学环境下,往往因教学对象的不同、教学内容的不同以及教师的个性差异、课堂教学变化等因素所致,每一种技能的运用都不可能是模式化和千篇一律的。在数学课堂上,教学技能的应用是灵活而多样的。教师对于所学习和掌握的教学技能不可机械套用、简单模仿。

总之,教学技能具有专业性、稳定性、连续性以及训练形式上的实践性等一般职业技能的基本特征,以及目标明确、需要知识和经验基础、后天习得性、可操作性、灵活性等教学专业特性。

三、教学技能的分类

对教学技能进行科学、系统的分类,不仅可以加深理解教学技能的内涵和外延,同时使得各项技能可以有针对性地进行训练,也便于在课堂中的应用和课堂教学观察者、研究者的测量与评价。关于教学技能的分类直接影响到技能的训练效果,合理进行分类至关重要。国内外比较典型的几种分类如表1-1所示。

表1-1 教学技能的分类

国家	提出年代、倡导人	教学技能观及分类标准	教学技能的分类
美国	20世纪60年代,斯坦福大学的爱伦和瑞恩	"细分"和"可观察的行为改进"模式。从常见要素中,选取普遍要素	(1)变化的刺激;(2)导入;(3)总结;(4)非语言启发;(5)强化学生参与;(6)提问的频度;(7)探索性提问;(8)高水平提问;(9)发散性提问;(10)确认;(11)例证;(12)运用教材;(13)有计划的重复;(14)交流的完整性
美国	20世纪60年代,专家莫利	将斯坦福大学的14种技能,按照教学前、中、后分为三大类	(1)教学之前的技能——计划;(2)教学之中的技能——将计划付诸实施,主要包括导入、交流、使用刺激变化、有效使用强化、提问、课堂管理、结束、评价目标;(3)教学之后的技能——评价技能
英国	20世纪70年代,新犹斯脱大学的布朗	根据学生在课堂学习中的动力结构和认知活动的变化	(1)导入和结束;(2)概念教学;(3)教学的生动性;(4)解释;(5)倾听;(6)提高与提示;(7)强化;(8)参与
英国	20世纪70年代,心理学家特鲁特	将教学技能与学生相联系,选出教学中能够表现、观察、量化分析的教学技能	(1)变化的技能;(2)导入的技能;(3)强化的技能;(4)提词的技能;(5)例证的技能;(6)说明的技能

---

① 郭友.教师教学技能[M].北京:首都师范大学出版社,1993:249.

(续表)

国家	提出年代、倡导人	教学技能观及分类标准	教学技能的分类
澳大利亚	20世纪70年代,悉尼大学的克利夫	沿袭了斯坦福大学模式,并做了改进:教学技能共分为5个系列,前2个系列包括6项基本技能,后3个系列是三项综合式的教学技能	系列1:强化技能、低级提问技能和变化的技能; 系列2:讲解技能、导入和结束的技能、高级提问技能; 系列3:课堂管理和纪律控制技能; 系列4:讨论指导技能、小组教学技能、个别化教学技能; 系列5:通过发现学习和创造性学习,培养学生创造能力和发展学生思维能力的技能
中国	20世纪90年代,北京教育学院郭友、孟先凯等	根据教学行为的方式和信息交流、传播的形式及过程,将教学技能分为10类	(1)导入技能;(2)教学语言技能;(3)提问技能;(4)讲解技能;(5)变化的技能;(6)反馈强化的技能;(7)教学演示的技能;(8)板书技能;(9)结束技能;(10)教学组织技能
中国	1994年,原国家教委师范司	《高等师范学校学生的教师职业技能训练大纲(试行)》根据教师备课、上课、课后评价及教研这一完整的教学过程,将教师教学工作技能分为5大类,其中的课堂教学技能又分为9小类	教师教学工作技能包括5大类: (1) 教学设计技能。 (2) 使用教学媒体的技能。 (3) 课堂教学技能:①导入技能;②板书板画技能;③演示技能;④讲解技能;⑤提问技能;⑥反馈和强化技能;⑦结束技能;⑧组织教学技能;⑨变化技能。 (4) 组织和指导学科课外活动的技能。 (5) 教学研究的技能

基于不同的文化背景、不同的教育理念、不同的教学技能观,以及分类思想的差异,对于教学技能的分类也会不尽相同。综合国内外典型分类模式,并主要借鉴我国《高等师范学校学生的教师职业技能训练大纲(试行)》中的基本教学技能,再结合数学学科的学科特点以及新课程的改革理念,我们对数学教学技能进行分类,选取数学教学前、中、后整个过程中所需的教学技能,主要包括如下几种(见图1-1)。

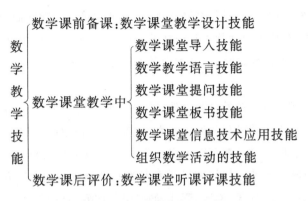

图1-1　数学教学技能分类

其中,信息技术应用技能以及组织数学活动的技能是信息时代、新课程体系中必备的新型教学技能。

第2节　教学技能的训练途径

数学课堂教学技能的形成,除了其基本原理外,更多的需要在理论指导下经过反复的实践训练,才能真正掌握各种数学课堂教学技能。

一、教学技能的训练途径

教学技能必须通过强化训练而获得,关于教学技能的训练,依据训练的方法和环境大致可以分为以下几种途径。

（一）理论学习

原国家教委师范司早就要求各师范学校和师资培训部门开设职业技能训练课,于1994年下发了《高等师范学校学生的教师职业技能训练大纲》(简称《大纲》)并编写了一系列教材。其中,《大纲》中明确规定教学技能训练中的讲授与实践的学时比例为1∶2。这意味着在进行教学技能训练时,重视实际操作、训练固然重要,但也不能忽视教学技能基本理论的学习。在教学技能的训练中,教师应该首先介绍各种教学技能的含义、实施程序或模式、操作要领、适用范围和相关要求、注意事项等,有时还要进行教学示范或课例展示。理论学习应占到教学技能培训的2/3学时,在此基础上,再由学生进行训练。对于本教材的讲授和学习即达到了理论学习的目的。

（二）观摩训练

各种技能的训练都是从学习、模仿开始的,然后再通过反复强化而达到熟练掌握某种技能的境界。故观摩训练是教学技能训练的一种重要途径,可以通过多种方式完成,常见的主要有以下几种。

1. 观看优秀课录像

由教师甄选优秀的完整课堂教学录像,或是能够充分反映某种教学技能特征、某个环节的教学片段,提供给学生课上或课下观摩学习。关于案例的展示需要注意,一般以正例为主;若需要用到反例说明,案例教学的模式也应先展示正例,让学生知道正确的方式,然后再用反例加以对比。观看录像这种训练方式不受环境、客观条件、学校管理等因素的限制,便于观看和反复研讨,操作性强,观摩效率高,而且是由教师主动选择的,一般会比较符合训练目的。但不足是,学生没有亲身体验,没有经历实践操作,故还需要配合其他训练方式使用。

2. 教育见习

对于师范院校的学生来说,在教育教学理论学习之后,一般师范院校会组织学生赴中小学参加教育教学实践活动,实践活动又分为见习和实习,首先进行训练的是教育见习活动。在见习过程中,有师范院校的教学技能培训教师以及中小学的一线教师共同作为学生的指导教师。在这一阶段,学生主要向指导教师学习如何进行课程资源的采集与利用,如何进行教材分析,如何进行教学设计和编写教案,如何听课、说课、评课,如何编写试卷、批改作业、参与教师教研等见习活动。需要完成的训练任务主要是数学课堂教学设计技能训练、在数学课堂教学中应用信息技术的技能训练和听课评课的技能。通过教育见习,学生们有机会感受一线教学的最真实状况,亲历中小学的各个教学环节,体验教师的职业生活。

(三) 微格教学

在上述基础上,学生应进行模拟训练或纠正训练。模拟训练可以采用微格教学(Microteaching)的方式进行练习。微格教学是师范生和在职教师掌握和提高课堂教学技能的一种国际公认并普遍使用的有效训练途径。北京教育学院微格教学课题组应用微格教学进行教学技能的训练,经过多年的实践和研究认为,微格教学是一个有控制的实践系统,它使师范生有可能集中解决某一特定的教学行为,或在有控制的条件下进行学习,它是建筑在视听理论和技术基础上,系统训练教师教学技能的方法。微格教学是教学技能训练方法中的最佳选择,然而,它毕竟是一种模拟教学,不是真实的教学,而且每次训练的技能有限,不利于综合运用。因此,必须将微格教学与教育见习和实习等多种教学技能训练方法结合起来,取长补短,以发挥多种方法的互补作用和综合效应。后面还要详细介绍微格教学的有关内容。

(四) 实践训练

实践训练是指在真实的教学环境中进行教学技能训练的方法。实践训练既可以对专项教学技能进行训练,也可以对多种教学技能进行综合运用、整体感受。根据训练者身份的不同,可以分为以下几种具体方式。

1. 教育实习

对师范院校的学生来说,教育实习是进行实践训练的最有效的方法。在使用此种方法时,要事先制定好训练目标和计划,最后要有分析评价。这种训练方法,由于教学面对的是真正的学生,是真正的教学情境,讲授的是完整的课时,实习生可以直接将前期学习的抽象的教学理论应用到实践中去,检验其学习结果并及时加以纠正、改进。教育实习的训练方法是在前面几种训练方法基础上的综合运用,对实习生的要求高、有一定的挑战性,但同时也能迅速增进实习生的各种教学技能,训练的效果会更好一些。但这种方法必须有严格的组织管理和充分的教师指导,学生才能受益,快速进步,否则将会因松散无序而难以保证训练效果。更严重的情况是,若学生在实习过程中没有获得良好的训练和指导,在授课过程或实习其他环节遭遇挫折或不好的经历,很有可能会打击学生的积极性和成为一名优秀教师的信心。学生的教育实习活动尤其是第一次实践教学至关重要,不仅影响着学生教学技能训练的效果,而且直接影响着学生的职业规划和定位。因此,实施教育实习这种训练方法,必须做好充分的训练准备并且认真训练,才能提高学生的教学技能,同时,为其成为一名优秀教师打好基础,增强其优质教学的信心。

2. 教学实践

对于在职教师来说,教学实践是训练教学技能的主要途径,这种方法是结合日常的教学实践而进行教学技能训练。教师除了在学习和进修期间进行专门的教学技能训练之外,在参加工作之后,在日常教学当中,对于教学技能的训练也不能松懈,只有不断反思、持之以恒才能逐步提高。要成为一名优秀而出色的教师,其课堂教学技能水平不能只停留于熟练操作的层面,在基本教学技能达到熟练后,还应该继续追求教学的艺术性,并逐渐形成个人独特的教学风格。创造性、艺术性地应用各种技能,仅靠机械训练难以实现,还要通过不断学习、不断实践、不断总结经验,才能提高自己的教学能力。

3. 教学技能比赛

无论是在校学生还是在职教师,都有很多参加校内、省市乃至国家级教学技能比赛的机会。比如,比较有影响力的全国性的比赛如"东芝杯"教学技能大赛、"人教社杯"教学技能大赛等。当然,教师或本科生所在省市、区县,以及学校,也经常会组织各种说课、微课比赛等活动。通过参加比赛,能够得到教学专家以及其他同行教师的评价与指导,还可以与其他优秀教师进行比较,能够很快找到自己的不足与差距,也是一种在短期内迅速提高教学技能的有效途径。

二、微格教学

由于微格教学是一种在校生以及在职教师均可使用的有效训练途径,也是本教材各种教学技能训练的主要方式,故有必要对微格教学进一步介绍。

(一) 微格教学的概念

微格教学于1963年产生在美国斯坦福大学,是训练师范生和在职教师掌握教学技能的国际普遍使用的一种方法。它借助现代化视听工具,以受训者掌握某一特定教学技能为目标,以微型班为教学对象,通过微型课的练习来形成教学技能的训练系统。由于班级小、内容少、课时短,实际上就是一种缩小的教学实践。20世纪70年代末80年代初传入我国,又被译为"微型教学""微观教学"或"小型教学"等,后统一称作"微格教学"[1][2]。从20世纪90年代至今,微格教学这种训练方法在我国教师教育培训中得到广泛使用和推广。不仅在我国,微格教学在澳大利亚、南美、西欧、东欧、非洲、印度、日本等地区和国家都是为培养师范教育学生和培训在职教师而设的专门课程。

---

[1] 郭友. 教师教学技能[M]. 北京:首都师范大学出版,1993:1.
[2] 胡淑珍,等. 教学技能[M]. 长沙:湖南师范大学出版社,1996:2.

（二）微格教学的特点

微格教学与真实的教学实践不同，与其他教学技能训练途径也有所不同，微格教学具有其明显的训练特征。

1. 训练目标明确、有针对性

微格教学技能训练这种方法，具有明确的训练目标。微格教学要依据学生的实际需求和训练的条件，选择不同的训练重点，制定不同的训练目标，每次可以有针对性地训练某一种或几种特定技能，也可以训练几种技能综合运用的能力。在训练过程中，可以发现影响该项特定技能发挥的因素和薄弱环节，从而再有针对性地纠正和反复训练。

2. 微型

如前所述，微格教学是一种缩小的教学，所谓"微"是"微型""细化""细分"的意思。"微"主要体现在：①规模小，首先班级总人数少，并且实施技能训练时，一般每小组4～8人，最多不超过10人；②课时短，每人每次只讲授5～10分钟；③内容少，由于课时短，故微型教学的备课内容和教学内容也少，每次训练的主要技能也有限；④综合以上特点，学生教学的负担小，相应的心理压力也小。

3. 规范

并不是随意的规模小、时间短就可称之为微格教学，而是有一定的"规格""规范"的。微格教学中的"格"取自"格物致知"，是推究、探讨及变革的意思，又可理解为定格或规格，它还限制着"微"的量级标准，每格都要限制在可观察、可操作、可描述的范围内。[1] 故微格教学还强调规范性，虽然规模小、人数少、课时短、内容少，但是仍与真实的课堂教学一样，每次训练都有明确的训练目标，有严格的组织程序，每次都要在限定时间内完成特定的训练内容，在微格教学中体现特定教学技能的应用。

4. 运用先进的教育技术

微格教学是建立在视听技术的基础上，利用先进的教育技术，将微格教学的过程和很多细节都如实地、完整地记录下来。进而便于及时发现问题，并可以在重要处暂停讲评、反复观看。通过这种形式，不仅可以进行教师和小组评价，还可以进行学生自评。同时，还可以积累大量丰富的教学录像，作为日后师生学习、观摩、研究的宝贵资源。

（三）微格教学的实施

首先，利用微格教学来训练教学技能应该在专门的微格教室进行，微格教室应具备主控电脑、监视器、摄像机、扩音器等基本设备，并且具有自动同步录播系统等条件。

具体的操作步骤包括确定训练目标、理论学习、观摩范例、编写教案、教学实训、反馈评价这六个步骤。若未达到训练目标，还需要反复训练、改进直至达到训练目标为止，故也可以将反复改进作为操作过程的第七个步骤，如图1-2所示。

---

[1] 崔鸿.新理念生物教学技能训练[M].北京：北京大学出版社，2010：8.

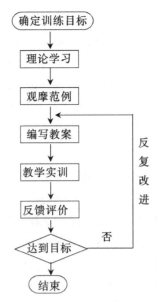

图 1-2 微格教学实施过程流程图

1. 确定训练目标

进行微格教学的第一步就是首先要确定训练目标。只有在训练开始时,向受训者明确地提出训练要求以及最终目标,受训者才能在微格教学实训的环节中有的放矢地进行各项技能及其具体要素、各种方法和使用策略的实际操作训练。训练目标要明确、具体,既要确定需要训练何种教学技能,也要明确训练后要达到的能力水平或表现。比如,某节微格教学的训练目标如案例 1-1 所示。

案例 1-1　　　　　　微格教学训练目标

训练技能:数学教学导入技能

训练技能目标:

① 能够选择一种恰当的导入方法(例如,直接导入法、复习导入法、情境导入法、问题导入法等),并在微格教学中熟练应用该方法。

② 在导入过程中,能够体现出导入的目的性和指向性,并能够激发学生的积极思考。

---

2. 理论学习

在确定了微格教学的训练目标之后,就要对所要训练的该项技能进行理论学习,了解该项技能的概念、理论基础、技能要素、实施的具体方法、实施的基本原则、注意事项等知识。比如,在进行提问技能的实训之前,我们要学习关于提问的概念,数学课堂提问的功能,进行有效提问的前提和基本原则,数学课堂提问的各种类型,以及进行有效提问的策略。通过系统地学习这些理论知识,受训者在实训中能够将所学的理论知识运用到实践中,再通过反复实训,深化个人对理论知识的理解。受训者不仅知道要训练什么、如何做,更重要的是知道为什么要这样做。理论学习不仅有利于实际训练,也利于实训后的反馈评价环节的开展,有利于师生之间进行较深层次、理论水平的交流讨论和受训者个人的经验总结与提炼。

3. 观摩范例

针对所训练教学技能，观摩典型范例是很有必要的。为了使受训者对所训练的教学技能有直观的印象，同时也便于初学者在训练初期进行模仿，可以通过教师直接示范的形式进行观摩、学习，也可以观摩教学录像。在教学示范或观摩录像之前，教师要强调观摩的重点，便于学习者有针对性地观看；观摩范例之后，教师要对该范例进行分析和解释，再次强化学习者对该技能的感知和理解。

4. 编写教案

围绕训练技能目标，在理论知识和典型范例的指导下，学习者初步尝试编写微格教案。微格教学教案的编写遵循一般教案编写的要求，关于如何进行数学课堂教学设计，如何编写教案，我们将在第 2 章详细讲述。同时，微格教学作为一种教学技能训练方式，其教案的结构有其独特之处：首先，要体现微格教学的特点（如前所述）；其次，微格教案除了要具备一般教案所包含的教学目标、教学内容、教学重点难点、教学过程等内容之外，还要包含训练技能目标、教学技能类型（或要素、具体方法等），以便于实训操作，也便于核查、评价；最后，为了给受训者提供指导，便于进一步修改教案和反复训练，微格教案还十分重视对受训者所编写的教案以及实训过程的反馈评价环节。下面给出微格教学教案的基本格式，供大家在进行微格实训时使用，见表 1-2。

表 1-2　微格教学教案

学科_____年级_____讲授者_____指导教师_____日期_____

<table>
<tr><td colspan="2">训练技能</td><td></td><td>教学课题</td><td></td></tr>
<tr><td colspan="5">确定训练目标及教学目标</td></tr>
<tr><td>训练
技能
目标</td><td colspan="2">1.
2.
3.</td><td>教学目标</td><td>1.
2.
3.</td></tr>
<tr><td colspan="5">教学内容及重难点</td></tr>
<tr><td>教学
内容</td><td colspan="2"></td><td></td><td></td></tr>
<tr><td>教学
重点</td><td colspan="2"></td><td>教学难点</td><td></td></tr>
<tr><td colspan="5">教学过程(实训)</td></tr>
<tr><td>时间分配（共10分钟）</td><td>教师行为</td><td>教学技能类型或具体方法</td><td>教学手段或教学媒体</td><td>学生行为
（预想学生参与活动的反应或回答）</td></tr>
<tr><td></td><td></td><td></td><td></td><td></td></tr>
<tr><td></td><td></td><td></td><td></td><td></td></tr>
</table>

(续表)

训练技能		教学课题	
反馈评价			
自我评价	教学反思		
他人评价	小组评价		
	教师评价	1. 2. 3.	
成绩	优（ ）　良（ ）　合格（ ）　需努力（ ）		

5．**教学实训**

实施微格教学的形式是进行分组训练，模拟真实教学情境。每个小组4～8人为宜，每个被训练学生轮流针对某个教学环节或某种教学技能进行模拟教学，扮演"教师"角色，每人试讲5～10分钟为宜。比如进行"指数函数"这一内容的新授课的试讲，可以训练"数学课堂导入技能""数学课堂教学信息技术应用技能"等。试讲过程中，其他组员扮演"学生"角色。试讲过程全程录像，以记录受训者的教学行为和学生学习行为。

6．**反馈评价**

实训后，指导教师和受训者以及其他学生共同重复观看教学录像，进行反馈评议，主要目的是检查受训者是否按照预定的微格教案进行授课，是否达到了预定的微格教学目标，是否达到了技能训练目标，是否掌握了所训练的教学技能。具体方法：首先由受训者对本人的微格教学活动做一个简短的说课，进行自我评价和课后教学反思，便于讲授者经验的固化和技能的提升；然后，小组内进行相互交流，分析优、缺点；最后，指导教师进行总结，教师在评价时，既要肯定其成功之处，鼓励受训者继续保持，同时，也要指出不足之处并提出修改建议，便于受训者及时调整和改进。最后评价人员填写评价意见，给出具体的评价等级。

7．**反复改进**

在反馈评价环节，成绩优秀或良好者，或已经达到训练目标的学生，可进入下一技能的学习，练习新的教学技能；若未达到训练目标，则受训者需要根据评议中提出的问题，修改或重新编写微格教案，经过调整修正后，进行第二次教学实训，或只针对其存在问题的行为进行训练，直至准确掌握该技能。

本章总结

技能一般是指运用实践知识和经验，通过练习而形成的、按一定规则或操作程序顺利完成某种任务的能力；技能包括认知技能与动作技能，技能训练是掌握复杂活动的有效途径。

教学技能是教师在教学过程中，在教育政策和教育理念的指导下，运用与教学有关的知识和经验,促进学生发展,达成教学目标,顺利地完成教学活动、教学任务的能力。教学技能是教学认知技能和教学动作技能的综合体现,教学技能训练是掌握复杂教学活动的有效途径。

教学技能的特征,主要有专业性、稳定性、连续性以及训练形式上的实践性等一般职业技能的基本特征,以及目标明确、需要知识和经验基础、后天习得性、可操作性、灵活性等教学专业特性。

数学教学技能主要包括:数学课堂教学设计技能,数学课堂导入技能,数学教学语言技能,数学课堂提问技能,数学课堂板书技能,数学课堂信息技术应用技能,组织数学活动的技能以及数学课堂听课评课技能。

教学技能必须通过强化训练而获得,关于教学技能的训练大致可以分为以下几种途径:理论学习,观摩训练,微格教学和实践训练。

思考与练习

1. 常见的数学教学技能有哪些?
2. 什么是微格教学?微格教学实施的基本步骤有哪些?
3. 根据"微格教学教案"的基本格式,针对高一数学"指数函数"一节的导入环节,编写一份微格教案。

参 考 文 献

[1] 潘菽.教育心理学[M].北京:人民教育出版社,1983.
[2] 辞海编辑委员会.辞海(教育学·心理学分卷)[M].上海:上海辞书出版社,1987.
[3] 全国人民代表大会常务委员会.中华人民共和国教师法[Z].1993-10-31.
[4] 郭友.教师教学技能[M].北京:首都师范大学出版社,1993.
[5] 胡淑珍,等.教学技能[M].长沙:湖南师范大学出版社,1996.
[6] 郭友.对师范生教学技能培训模式的探讨[J].高等师范教育研究,1999,61(6):39-43.
[7] 高艳.现代教学基本技能[M].青岛:青岛海洋大学出版社,2000.
[8] 教育部师范教育司.教师专业化的理论与实践[M].北京:人民出版社,2001.
[9] 崔鸿.新理念生物教学技能训练[M].北京:北京大学出版社,2010.
[10] 卢强,郑立坤.师范生教学技能培养策略研究[J].信阳师范学院学报,2010,(30):169-73.
[11] 张明成.数学教师教学技能发展路径探析[J].当代教育理论与实践,2011,3(1):120-122.

第 2 章　数学课堂教学设计技能

本章概要

　　数学课堂教学设计是教师根据学生的认知发展水平和课程培养目标,制定具体数学教学目标,选择数学教学内容,设计数学教学过程各个环节的过程。整个教学设计过程是一个系统的工程,其核心问题是教什么,怎样教,达到什么效果,数学课堂教学设计能使教学理论准确地转化为实践,使教学效果具有较多的可预见性,它是教师教学技能的重要组成部分,它的基本任务一是通过教学设计的前端分析形成具体的教学理念;二是通过教学设计技能把具体的教学理论转变、物化为教学工作方案。

学习目标

通过本章的学习,你应该
1. 了解数学课堂教学设计技能的概念;
2. 明确数学课堂教学设计的基本步骤;
3. 掌握数学课堂教学设计前端分析的方法;
4. 掌握数学课堂教学设计书面呈现形式——教案的撰写方法;
5. 初步学会应用数学课堂教学设计的步骤和方法进行简单教学内容的设计。

关键术语

◆ 数学课堂教学设计　　◆ 教学内容分析　　◆ 学习者分析　　◆ 学习需要分析
◆ 教案

　　什么是数学课堂教学设计,什么是数学课堂教学设计技能,数学课堂教学设计由哪些部分构成,如何进行数学课堂教学设计?本章将围绕这些问题展开。

第 1 节　数学课堂教学设计技能概述

一、什么是数学课堂教学设计

　　数学备课的问题,用专业术语来讲,就是数学课堂教学设计的问题。为了准确把握数学课堂教学设计的含义,我们首先应从数学教学的本质出发来分析一下数学教学的构成要素。

(一) 数学课堂教学设计的构成要素

数学课堂教学活动是师生积极参与、交往互动、共同发展的过程。① 从数学教学的构成要素来看,它是由教师、学生、教材、教学环境这四个要素组成的一个系统,这四个基本要素的关系如图 2-1 所示。

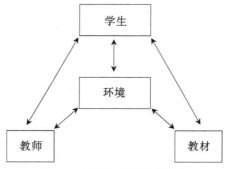

图 2-1　数学课堂教学四要素

1. 学生的地位

有效的数学教学活动应体现"以人为本"的理论,目标是促进学生的全面发展。教师、教材、环境这三个要素一起支撑起促进学生全面发展的目标,学生在数学教学中处于非常重要的主体地位。学生在获得知识技能的过程中,只有亲身参与教师根据教材和环境精心设计的教学活动,才能在数学思考、问题解决和情感态度方面得到发展。数学教学过程是学生对数学知识的主动建构的过程,教师、教材、环境起着重要的支架作用,为学生的发展提供条件和可能性。但最为主要的是学生的主观能动性,表现为数学学习的兴趣、愿望、信念和策略等,它能使学生发展的可能性变为现实。在数学教学中,我们不能忽视学生学习的主观能动性,应充分激发学生的求知欲,让学生学会学习,让学生正确建构自己的数学认知结构,提高他们的数学水平,促进他们的全面发展。

2. 教师的地位

教师在学生数学学习中所起的支持作用表现在,教师是数学活动的组织者、引导者和合作者。教师要了解学生原有的数学水平和可能达到的数学水平,将数学活动设置在两者之间,即维果茨基提出的最近发展区,与学生合作、搭建台阶,引导学生从现有的水平达到可能的水平,使学生"跳一跳,摘个桃",调动学生的主动性,不能把数学知识作为一种"结果"直接传授给学生,要把数学知识的学习作为一种过程让学生参与。

正如《义务教育数学课程标准(2011 年版)》中提到的,教师的"组织"作用主要体现在两个方面:第一,教师应当准确把握教学内容的数学实质和学生的实际情况,确定合理的教学目标,设计一个好的教学方案;第二,在教学活动中,教师要选择适当的教学方式,因势利导、适时调控、努力营造师生互动、生生互动、生动活泼的课堂氛围,形成有效的学习活动。教师的"引导"作用主要体现在:第一,通过恰当的问题,或者准确、清晰、富有启发性的讲授,引导学生积极思考、求知求

---

① 中华人民共和国教育部.义务教育数学课程标准(2011 年版)[M].北京:北京师范大学出版社,2012:1.

真,激发学生的好奇心;第二,通过恰当的归纳和示范,使学生理解知识、掌握技能、积累经验、感悟思想;第三,能关注学生的差异,用不同层次的问题或教学手段,引导每一个学生都能积极参与学习活动,提高教学活动的针对性和有效性。教师与学生的"合作"主要体现在:教师以平等、尊重的态度鼓励学生积极参与教学活动,启发学生共同探索,与学生一起感受成功和挫折,分享发现和成果。

3. **教材的地位**

教材在数学教学中的作用体现在:它为学生、数学学习活动提供了学习主题、基本线索和知识结构,是实现数学课程目标、实施数学教学的重要资源。教材为学生的发展提供的支撑作用具体体现在:(1)教材所选择的学习素材应尽量与学生的生活现实、数学现实、其他学科现实相联系,应有利于加深学生对所要学习内容的数学理解;(2)教材内容的呈现要体现数学知识的整体性,体现重要的数学知识和方法的产生、发展和应用过程;(3)应引导学生进行自主探索与合作交流,并关注对学生人文精神的培养。

4. **环境的地位**

教学环境是指数学教学中创设的物质环境和精神环境。物质环境为学生的发展提供的支撑条件,如课桌、黑板、多媒体、教室布置、教具、信息技术资源等,这些物质环境的创设在很大程度上能提高学生从事数学活动的水平和质量;精神环境包括教师的情绪、态度及其所创设的课堂文化氛围等,这些精神环境对学生的发展起着引导和潜移默化的作用。

综上所述,数学教学系统有四个基本要素:教师、学生、教材和环境。学生是教学过程中最重要的要素,是数学教学的主体,决定着教学的进程;教师在教学过程中起着调控、主导的作用;教材和环境作为教师和学生的中介,为学生的数学学习提供支撑。因此,我们可以把数学教学的本质理解为:学生在教师的引导下、在教材和环境的作用下,能动地建构数学认知结构,并使自己得到全面发展的过程。

(二)数学课堂教学设计的概念

有了对数学教学本质和构成要素的认识,那么什么是数学课堂教学设计呢?

我们知道一堂优秀的中小学数学课,宛如一座美轮美奂的建筑,既要符合科学原理,又要能令人赏心悦目。正如建筑工程需要设计一样,中小学课堂教学也需要进行精心的教学设计。教学设计作为中小学教师的首要任务,是一种为课堂教学活动制定蓝图的工作,其目的是为了达成教学活动的预期目的,减少教学中的盲目性和随意性,使学生能更为高效地学习,开发学生的学习潜能,塑造学生的健全人格,以促进学生的全面发展。根据数学教学中的四个基本要素,我们觉得数学课堂教学设计是教师根据学生的认知发展水平和课程培养目标,来制定具体教学目标,选择教学内容,设计教学过程各个环节的过程。

(三)数学课堂教学设计要解决的主要问题

整个教学设计过程是一个系统的工程,其核心问题是教什么,怎样教,达到什么效果。也就是说,数学课堂教学设计要解决以下三个问题。

1. **教学目标的问题**

教学目标制约着整个教学的过程,是教学的起点,也是检验教学效果的依据,教学设计中应以课程培养目标为依据,结合学生的认知水平,制定出切实可行的课堂教学的具体目标。

2. 教学内容的问题

为了实现教学目标,教师应对选择什么内容进行教学、如何组织相应的教学内容进行深入的思考。教材是教学内容的主要来源,但并不是唯一来源。所以,我们既要深入分析教材资源,又要广泛收集相关的资源,对教学内容进行选择和组织。

3. 教学方式的问题

同样的内容,用不同的方式进行教学,所起到的效果是不一样的,因此,在教学中,我们应考虑我们的教学方式问题,应当选择效果最优的、最有利于学生发展的方法和方式进行教学。

二、数学课堂教学设计的思路

数学课堂教学设计是数学教师的基本功,是数学教师进行教学活动要应用的一项重要技能。在总结各种课堂教学设计实验经验的基础上,我们归纳总结出数学课堂教学设计工作过程的一种结构形式,呈现出数学课堂教学设计的思路。我们把数学课堂教学设计分为四个阶段:第一阶段是数学课堂教学系统的前端分析;第二阶段是数学课堂教学目标设计;第三阶段是数学课堂教学系统设计;最后一个阶段是数学课堂教学设计方案的形成。在这一过程中,评价是调节和控制教学设计活动进程与方向的重要手段,它贯穿于数学课堂教学设计活动的各个阶段,并不断循环往复,通过即时的反馈分析对各阶段的工作进行检验、修正和完善,直至获得完美的数学课堂教学设计成果,如图2-2所示[①]。

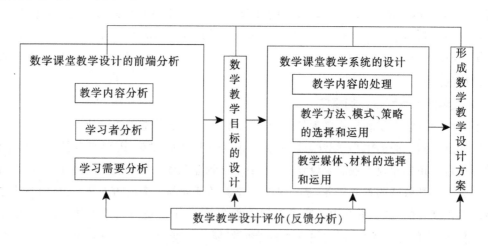

图 2-2 数学课堂教学设计思路图

在整个数学课堂教学设计思路中,数学教学设计的前端分析非常重要,它决定着教学设计的其他三个阶段。加之,其他的三个阶段的内容在下一节中会有相关的分析。所以,这里我们就重点讨论一下数学教学设计的前端分析。

前端分析(Fornt-end analysis)是由美国学者哈利斯(J. Harless)在1986年提出的一个概念,

---

① 该数学课堂教学设计模式根据华南师范大学何小亚教授《中学数学教学设计》中的内容改编。

它指的是在教学设计过程开始的时候,先分析若干直接影响教学设计但又不属于具体设计事项的问题。

在一般教学设计的理论书籍中,都谈到教学设计工作的第一步是三种不同的"分析":教学内容分析、学习者分析、学习需要分析。本书继承了这一观点,同时认为,由于各门学科知识的特殊性,在学科教学设计中学科教学内容特征的分析非常重要,应将它放在前端分析的第一步,以便能够有针对性地进行教学设计的其他工作。

这三种分析是进行数学教学目标设计及数学教学系统设计的基础,它们处在教学设计活动的开始阶段,所以把它们统称为"数学课堂教学设计的前端分析"。

1. 教学内容分析

所谓教学内容,就是指为实现教学目的,由教育行政部门或培训机构有计划安排的,要求学生系统学习的知识、技能和行为经验的总和。它具体体现在人们制定的教学计划、教学大纲和编写的教科书、教学软件中。因此,在教学设计前端分析中,教学内容的分析主要体现为对教材相应部分内容的分析。包括两个部分内容的分析:一是,对本节课教材内容的分析,主要包括哪些知识点,以及知识点间的联系是怎样的;二是,本节课的教学内容与前后内容的联系。从这样纵横交错的关系中,分析得出本节内容的地位和作用。

2. 学习者分析

这里的学习者分析主要是指对学生学习起重要影响作用的学习者自身的能力、特征和风格的分析。分析这些的目的在于确定学生的初始能力和教学起点,了解他们学习的一般特征及其学习风格,为后继的教学设计工作提供依据。

(1) 一般特征分析

学习者的一般特征指的是学习者所拥有的影响学习进程和效果的生理、心理和社会等方面的特点,如学生的年龄特点、性别特点、心理发展水平、认知发展特征、学习动机、生活经验及社会背景等,这些虽然与数学学科内容无直接联系,但影响着教学设计者对学习内容的选择和组织,影响着教学方法、教学媒体和教学组织形式的选择和运用,正如加涅曾说过的,对学习者的一般特征及时作一些分析,对教学方法和媒体的选择也是有益的。该分析主要体现为学习者认知发展水平分析、各阶段学习者一般特征分析。

在分析学习者认知发展水平时,最为重要的理论指导就是著名心理学家皮亚杰关于儿童认知发展阶段的学说,它将儿童个体认识发生和发展的过程划分为四个阶段:①感知运动阶段(0~2岁),只有动作的智慧,缺乏表象的智慧,仅靠感知和运用来探索适应世界;②前运算阶段(2~7岁),出现表象思维,思维具有不可逆性,无法进行真正符合逻辑的推理;③具体运算阶段(7~11岁),能从事简单的逻辑思维,有守恒概念,能周密地对事物进行分类,但思维活动仍以具体事物为依托,尚未达到完全抽象的程度;④形式运算阶段(11~15岁),思维能摆脱具体事物的束缚,已学会将内容与形式加以区分,已能运用形式的逻辑推理方式去思考问题,并能系统地对问题提出假设,然后论证假设。

在分析各阶段学习者的一般特征时,我们应该以心理学的相关研究成果为依据,明确各个年龄阶段的学习者的智能和情感发展的一般特征。如小学生的智能和情感发展的一般特征为：小学生思维具备初步逻辑的或言语的思维特点，这种思维具有明显的从具体形象思维到抽象逻辑思维的过渡。低年级学生思维具有明显的形象性，也同时具有抽象概括的成分，二者的相互关系随着年级高低和不同性质能力活动而变化。到了小学高年级时，学生逐步学会区别概念中本质和非本质的属性、主要和次要的属性，不会掌握初步的科学定义，学会独立进行逻辑论证。但这些离不开直接和感性的经验。

再如，中学生智能和情感发展的一般特征为逻辑思维处于优势地位，表现为：①通过假设进行思维；②思维的预计性；③思维的形式化；④思维活动中，自我意识或监控能力明显增强；⑤思维能跳出旧框框。

（2）初始能力分析

初始能力指学习者在进行一定的数学教学活动之前，已具备的知识技能基础，以及对相关学习内容的认识与态度。学习者的初始能力直接影响着学习目标的确定和教学起点的确立。

初始能力分析包括预备技能分析、目标技能分析。预备技能是指学生在开始新的学习活动之前，必须掌握的知识与技能，这是现实的学习基础。通过预备能力的分析，可以预测学习者对于新学习是否有必备的行为能力，应该提供哪些"补救"措施等。目标技能指的是学生通过本节课的学习应具备的知识与技能，这是理想的学习目标。目标能力分析主要分析学生对所学的内容已经知道了多少，这样有助于我们在确定教学内容方面做到详略得当。

（3）学习风格分析

不同的学习者有着自身的学习风格，主要体现在学习时所表现出的带有个性特征的、持续一贯的学习方式和学习倾向。为了使教学符合学习者的特点，我们需要对学习者的学习风格进行分析。心理学的研究表明，按照学习者的学习是否受环境的影响，可以将学习者的学习风格分为场独立型和场依存型。它们的具体表现如表2-1所示。

表2-1 场独立型和场依存型学习者的特点比较

学习风格	受环境影响	善于学习的内容	喜欢的学习方法	擅长的职业
场独立型	知觉稳定，不易受环境影响	偏爱自然科学，数学成绩好	以内在学习动机为主；喜欢独立思考、自主学习；易于适应结构不严谨的教学方式	人际关系较单纯而可独立完成的工作
场依存型	以外界参照作为信息加工的依据；易受环境影响	偏爱人文社会科学，社会科学成绩好	易受外在动机支配；较依赖于同学的接纳与教师的鼓励和反馈；喜欢结构严谨的教学方法	与人的活动有关的工作

另外还有关于学习风格的分类，按照信息加工的速度和准确性，可分为深思型和冲动型。深思型学生在碰到问题的时候倾向于深思熟虑，用充足的时间考虑、审视问题，权衡各种问题解决的方法，因而错误较少；冲动型的学生则倾向于很快地检验假设，根据问题的部分信息或未对问

题做透彻的分析就仓促地作出决定,反映速度较快,但容易发生错误。

3. 学习需要分析

学习需要是指学习者学习方面目前的状况与所期望达到的状况之间的差距,也就是学习者目前水平与期望学习者达到的水平之间的差距。

学习需要＝期望达到的学习状况－目前学习状况

学习需要分析是一个系统化的调研过程,目的在于发现教学中存在的问题,通过分析问题产生的原因,提示学习需要,确定教学设计的必要性和可行性的过程。学习需要分析的结果是提出教学设计总目标的重要依据。因此,分析学习需要的基本步骤是:明确所期望的状态——通过比较找出差距——分析产生差距的原因——提出教学设计的必要性——分析教学设计的可行性——阐明教学总目标。

第2节 数学课堂教学设计的书面呈现方式——教案

数学课堂教学设计的呈现形式是一份教案,恰如一份工程总体设计蓝图和具体的施工图纸。那么,一份教案要包含哪些内容,一般形式如何,如何编写？这是我们在备课时,应关注的问题。

一、教案的构成

通过阅读大部分优秀教案,结合教学实际情况,我们认为一份完整的教案主要由课题名称、教学目标、教学重难点、教学方法、教学过程、板书设计、教学反思等几个部分构成。以下我们从一个实习生在教育实习过程中撰写的一份教案来说明。

> **案例2-1** 《等比数列的前 n 项和》教学设计(第一课时)[①]
> 一、教学目标
> 【知识与技能】 理解等比数列的前 n 项和公式的推导方法;掌握等比数列的前 n 项和公式并能运用公式解决一些简单问题,一是已知等比数列基本量而求其前 n 项和;二是已知前 n 项和而逆向求解数列基本量;三是基本思想方法(错位相减法)的运用。
> 【过程与方法】 感悟并理解公式的推导过程,感受公式探求过程所蕴涵的从特殊到一般的思维方法,渗透方程思想、分类讨论思想及转化思想,优化思维品质,初步提高学生的建模意识和探究、分析与解决问题的能力。
> 【情感、态度与价值观】 通过经历对公式的探索过程,对学生进行思维严谨性的训练,激发学生的求知欲,鼓励学生大胆尝试、勇于探索、敢于创新、磨炼思维品质,从中获得成功的体验,感受思维的奇异美、结构的对称美、形式的简洁美和数学的严谨美。

---

① 本教学设计由重庆师范大学数学学院数学与应用数学专业2010级2班周燕撰写。

二、教学重点、难点

【教学重点】 等比数列前 n 项和公式的推导及其简单应用。从知识体系看,为后继学习提供了知识基础,具有承上启下的作用;就知识特点而言,蕴涵丰富的思想方法;就能力培养来说,通过公式推导教学可培养学生运用数学语言交流表达的能力。

【教学难点】 等比数列前 n 项和公式推导方法的理解。从学生认知发展水平看,探究能力和用数学语言交流的能力有待提高。从知识特点看,等比数列前 n 项和公式的推导与等差数列的前 n 项和公式的推导的可比性低,无法进行类比推导,需要充分理解等比数列的概念和性质,并能整合知识,做到融会贯通,而这对学生却是比较困难的,何况错位相减法是初次接触,对学生来说是很新鲜的,因此,教师在发挥学生主体性前提下要给予适当的提示和指导。

三、教学方法

根据学生认知发展水平和心理结构特点,结合教学内容的难易程度,在教学过程中可以利用计算机多媒体和实物投影等辅助教学,以建构主义理论为指导,采用引导启发教学法和探究——建构教学相结合的教学模式,着重于学生的发现、探索和运用,并辅以变式教学,注意适时适当讲解和演练相结合。

四、教学过程

(一)创设情境,提出问题

【利用投影展示】 在古印度,有个名叫西萨的人,发明了国际象棋,当时的印度国王大为赞赏,对他说:我可以满足你的任何要求。西萨说:请给我在棋盘(见图2-3)的64个方格上,第一格放1粒小麦,第二格放2粒,第三格放4粒,往后每一格都是前一格的两倍,直至第64格。国王令宫廷数学家计算,结果出来后,国王大吃一惊。为什么呢?

图2-3 国际象棋棋盘

【设计意图:是在引入课题的同时激发学生的兴趣,调动学习的积极性.故事内容紧扣本节课的主题与重点】

提出问题1:同学们,你们知道西萨要的是多少粒小麦吗?

引导学生写出麦粒总数:$1+2+2^2+2^3+\cdots+2^{63}$

(二)师生互动,探究问题

提出问题 2:$1+2+2^2+2^3+\cdots+2^{63}$究竟等于多少呢?

有学生会说:用计算器来求。(老师当然肯定这种做法,但学生很快发现比较难求。)

提出问题 3:同学们,我们来分析一下这个和式有什么特征?(学生会发现,后一项都是前一项的 2 倍)

提出问题 4:如果我们把每一项都乘以 2,就变成了它的后一项,那么我们若在此等式两边同乘以 2,得到另一式。

【利用投影展示】

$\cdots S_{64}=1+2+2^2+2^3+\cdots+2^{63}\cdots\cdots\cdots(1)$

$2S_{64}=1+2+2^2+2^3+\cdots+2^{64}\cdots\cdots\cdots(2)$

比较(1)(2)两式,你有什么发现?[学生经过比较发现:(1)(2)两式有许多相同的项。]

提出问题 5:将两式相减,相同的项就消去了,得到什么呢?(学生会发现:$S_{64}=2^{64}-1$。)

【设计意图:层层深入,剖析了错位相减法中减的妙用,使学生容易接受为什么要错位相减,经过繁难的计算之苦后,突然发现上述解法,也让学生感受到这种方法的神奇】

这时,老师向同学们介绍错位相减法,并提出问题 6:同学们反思一下我们错位相减法求此题的过程,为什么(1)式两边要同乘以 2 呢?

【设计意图:让学生对错位相减法有一个深刻的认识,也为探究等比数列求和公式的推导做好铺垫】

(三)类比联想,解决问题

提出问题 7:设等比数列$\{a_n\}$首项为a_1,公比为q,求它的前 n 项和S_n。

学生开展合作学习,讨论交流,老师巡视课堂,发现有典型解法的,叫同学板书在黑板上。

【设计意图:从特殊到一般,从模仿到创新,有利于学生的知识迁移和能力提高,让学生在探索过程中,充分感受到成功的情感体验】

(四)分析比较,开拓思维

将不同的方法进行分析评价。根据学生的认识状况,可能有如下几种方法。

错位相减法 1:

$S_n=a_1+a_1q+a_1q^2+\cdots+a_1q^{n-2}+a_1q^{n-1}$

$qS_n=a_1q+a_1q^2+\cdots+a_1q^{n-2}+a_1q^{n-1}+a_1q^n$

∴$(1-q)S_n=a_1-a_1q^n$

……

错位相减法 2:

$S_n=a_1+a_2+a_3+\cdots+a_{n-1}+a_n$

$qS_n=a_2+a_3+\cdots+a_{n-1}+a_n+a_nq$

∴$(1-q)S_n=a_1-a_nq$

……

提出公比 q：

$S_n = a_1 + a_2 + a_3 + \cdots + a_{n-1} + a_n$

$S_n = a_1 + a_1 q + a_1 q^2 + \cdots + a_1 q^{n-2} + a_1 q^{n-1}$

$\quad = a_1 + q(a_1 + a_1 q + \cdots + a_1 q^{n-3} + a_1 q^{n-2})$

$\quad = a_1 + q(S_n - a_1 q^{n-1})$

$\therefore (1-q)S_n = a_1 - a_1 q^n$

累加法：

$S_n = a_1 + a_2 + a_3 + \cdots + a_{n-1} + a_n$

$\therefore \begin{cases} a_2 = a_1 q \\ a_3 = a_2 q \\ a_4 = a_3 q \\ \cdots \cdots \\ a_n = a_{n-1} q \end{cases}$

$\therefore a_2 + a_3 + \cdots + a_n = q(a_1 + a_2 + a_3 + \cdots + a_{n-1})$

$\therefore S_n - a_1 = q(S_n - a_n)$

$\therefore (1-q)S_n = a_1 - a_n q$

……

可能也有同学会想到由等比定理得

$S_n = a_1 + a_2 + a_3 + \cdots + a_n$

$\therefore \dfrac{a_2}{a_1} = \dfrac{a_3}{a_2} = \cdots = \dfrac{a_n}{a_{n-1}} = q$

$\therefore \dfrac{a_2 + a_3 + \cdots + a_n}{a_1 + a_2 + \cdots + a_{n-1}} = q$

即 $\dfrac{S_n - a_1}{S_n - a_n} = q$

$\therefore (1-q)S_n = a_1 - a_n q$

……

【设计意图：共享学习成果，开拓了思维，感受数学的奇异美】

（五）归纳提炼，构建新知［时间设定：3分钟］

提出问题 8：由 $(1-q)S_n = a_1 - a_1 q$ 得 $S_n = \dfrac{a_1 - a_1 q^n}{1-q}$ 对不对？这里的 q 能不能等于1？等比数列中的公比能不能为1？$q=1$ 时是什么数列？此时 $S_n = ?$

【设计意图：通过反问精讲，一方面使学生加深对知识的认识，完善知识结构，增强思维的严谨性】

提出问题9:等比数列前 n 项和怎样?

学生归纳出 $S_n=\begin{cases}\dfrac{a_1(1-q^n)}{1-q},q\neq 1\\na_1,q=1\end{cases}\Rightarrow S_n=\begin{cases}\dfrac{a_1-a_nq}{1-q},q\neq 1\\na_1,q=1\end{cases}$

【设计意图:向学生渗透分类讨论数学思想,加深对公式特征的了解】

(六)层层深入,掌握新知[时间设定:15分钟]

基础练习1:已知 $\{a_n\}$ 是等比数列,公比为 q

(1) 若 $a_1=\dfrac{2}{3},q=\dfrac{1}{3}$,则 $S_n=$

(2) 则 $a_a=2,q=1$,则 $S_n=$

练习2:判断是非

(1) $1-2+4-8+16-\cdots+(-2)^n=\dfrac{1\times(1-2^n)}{1-(-2)}$

(2) $1+2+2^2+2^3+\cdots+2^n=\dfrac{1\times(1-2^n)}{1-2}$

(2) $a+a^2+a^3+\cdots+a^8=\dfrac{a(1-a^8)}{1-a}$

【设计意图:通过两道简单题来剖析公式中的基本量。进行正反两方面的"短、浅、快"练习。通过总结、辨析和反思,强化公式的结构特征。】

五、板书设计

```
                    等比数列前 n 项和
投                                              
  影    Sn=a₁+a₂+⋯+aₙ₋₁+aₙ=?    例1:    S₆₄=1+2+2²+2³+⋯+2⁶³=?
    仪                                          
      接                          例2:
        收                                      
          屏                      例3:
```

六、教学反思

【教学设计说明】

第一,问题情境故事化。采用语音动画形式叙述故事来创设问题情景,意在营造和谐、积极的学习气氛,激发学生的探究欲,让学生感受数学的应用价值,通过问题的解决,在特殊方法之中蕴涵一般规律,使学生自己去体会其中的思想方法,为进一步学习奠定基石。

第二，问题情境与公式推导探究活动化。教学中秉着以学生发展为本的理念，充分给学生思考、分析时间、讨论研究和交流展示思维的机会，学生通过自主学习、合作探究，展示解决问题的思想方法，共享学习成果，体验数学学习成功的喜悦。通过师生之间不断对话合作交流，发展学生的数学观察能力和语言表达能力，培养学生思维的发散性和严谨性。通过教师的积极引导和启发，借助于变式教学的模式，培养学生思维的发散性、深度与广度，加深学生对知识的理解。

第三，巩固练习结构、层次化。在理解公式的基础上，及时进行必要的思维训练练习，强化对公式的理解和运用。通过例题的板书和分析，进一步强化了公式的结构特征，促进学生主动建构，有助于学生形成知识模块，优化知识体系，加强对数学思想方法的感悟。

通过几种推导方法的研究，使学生从不同的思维角度掌握了等比数列前 n 项和公式。错位相减变加为减，等价转化；递推思想纵横联系，揭示本质；等比定理回归定义，自然朴实。学生从中深刻地领会到推导过程中所蕴涵的数学思想，培养了学生思维的深刻性、敏锐性、广阔性、批判性。同时通过精讲例题，发散一点变式教学，使学生既巩固了知识，又形成了技能。在此基础上，通过民主和谐的课堂氛围，培养了学生自主学习、合作交流的学习习惯，也培养了学生勇于探索、不断创新的思维品质。

从上我们可以看出一份完整的教案主要构成成分，但并不是说每份教案都仅由这样的几个部分构成，比如说有些教案会包括设计思路、教具准备等内容。这里仅仅是指出教案基本的几个构成成分，在面对具体教学课题内容时，我们可以有针对性地进行一些增补和调整。

二、教案的编写

以上，我们知道了一份完整的教案的结构，那么，它的各个部分又该如何进行编写呢？这是我们应该十分关注的问题。以下，我们从教案的各个部分分别来谈谈教案的编写。

（一）写教学目标

一节课的教学目标是课程总体目标、学段目标、内容领域目标、单元目标的具体化。写教学目标主要是回答这节课学什么、教什么、达到什么程度的问题，是数学课堂教学设计的核心问题，因为目标直接决定着教学效果。写教学目标的基本原则是，在数学课程目标、内容目标的指导之下，围绕本节课的内容来具体制定。按照课程标准的理念，不管是义务教育阶段还是高中阶段，数学课堂教学目标都可以按照知识与技能、过程与方法、情感态度与价值观这三个维度进行设计，这三个维度共同支撑起学生的发展目标，见图2-4。

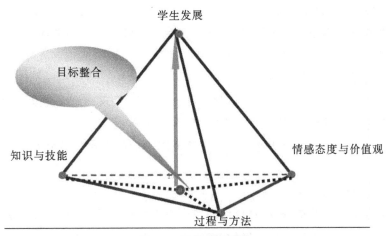

图 2-4 三维教学目标

1. 知识与技能目标

这一维度的目标指的是数学基础知识与基本技能。主要内容包括三个方面：一是数学的概念、公理、定理、公式、法则等这样一些用于回答"是什么"问题的陈述性知识，它属于信息；二是涉及数学概念、公理、定理、公式、法则等的运用，用于回答"做什么"问题的程序性知识，它属于认知技能；三是数学操作性技能，如计算技能、作图技能、推理技能、数据处理技能等，它属于动作技能。

数学知识与技能目标的要求分为四个层次，分别为了解（认识）、理解、掌握、运用。

了解（认识）：从具体事例中知道或举例说明对象的有关特征；根据对象的特征，从具体情境中辨认或者举例说明对象。同类词：知道，说出，辨认，识别。如：知道三角形的内心和外心；识别同位角、内错角、同旁内角。

理解：描述对象的特征和由来，阐述此对象与相关对象之间的区别和联系。同类词：认识，会。实例：认识三角形；会用长方形、正方形、三角形、平行四边形或圆拼图。

掌握：在理解的基础上，把对象用于新的情境。同类词：能。如：能认、读、写万以内的数，能用数表示物体的个数或事物的顺序和位置。

运用：综合使用已掌握的对象，选择或创造适当的方法解决问题。同类词：证明。如：证明"角角边"定理，即两角及其中一组等角的对边分别相等的两个三角形全等。

2. 过程与方法目标

过程与方法的内容是：通过数学学习过程，把握数学思想方法、形成数学能力，发展数学思维和数学意识（如统计意识、应用意识、创新意识），提高问题解决能力。

描述过程与方法目标的常见术语有：经历、体验、探索。

经历：在特定的数学活动中，获得一些感性认识。同类词：感受、尝试。如：在具体情境中感受大数的意义，尝试回顾解决问题的过程。

体验：参与特定的数学活动，主动认识或验证对象的特征，获得一些经验。同类词：体会。如：结合具体情境，体会整数四则运算的意义。

探索:独立或与他人合作参与特定的数学活动,理解或提出问题,寻求解决问题的思路,发现对象的特征及其与相关对象的区别和联系,获得一定的理性认识。同义词:探究。如:探索并掌握两点间的距离公式、点到直线的距离公式。

这一维度目标常见的写法有:经历……过程,培养……能力、领悟……思想方法、发展……意识、学习……的问题解决方法;观察、参与、尝试;探索、研究、发现;合作、交流、反思。

在写过程与方法目标时,可以根据其内容和上述术语来写。

如:通过模仿、操作、探索,经历通过设计程序框图表达解决问题的过程,提高分析和解决问题的能力。

3. 情感态度与价值观目标

这一维度目标主要由情感、态度和价值观三个方面构成。其中,情感包括学习数学的兴趣、信心和毅力等。态度包括正确的学习目的,实事求是、探索创新的科学态度等。价值观包括:①辩证唯物主义观点,如数学来源于实践又作用于实践的唯物主义观点,数学内容中普遍存在的对立统一、运动变化、相互联系、相互转化的辩证观点;②真、善、美的价值因素,主要包括数学审美,数学的简洁美、对称美、和谐美和奇异美的体验。

例如:通过实验探究平面图形平移的规律,获得发现成功的愉快体验,领略数学方法的简洁美。

知识与技能目标:关于"是什么"的东西,在模型表现为河的两岸,此岸是学生已有的知识与技能,彼岸是本节应学的新的知识与技能。过程与方法目标:关于"如何获得知识与技能"的东西,在模型中表现为运用什么样的方法和能力实现从此岸到达彼岸的。情感态度与价值观目标:在获得上述两种东西的过程中或之后"内化"为自己的东西,即过河中或过完河以后,认识和情感上的升华。

写教学目标应注意以下常出现的几个典型错误问题。

问题1:目标串位

目标的行为主体是谁?按照课程标准的理念,学生是教学的主体,因此,写教学目标时行为主体应是学生,不能出现"让学生""使学生"等词语。

例如一次函数的目标之一:"让学生经历对具体情境的探究过程,通过举出生活实例观察、比较、探索、归纳得出一次函数概念。"

点评:教师是使能者,学生是效应者。这样与"教学目标是预期的学生的学习结果"的这一基本界定产生了目标主体的偏离,也与新课程的理念不相吻合。应改为"学生经历对具体情境的探究过程……"或省略主语,默认以学生为主体,即"经历对具体情境的探究过程……"

问题2:目标空洞无物

例如,教学目标:(1)培养学生的观察能力,分析归纳能力,领会归纳转化的思想方法;(2)培养学生主动探索、交流合作、敢于创新的意识和精神。

点评:这样的目标是空洞的,放在任何一节课都是可以的,看不出是哪节课的教学目标。因此,我们应明确,比如:"该节课通过……内容,培养观察能力,通过……内容,培养创新意识和精神。"

问题3：目标层次不清

例如，这是一份教案中写到的"一次函数"的教学目标：

① 经历对具体情境的探究过程，通过举出生活实例观察、比较、探索、归纳得出一次函数概念；

② 理解一次函数与正比例函数的联系和区别；

③ 培养独立思考与合作交流的能力，初步发展抽象思维能力和数学应用能力。

点评：该目标中①和②是关于知识与技能目标的，③是关于过程与方法目标的。按照三维目标的结构，缺少情感态度与价值观目标。因此，在写教学目标时，我们最好按照三维目标的结构来写，这样层次分明而全面，能清晰地把握这节课我们要达到的要求。

（二）写教学重难点

在写教学重难点时，我们首先要明确什么是一节课的重点，什么是一节课的难点，它们有何表现。

一节课的教学重点指的是整个一节课教学中处于重要地位和作用的知识点。确定重点的方法：(1)该知识点与该节课的其他知识点相比，它是不是核心；(2)它是不是今后学习其他内容的基础，或者是否有广泛的应用。

如："椭圆及其标准方程"一节课的教学重点是"椭圆的定义及标准方程"。原因是：椭圆的定义是一种发生式定义，是通过描述椭圆形成过程而进行定义的，是椭圆本质属性的提示和椭圆方程建立的基石。而椭圆的标准方程是后面研究椭圆性质的根本依据。

一节课的教学难点是指学生学习过程中，学习阻力较大或难度较高的某些关节点，也就是"学生接受比较困难的知识点或问题不容易解决的地方"。教学难点常常表现在以下几个方面：(1)知识过分抽象，如两角差的全余弦公式的推导；(2)知识的内在结构错综复杂，如二项式定理；(3)知识的本质属性比较隐蔽，如用"二分法"求方程的近似解；(4)知识由旧到新，要求用新的观点和方法去研究，如高中函数的概念；(5)各种运算的逆运算，如反函数、对数函数等。

教学重点与教学难点没有必然的联系，教学重点不一定是教学难点，反过来，教学难点也不一定是教学重点。但在一节课中有些知识点可以既是教学重点也是教学难点，这时我们在教学设计中就要特别关注了。

（三）写教学方法

我们经常说"教学有法，法无定法"，因此，我们要知道一些常用的教学方法，如讲授式的教学方法、讨论式教学方法、活动式教学方法、探究式教学方法、发现式教学方法。除此之外，我们还可以灵活组合，创造适合自己的教学方法。

（四）写教学过程

教学过程是教案中篇幅最多的内容，是教案的主体内容。教学过程的写法可以采用提纲式，也可采用表格式。不管采用怎样的表达形式，都要分环节来进行阐述，一般应根据主要采用的教学方法来确定教学环节，教学环节不能太多，也不能太少，最好在4～6个环节为宜。如：创设情境、引入新课——自主探索,发现新知识——变式练习,巩固新知——归纳小结,升华新知——布置作业、拓展提高。

(五)写板书设计

板书设计部分,从整体的角度,按照教学过程的设计,系统地规划板书的结构,不一定要写出具体的板书内容,但一定要写出整个板书的布局,如图 2-5 所示。

§2.8 椭圆及其标准方程			
(一)椭圆的概念 问题 1 问题 2 问题 3 定义	(二)椭圆标准方程的推导 1. 标准方程的推导 2. 标准方程的比较	(三)例题与练习 例题 练习 1 练习 2	(四)小结

图 2-5 板书设计

(六)写教学反思

教学反思在教学设计时,只是留下空格,该节课教学完以后,再由教师及时地进行填写。教学反思写什么内容呢?主要应该写五个方面:(1)写成功之处;(2)写不足之处;(3)写教学机智;(4)写学生创新;(5)写"再教设计"。

第 3 节 数学课堂教学设计技能的应用及实训

一、数学课堂教学设计技能的应用

前面介绍了数学课堂教学设计技能的若干原理,下面我们选择"余弦定理"这节课的内容来具体阐述一下如何使用这一技能。

(一)"余弦定理"教学设计的前端分析

首先,我们要设计这节课,应阅读《义务教育数学课程标准(2011 年版)》关于这一部分的要求。"余弦定理"是高中数学课标必修模块"数学 5"第一部分"解三角形"部分的内容,该部分在《义务教育数学课程标准(2011 年版)》中的要求是:

通过对任意三角形边长和角度关系的探索,掌握正弦定理、余弦定理,并能解决一些简单的三角形度量问题;

能够运用正弦定理、余弦定理等知识和方法解决一些与测量和几何计算有关的实际问题;

了解了课标的要求后,我们应阅读相应的教材,对该部分的教学设计进行前端分析。

1. 教学内容的分析

本节内容是人教 A 版"必修 5"第一章第一节"余弦定理"的第一课时。余弦定理是解关于任意三角形边角之间的另一定理,是解决有关三角形问题与实际应用问题(如测量等)的重要定理。它将三角形的边和角有机结合起来,实现了"边"和"角"的互化,从而使"三角"与"几何"有机结合起来,为求与三角形有关的问题提供了理论依据,为证明三角形中的等式提供了重要的依据。

2. 学习者分析

高二学生应用数学知识的意识不强,创造力比较弱,看待与分析问题不深入,知识的系统性不完善,这使得他们在余弦定理推导方法的探究上有一定的难度。但是学生的好奇心和探究性很强,只要在教师的带领下是可以很好地学习余弦定理,并且能够运用它解题的。

3. 学习需要分析

余弦定理的学习需要以下知识:三角函数的基础知识;平面向量的知识;正弦定理。在学习本节课之前,学生已经学习了正弦定理的内容,初步掌握了正弦定理的证明及应用,并明确了用正弦定理可以来解哪些类型的三角形,为学习余弦定理打下了基础。在此基础上,教师可以创设一个"已知三角形两边及夹角"来解三角形的实际例子,学生发现不能用上一节所学的知识来解决这一问题,从而引发学生的学习兴趣,引出这一节的内容。通过引导、探索、证明,有利于增强学生解决实际问题、知识迁移的能力,归纳、推理的逻辑思维能力。

有时,我们也把学习者分析和学习需要分析合并在一起,称学情分析。

(二) 确定"余弦定理"的教学目标

1. 知识与技能

(1) 掌握余弦定理及用多种方法推导过程,会利用余弦定理解斜三角形的边角问题;

(2) 初步运用余弦定理解决一些简单的度量问题和与几何计算有关的实际问题。

2. 过程与方法

(1) 体会余弦定理与实际生活的联系,抽象出数学问题,培养解决问题的能力;

(2) 体会用勾股定理、向量、坐标作为数形结合的工具,将几何问题转化为代数问题。

3. 情感态度与价值观

(1) 经历定理的推导过程,体会将实际问题数学化,感受生活中的数学;

(2) 感受数学证明的严谨美、公式的和谐美,培养严谨的逻辑思维能力;

(3) 体会类比、分类的数学思想,经过分组讨论,增强合作交流、自主学习的能力。

(三) 撰写教案

1. 教学目标

(1) 知识与技能

① 掌握余弦定理及用多种方法推导过程,会利用余弦定理解斜三角形的边角问题;

② 初步运用余弦定理解决一些简单的度量问题和与几何计算有关的实际问题。

(2) 过程与方法

① 体会余弦定理与实际生活的联系,抽象出数学问题,培养解决问题的能力;

② 体会用勾股定理、向量、坐标作为数形结合的工具,将几何问题转化为代数问题。

(3) 情感态度与价值观

① 经历定理的推导过程,体会将实际问题数学化,感受生活中的数学;

② 感受数学证明的严谨美、公式的和谐美,培养严谨的逻辑思维能力;

③ 体会类比、分类的数学思想,经过分组讨论,增强合作交流、自主学习的能力。

2. 教学重、难点

重点:余弦定理的推导和应用。

难点:用向量证明余弦定理的思路方法。

3. 教学方法

主要采用探究式教学方法

4. 教学过程

【创设情境、引入课题】

情景一:千岛湖位于我国浙江省淳安县,因湖内有星罗棋布的一千多个岛屿而得名,现有三个岛屿A、B、C(见图2-6),岛屿A与B之间的距离因AB之间有另一小岛而无法直接测量,但可测得AC、BC的距离分别为6千米和4千米,且AC、BC的夹角为120度,问岛屿AB的距离为多少?

情景二:一位工人欲做一个三角形的支架.已知杆BC的长度为6分米,DAE是由一根直的钢管沿着点A弯折而成(见图2-7)。若弯折点A与焊接点B,C的距离分别为4分米和5分米,欲弯折后杆BC恰好能与两焊接点相接,则弯折后∠BAC的大小是多少(精确到0.1度)?

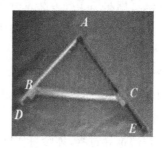

图2-6 千岛湖示意图　　图2-7 三角形支架示意图

提出问题:(1) 这两个问题能用正弦定理来解决吗?(不能)

(2) 这两个问题之间有联系吗?(解法互逆,探究的核心问题是:在已知三角形两条边的前提下,其夹角的大小与第三条边的长度之间有着怎样的关系?这正是我们本节课所要学的余弦定理所蕴涵的东西——引入课题。)

【探索新知、证明定理】

老师提供不同的证明思路,让学生分组进行探索、讨论证明,展示结果得到余弦定理。这一环节增加学生之间的合作交流。

方法一(平面几何法探索得出余弦定理):

问:1. 已知两边及夹角,我们可以求出第三边吗?

2. 以锐角三角形为例探索三角形如何求出第三边?(见图2-8)

在△ABC中,过C作AB的高交AB于D点,则有:

∵ $a^2 = CD^2 + BD^2$

∴ $a^2 = CD^2 + BD^2$
$= (b\sin A)^2 + (c - b\cos A)^2$
$= b^2\sin^2 A + c^2 + b^2\cos^2 A - 2bc\cos A$

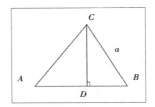

图 2-8　三角形 ABC 示意图

则 $a^2 = b^2 + c^2 - 2bc\cos A$

同理: $b^2 = c^2 + a^2 - 2ac\cos B$　　$c^2 = a^2 + b^2 - 2ab\cos C$

在直角三角形、钝角三角形中同理可得出余弦定理: $a^2 = b^2 + c^2 - 2bc\cos A$
$b^2 = c^2 + a^2 - 2ac\cos B$　　$c^2 = a^2 + b^2 - 2ab\cos C$

余弦定理:三角形任何一边的平方等于其他两边平方的和减去这两边与它们夹角的余弦的积的两倍,即

$a^2 = b^2 + c^2 - 2bc\cos A \Leftrightarrow \cos A = \dfrac{b^2 + c^2 - a^2}{2bc}$

$b^2 = c^2 + a^2 - 2ac\cos B \Leftrightarrow \cos B = \dfrac{c^2 + a^2 - b^2}{2ac}$

$c^2 = a^2 + b^2 - 2ab\cos C \Leftrightarrow \cos C = \dfrac{a^2 + b^2 - c^2}{2ab}$

方法二(向量的数量积证明):

如图 2-9,在△ABC中,AB、BC、CA 的长分别为 c、a、b。∵ $\vec{AC} = \vec{AB} + \vec{BC}$,

∴ $\vec{AC} \cdot \vec{AC} = (\vec{AB} + \vec{BC}) \cdot (\vec{AB} + \vec{BC}) = \vec{AB}^2 + 2\vec{AB} \cdot \vec{BC} + \vec{BC}^2 = \vec{AB}^2 + 2|\vec{AB}| \cdot |\vec{BC}|\cos(180° - B) + \vec{BC}^2 = c^2 - 2ac\cos B + a^2$,

即 $b^2 = c^2 + a^2 - 2ac\cos B$

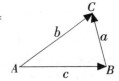

图 2-9　三角形 ABC 的同量示意图

同理可证:

$a^2 = b^2 + c^2 - 2bc\cos A$

$c^2 = a^2 + b^2 - 2ab\cos C$

方法三(坐标法证明):

如图 2-10,建立直角坐标系,则 $A(0,0), B(c\cos A, c\sin A), C(b,0)$。

所以 $a^2 (c\cos A - b)^2 + (c\sin A)^2 = c^2\cos^2 A + c^2\sin^2 A - 2bc\cos A + b^2$

∴ $a^2 = b^2 + c^2 - 2bc\cos A$

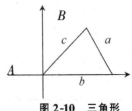

图 2-10　三角形 ABC 的坐标示意图

同理可证:

$b^2 = c^2 + a^2 - 2ac\cos B$

$c^2 = a^2 + b^2 - 2ab\cos C$

注:方法二、三优点在于不用讨论三角形的按角的三种分类。

思考:余弦定理与勾股定理有什么联系?

【定理剖析、问题解决】

定理理解

思考：定理公式中有几个量？从方程的角度看已知其中三个量，可以求出第四个量，能否由两边及夹角求第三边？能否由三边求出一角？

回答都是能的，就可以解决问题：

情景一（知两边及其夹角）：

千岛湖中岛屿 AB 之间的距离可由余弦定理求得：$AB^2 = AC^2 + BC^2 - 2AC \cdot BC\cos B = 6^2 + 4^2 - 2 \times 4 \times 6\cos 120° = 76$

$\therefore AB = \sqrt{76} \approx 8.7 \text{km}$

情景二（知三边）：

利用余弦定理求得：

$\because BC^2 = AC^2 + AB^2 - 2AC \cdot AB\cos A$

$6^2 = 5^2 + 4^2 - 2 \times 5 \times 4\cos A$

$\therefore \cos A = \dfrac{1}{8}$

故 $\angle BAC \approx 82.8°$

注意

(1) 熟悉定理的结构，注意"平方""夹角""余弦"等。

(2) 余弦定理的应用：①已知三边，求三个角；②已知两边和它们的夹角，求第三边和其他两个角。

(3) 当夹角为 90°时，即三角形为直角三角形时即为勾股定理（特例）。

(4) 变形：$\cos A = \dfrac{b^2+c^2-a^2}{2bc}$ $\cos B = \dfrac{a^2+c^2-b^2}{2ac}$ $\cos C = \dfrac{a^2+b^2-c^2}{2ac}$。

思考：勾股定理指出了直角三角形中三边平方和之间的关系，余弦定理则指出了一般三角形中三边平方和之间的关系，如何看这两个定理之间的关系？

（由学生总结）若 $\triangle ABC$ 中，$C=90°$，则 $\cos C=0$，这时 $c^2=a^2+b^2$，由此可知余弦定理是勾股定理的推广，勾股定理是余弦定理的特例。

【小试牛刀、巩固深化】

例 1. 在 $\triangle ABC$ 中，最大角 A 为最小角 C 的 2 倍，且三边 a、b、c 为三个连续整数，求 a、b、c 的值。

例 2. 用余弦定理证明：在 $\triangle ABC$ 中，当 C 为锐角时，$a^2+b^2 > c^2$；当 C 为钝角时，$a^2+b^2 < c^2$。

【归纳小结、作业布置】

小结

(1) 回顾余弦定理的内容、证明的思想。

(2) 余弦定理的适用范围：知三边求角，知两边及其夹角。

(3) 结合正弦定理判断在三角形的六个元素中（三角及三边）是否可以由任意三个元素求出另外三个元素。

作业：熟悉证明的不同方法，把握适合自己的方法，以及第 10 页 A 组的 3、4 题。

5．板书设计

1.1.2 余弦定理		
一、定理 $a^2=b^2+c^2-2bc\cos A$ $b^2=c^2+a^2-2ac\cos B$ $c^2=a^2+b^2-2ab\cos C$	二、应用 1. 知三边 2. 知两边及其夹角	投影幕布

6．教学反思

_____

_____

二、数学课堂教学设计技能的实训

1．教学目标的点评

对以下教学目标进行点评。

"一次函数"一节的教学目标：

- 让学生经历探索数学规律的过程,发展学生的抽象思维能力。
- 使学生理解一次函数和正比例函数的概念,能根据所给条件写出简单的一次函数表达式,发展学生应用数学的能力。
- 使学生初步了解作函数图像的一般步骤,能熟练作出一次函数的图像,并掌握其简单性质。
- 了解两个条件能够确定一次函数,能根据所给条件求出一次函数的表达式,并用它解决有关问题。

2．教学重难点的点评

"函数的单调性"的教学重点、难点。

重点：①理解函数单调性概念,体验函数单调性的定义的形成过程；②掌握函数单调性概念的应用。

难点：形成增(减)函数概念的过程中,如何从图像的升降的直观认识过渡到函数增(减)的数学符号语言表达。

3．教案的撰写

以人教版高中数学教材中"函数的单调性"为例,进行教案的撰写。并根据以下的教案评价表,在小组内对所撰写的教案进行评分。

表 2-2　数学教案评价表

（根据东芝杯·中国师范大学师范专业理科大学生教学技能创新实践大赛教案评分表改编）

评价内容	评价指标	分值	得分
教案撰写人：			
教学目标 （20分）	1.善于把握课程标准，合理制订"三维"教学目标	8分	
	2.教学目标明确、具体、准确	6分	
	3.符合学生实际，与学生心理特征与认知发展水平相适应	6分	
教学内容 （20分）	4.准确理解教材的编写意图和教材内容，创造性地整合教学内容，教学内容具有科学性、思想性和逻辑性	10分	
	5.教学内容设计重点突出，难度、深度控制适当，注意与学生已有知识经验相衔接	10分	
教案撰写人：			
教学过程 （35分）	6.教学方法设计与教学目标、教学内容相匹配，注重展示思维	7分	
	7.有效运用教具和现代教育技术，进行形象直观教学	7分	
	8.动脑与动手相结合，启发学生思考与参与	7分	
	9.教学结构设计合理，整体脉络清晰	7分	
	10.反馈交流多向，评价激励科学	7分	
教学创新 （10分）	11.教学内容的选择和教学方式的运用具有新意	5分	
	12.教学方法与手段设计运用具有一定创造性	5分	
综合评价 （15分）	13.教案规范、实用、好用、有创新	5分	
	14.专业学科基础知识扎实	5分	
	15.能运用教育学、心理学、学科教学的基本理论与方法，选取的教学方法明确、恰当	5分	
得分合计：			
评价要点：			

评分人：

年　月　日

填表说明：本表满分100分，由小组长组织各小组成员讨论、填写。

数学课堂教学设计技能是一名合格的中小学数学教师应具备的基本教学技能，它的形成并不是一蹴而就的，需要我们在教学实践中不断积累和探索。

本章总结

本章从数学课堂教学设计技能的概念出发，明确了该技能的基本步骤，分析了数学课堂教学设计的前端分析方法和技巧,包括教学内容分析技巧、学习者分析技巧和学习需要分析技巧。并在此前端分析的基础上,探讨了数学课堂教学设计书面呈现形式——教案的撰写方法。希望读者能掌握教案各部分的撰写技巧,并能自觉地整合各技巧,灵活应用这些技巧和方法更加有效地进行中小学数学课堂的教学设计。

思考与练习

1. 请针对初中数学"勾股定理"(第一课时)进行设计的前端分析。
2. 请针对高中数学"函数的奇偶性"(第一课时)撰写一份教案,并根据教案评分标准,交叉进行点评。

参 考 文 献

[1] 中华人民共和国教育部.义务教育数学课程标准(2011年版)[M].北京:北京师范大学出版社,2012.
[2] 中华人民共和国教育部.普通高中数学课程标准(实验)[M].北京:北京师范大学出版社,2003.
[3] 张尊宙,宋乃庆.数学教育概论[M].北京:高等教育出版社,2004.
[4] 何小亚.中学数学教学设计[M].北京:科学出版社,2010.
[5] [美]加涅.教学设计原理(第五版)[M].王小明,等译.上海:华东师范大学出版社,2007.
[6] 教学反思的写法[EB/OL].http://www.ruiwen.com/news/58455.htm,2013-8-1.

第 3 章　数学课堂导入技能

本章概要

　　数学课堂导入技能是教师教学技能的重要组成部分，数学课堂导入技能的形成与明确课堂导入环节的步骤、掌握课堂导入方法和策略运用密不可分。数学课堂导入环节分为集中注意力、激发思维、明确学习目的三个基本步骤；课堂导入方法有直接导入法、复习导入法、问题情境导入法、数学史例导入法、实验导入法、生活经验导入法等常用的方法；数学课堂导入技能运用策略有定向策略、激思策略、体验策略等基本策略。

学习目标

通过本章的学习，你应该
1. 了解数学课堂导入技能的概念；
2. 明确数学课堂导入环节的基本步骤；
3. 掌握数学课堂导入环节常用的导入方法；
4. 了解数学课堂导入环节的使用策略。

关键术语

◆ 数学课堂导入基本步骤　　◆ 数学课堂导入技能　　◆ 数学课堂导入方法
◆ 数学课堂导入策略

　　什么是数学课堂导入，什么是数学课堂导入技能，数学课堂导入有哪些常用的方法，数学课堂导入技能运用策略有哪些，本章将围绕这些问题展开。

第 1 节　数学课堂导入技能概述

一、什么是数学课堂导入技能

　　一本小说、一部电视剧，如果有好的开头，就能一下子抓住读者或者观众的兴趣，让人魂牵梦绕欲罢不能。数学课堂教学也是如此，一堂好课，离不开好的课堂导入。好的导入能让学生迅速集中注意力，将思维导向数学任务，积极主动地投入新课学习。
　　课堂导入，顾名思义，就是课堂教学活动开始时，教师引导学生进入课堂学习的行为方式或课堂教学的起始环节，其目的是集中学生注意力，让学生为即将进行的课堂学习做好积极的心理准备和认知准备。良好的课堂导入渗透了该节课的学习主题,能够激发学生学习兴趣与动机,并帮助学生生疑促思,明确学习目的与任务,具有明确的定向和促进思考的作用。

数学课堂导入技能是教师根据教学对象、教学内容、教学环境以及教师自身教学风格等多种因素的具体特点,灵活运用课堂导入方法引导学生明确学习目的,做好新课学习的心理准备和认知准备的技能。

数学课堂导入技能是教师教学技能的重要组成部分,是教师的教学智慧综合体现。数学课堂导入技能的形成与明确课堂导入环节的步骤、掌握课堂导入方法和策略运用密不可分。

二、数学课堂导入环节的步骤

数学课堂导入既是教师引导学生进入课堂学习的一种行为方式,也是课堂教学的重要起始环节。为了进一步深入认识课堂导入环节的构成,不妨分析课堂导入环节的两个案例。

案例 3-1 　　一个教师在讲授"分数的大小比较"时的课堂导入

教师:同学们,你们喜欢看电视剧《西游记》吧。

【点评:引起注意,集中注意力,引起学生兴趣。】

教师:一天,师徒四人走在半路上,太阳当空照,四人觉得饥渴难耐,孙悟空去讨回了一个又大又圆的西瓜,四人准备吃西瓜。唐僧说:"八戒,你吃这西瓜的 1/2,我们三人每人分别吃这西瓜的 1/6。"猪八戒听了,心想:"他们每人都要吃 1/6,我却只能吃 1/2。"便不高兴地说:"凭什么悟空、沙僧要多吃,我却要少吃呢?师傅你偏心。"至此,教师便设疑:"老师想问同学们,是八戒吃西瓜的 1/2 多呢,还是 1/6 多呢?"全班同学议论纷纷。

【点评:渗透学习主题,提出问题,激发学生思考。】

教师适时提出如下要求。

教师:想知道答案吗?只要认真学习了今天的知识,就能回答上面的问题。

【点评:明确学习目的,做好心理准备和认知准备。】

案例 3-2 　　一个教师在讲授"导数的概念"时的课堂导入

教师:同学们,今年暑假你们从电视上都看了奥运会的一些赛况吧!你们知道我国夏奥第 200 金获得者是谁吗?

教师提问之后,在课件中展示出"陈若琳"的图像(见图 3-1)。

图 3-1　我国夏奥第 200 金——陈若琳

图 3-2 奥运冠军陈若琳

然后播放陈若琳参加奥运会跳水比赛的视频片段(见图 3-2)。

【点评:引起学生兴趣,集中注意力。】

在学生观看跳水视频片段后,教师解说:

同学们,高弹跳水运动中,你们关注的是什么? 裁判,关注的是运动员动作是否标准;观众,关注的是运动员动作是否优美;而数学家们,还关注运动员跳水过程中的数量关系,比如,描述运动员的运动轨迹,求运动员在某一刻的瞬时速度等等。

教师一边提问,一边描述,然后把跳水运动员的运动轨迹用课件展示出来(见图 3-3)。

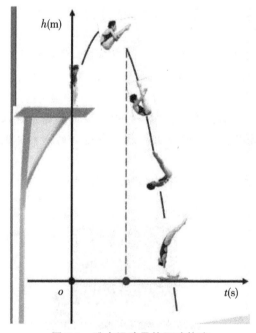

图 3-3 跳水运动员的运动轨迹

教师:有数学研究者发现,在高台跳水运动中,运动员相对水面的高度 h(单位:m)与起跳后的时间 t(单位:s)一般存在函数关系 $h(t)=-4.9t^2+6.5t+10$,请问:如何求运动员在 $t=1$ 时的瞬时速度?

【点评:渗透学习主题,提出问题,激发学生思考。】

教师:瞬时速度是你们学过的物理学中的概念,在数学中,瞬时速度又叫什么呢?这就是我们今天要学习的导数概念。与此同时,教师板书课题:3.1.2 导数的概念。

板书结束后,教师继续提问:

那么,同学们学过今天的新课之后要回答以下问题:

(1) 瞬时速度是导数,导数就是瞬时速度吗?

(2) 什么是导数?导数的实质是什么?导数是如何形成的?

(3) 导数形成过程中蕴涵了什么样的数学思想方法?

【点评:明确学习目的,做好心理准备和认知准备。】

从上述两个课堂导入的案例可看出:课堂导入一般要经历如下三个基本步骤。

(一) 集中学生的注意,引起学生兴趣

由于学生课前的思维可能还在思考前一节课留下的任务,注意力也可能与即将进行的数学课无关,课堂导入的首要任务便是把具有各色各样心理活动学生的注意力集中到本节课中来。因此,上课后,教师应在学生进入教室后情绪尚未稳定、注意力尚未集中之前,运用适当的手段或方法使学生的注意力尽快集中到对本节课的教学活动中来。例如,教师可通过直白的语言提示"上课了",提醒学生停止与本节课无关的一切活动,也可像"分数的大小比较"案例中的教师抓住学生喜欢看电视剧《西游记》的心理,用一句"同学们,你们喜欢看电视剧《西游记》吧,"就找出学生感兴趣的话题或者素材吸引了学生,让学生自觉地停止了各种与本节课无关的心理活动和行为活动,这便是导入环节的第一步骤。

(二) 渗透学习主题,激发学生思维

找出学生感兴趣的话题或者素材吸引学生仅是课堂导入的一个手段而不是课堂导入的主要目的。课堂导入的主要目的是借助这些素材渗透本节课要学习的主题,让学生的注意力和思维转化到本节课的学习任务中来。因此,导入环节的第二步骤便是渗透学习主题,激发学生思维,让学生在感兴趣的素材或者话题中进行思考。正如"分数的大小比较"案例中,教师在让学生听唐僧分吃西瓜的故事中嵌入本节课的主题"分数的大小比较",使学生觉得"分数的大小比较"学习的必要性,从而变教师"要我学"为"我要学",有效地激发了学习动机。

(三) 明确学习目的,做好新课学习的心理准备和认知准备

当学生具有数学学习动机之后,教师就要组织引导,让学生明确学习目的和即将要学习的数学任务。只有把学生导入需要学习的目的和任务上来时,才能使学生在随后的课堂中高效率地展开学习。正如"分数的大小比较"课堂导入案例中,当学生在教师创设的八戒吃西瓜多与少的情境中,正欲一探究竟时,教师适时提出了要求:"想知道答案吗?只要认真学习了今天的知识

后,就能回答上面的问题。"从而,明确了本堂课的学习目的与学习任务,学生们在心理和认知方面都已经处于积极"备战"状态了。

第 2 节 数学课堂导入环节的类型

由于教学内容、学习对象、教学环境的不同,数学课堂导入环节所用的导入方法也不同。根据不同的课堂导入方法,可将数学课堂导入环节分成不同的类型。例如,直接导入型、复习导入型、情境导入型、问题导入型等类型。

数学课堂导入的方法有很多。在此,仅介绍以下几种常用的导入方法。

一、直接导入法

直接导入法是数学课上最简单和最常用的一种课堂导入方法。就是上课一开始,教师用简短的语言叙述或者设问等方式,直接点题,说明本节课的教学任务和具体要求,把学生的思维导向到本节课的学习任务和学习目标,使学生快速进入学习情境的一种方法。

例如,在教学"弧度制"时,教师直接导入新课:"以前我们研究角的度量时,规定 1 周角的 1/360 为 1 度角,这种度量角的制度叫做角度制。今天我们学习另外一种常用的度量角制度——弧度制(板书课题)。本节课的主要要求是:掌握 1 弧度角的概念;能够进行角度制与弧度制两种度量的换算;掌握弧度制下的弧长公式并能用它解题。"又如,在讲"二面角"的内容时,教师可这样引入:"我们已经掌握了两条直线所成的角的度量方法,也掌握了直线和平面所成的角的度量方法,那么两个平面所成的角又应该怎么度量呢?这节课我们就来学习这个内容——二面角和它的平面角!"(板书课题),这样导入,直截了当,把学生的思维迅速集中到新知识的学习中。

运用直接导入法导入新课,课堂导入环节简洁明了,可以迅速地把学生的注意力集中到课堂学习的主题,特别适合于学习能力较强,有一定意志力的高年级学生。但是,课堂上总是用此方法导入新课,长此以往会使学生感到枯燥乏味,有时很难调动起学习者的学习兴趣。

二、复习导入法

复习导入法是根据数学知识之间的逻辑联系,利用新旧知识的联结点,通过对旧知识的回顾和引申来导入新知识的方法。运用该法,一般按照如下的步骤展开:复习与新知识相关的旧知识,通过"温故",围绕新旧知识的联系点巧妙设置难点和疑问,使学生思维受到阻碍或暂时出现困惑,从而激发学生思考的积极性,然后教师点题导入新课,达到"知新"的目的。

例如:在讲抛物线的定义时,让学生回忆椭圆和双曲线的第二定义,然后加以类比,并猜想,在平面内到定点距离与到定直线距离比等于 1 的点的轨迹是什么? 由此导入新课的学习。

用复习导入法导入新课,还可在复习旧知的基础上,引导学生观察旧知特点,通过归纳总结导入新课。例如,在"等差数列"第一课时的教学中,可以先简单复习数列的知识,然后写出一些具有等差数列特点的数列,让学生从对旧知的复习中观察,通过归纳特点,引出新知。

复习导入新课还可用练习导入、类比旧知等方式导入。

> **案例 3-3 对数函数的导入**
>
> 例如一个教师在导入"对数函数"课堂教学时[①],就是采用类比旧知学习的方式进行导入的。
>
> 教师:同学们,我们在昨天已经学习了指数函数,并掌握了指数函数的相关性质。大家回忆下,我们在学习指数函数时具体学习了哪些函数性质?
>
> (定义域,值域,单调性,奇偶性,周期性)
>
> 教师:除了指数函数,我们还学习了哪些函数?
>
> 学生:二次函数,一次函数,反比例函数……
>
> 教师:对于这些函数我们都研究了哪些性质?
>
> 学生:定义域,值域。
>
> 学生:单调性,奇偶性。
>
> 教师:是不是还是这同样的5个性质啊?
>
> 教师:由此可见,这五个性质是我们研究函数的法宝,有了这五个法宝,以后再遇到新的函数我们也可以轻松应对了。昨天我们学习了指数函数,今天要学习一种新的函数——对数函数,这两个函数有很密切的联系。现在先请同学们说说,对于这个函数我们要怎样来研究它呢?
>
> 学生:还是要用五大法宝的。(学生笑)
>
> 教师:(笑)大家有了法宝,就不用老师了,那么这节课老师就不讲了,让大家自己来做一做,看看老师教的法宝灵不灵,能不能攻克对数函数这最后一个堡垒,大家有没有信心?(学生热情高涨,信心大增)

显然,指数函数和对数函数这两节课具有很多的共同点,学生已经掌握的旧知识完全可以应用解决新问题,通过旧知识的引入学生接受比较容易,学习兴趣也较容易激发。

三、问题情境导入法

情境导入法是当前比较流行而又使用得比较多的方法。情境导入法是以问题情境或典型案例为载体,引导学生对情境或案例中的问题进行思考从而进入新课学习的一种方法。这里的情境包括实际问题情境和数学问题情境,有效的情境应有助于激发学生熟悉的生活经验,能够触及学生的内心深处,启发他们的情绪想象,促进学生学习动机。

> **案例 3-4 三年级"秒的认识"教师的导入**
>
> 教师:同学们,喜欢过节吗?有一个咱们中国最传统、最重要的节日,你们都会得到压岁钱,这是什么节日?(春节)

[①] 侯秋燕.高中数学课堂导入技能[D].长春:东北师范大学,2009.

> 教师：(放映春节联欢晚会倒计时课件)新年的钟声马上就要敲响，开始倒计时了，一起来(师生一起倒计时，让学生体验"秒"在生活中的存在性和重要意义)。
>
> 教师：过年真好！我们又一次听到了新年的钟声。谁知道，刚才咱们倒数的5、4、3、2、1是用的什么时间单位？(答案是"秒"，教师的设问，已让学生关注到时间单位"秒"，也为本节课的学习主题的自然导入做好铺垫。)
>
> 教师：我们以前学过的时间单位是时、分。要计量很短的时间，就要用比分更小的单位——秒，今天我们就一起来认识秒。(揭示课题：秒的认识)①

又如在讲等比数列前 n 项和公式时，可用学生经常收到的转发短信的熟悉情境导入：

> 某天，你收到10086给你发的某短信，让你转发给5个好友，这5个好友收到该短信后又分别转发给他们各自的5个好友，如此这般，继续转发下去。假如，你是第1轮转发者，你转发的5个好友是第2轮转发者，你转发的5个好友又分别转发他们各自的5个好友是第3轮转发者，依此类推。如果发1条短信1角钱，请问第20轮转发完的时候，移动公司已收了多少短信费？第50轮呢？100呢？n 轮呢？"由学生熟悉的手机短信情境入手，吸引学生学习兴趣，导入新课。

在讲授"等比数列的前 n 项和公式"时，也可对学生说："同学们，我们来做笔交易：我愿意在一个月(按30天算)内每天给你们1000元，但在这个月内，你们必须：第一天给我回扣1分钱，第二天给我回扣2分钱，第三天给我回扣4分钱……即后一天回扣的钱数是前一天的2倍，你们愿不愿意？"此问题一出可立即引起学生的极大兴趣，这么"诱人"的条件到底有没有陷阱？只有算出"收支"对比，才能回答愿与不愿。"支"就是一个等比数列的前 n 项和的问题，如何求出这个等比数列的前 n 项和呢？这就需要我们探索出等比数列的求和方法及求和公式了。这个例子不但使学生产生求知的热情及浓厚的兴趣，而且起到自然引入求等比数列的前 n 项和公式的作用。

又如，高中"统计"这一知识模块内容难度不大，学生学习的积极性不高，但是，随着社会的不断发展，面对社会生活中的大量信息，概率统计的思想和方法越来越重要，它能帮助人们正确处理信息、做出合理的决策，其意义与价值充分体现在人们社会生活的方方面面，概率统计的知识已成为公民日常生活所需的一种基本数学素养，因此，"统计"知识模块的教学，教师可以结合政治、经济、社会生活中的具体事例和数据，引导学生思考和观察，体会统计知识的价值。例如，模块的教学，可从社会热点问题"三鹿牌婴幼儿奶粉事件"引入统计学知识："三鹿牌婴幼儿奶粉"事件发生后，国家质检总局开展了专项检查，得出了检查结果，共检验了这些企业的491批次产品，检查显示，有22家企业69批次的产品检出了含量不同的三聚氰胺。检出石家庄三鹿集团股份有限公司生产的三鹿牌婴幼儿配方乳粉，抽样数11，不合格数11，三聚氰胺最高含量每千克2563毫克……②大家可知道国家质检总局是通过怎样的科学方法统计出以上数据并为相关执法部门

---

① 杨梅.小学数学课的导入原则和方法[EB/OL]. http://zhidao.baidu.com/question/60342757.html.
② 西部网.三鹿奶粉被查出三聚氰胺含量最高每公斤2563毫克[EB/OL]. http://news.cnwest.com/content/2008-09/16/content_1426090.htm.

提供依据的吗？学习了"统计"模块后大家就清楚了……通过这一案例，不仅能让学生进一步了解到统计学是一门用科学方法收集、整理、描述和分析获得数据资料，并由此进行推断的学科，而且也让学生体验到"统计"知识的重要价值，从而能较好地从心理和认知层面充分调动学生学习"统计"的积极性。

案例3-5　　　　　　　　　　浙教版八上"不等式的性质"导入

教师：脑筋急转弯——有两对父子，却只有3个人，为什么呢？

学生：爷爷、爸爸、儿子。

教师：爷爷70岁了，爸爸40岁了。请用不等式表示他们的年龄大小。

学生：$70>40$。

教师：那么5年后，爷爷和爸爸的年龄分别是多少？如何用不等式表示？

学生：$70+5>40+5$。

教师：30年前，爷爷和爸爸的年龄分别是多少？如何用不等式表示？

学生：$70-30>40-30$。

教师：x年前，爷爷和爸爸的年龄分别是多少？谁大？如何用不等式表示？

学生：爷爷年龄大，$70-x>40-x$。

这个案例从生活中的年龄问题情境迅速地迁移到数学中的不等式问题情境。通过以上问题情境的设置，学生容易在老师的引导下，得出结论：当不等式两边加上或减去同一个数（正数或负数）时，不等号的方向不变。让学生轻松理解了不等式性质的本质，体现了数学源于生活、用于生活的特点，从而愉快地开始"不等式的性质"一节的学习。

采用情境导入法导入新课时，从生活问题情境转化到数学问题情境是数学课情境导入法的基本过程。

又如，在讲解"相互独立事件同时发生的概率"时，创设如下情境：常说三个臭皮匠顶一个诸葛亮，能顶上吗？已知诸葛亮解出问题的概率为0.8，三个臭皮匠能解出问题的概率分别为0.5、0.45、0.4，且每个人必须独立解题，那么三个臭皮匠中至少有一人解出的概率与诸葛亮解出的概率比较，谁大？

这种通过生活问题情境的创设，最终过渡到数学问题情境的导入新课法，不仅能迅速地吸引学习者的注意力，激发其学习新知的渴望，而且能让学生经历运用数学描述和刻画现实世界的过程，体会学习数学的意义。

案例3-6　　　　　　　　　　"平均变化率"的导入 ①

一个教师在讲解平均变化率时，创设情境，出奇制胜，首先通过生活中的情境让学生感受变化、变化率、平均变化率的大量存在，然后过渡到数学的问题"平均变化率"。

这位教师是这样导入的。

创设情境一：温水煮青蛙

教师：如果你把一只青蛙放进20℃的温水里，不去惊吓它，而后加温至80℃，青蛙会有怎

---

① 高金花.一堂《平均变化率》探究课[J].数学教育研究，2008,(1):42-44.

样的反应?

(学生讨论)

学生1:青蛙会立刻跳出来。

学生2:青蛙会待着不动,显得若无其事……

教师:两种反应是否都有可能发生?(是)为什么会有不同的反应?

学生:条件不同,前者加温时间短,后者加温时间长。

教师:是啊!当加温时间短,温度一下子上升至80℃,变化非常快的时候,青蛙容易感知,就会跳出来。而当加温时间长,温度慢慢变化,青蛙不易感知,便会留守不动。所以温度变化的快慢会带来不一样的感受。

(板书:变化快慢)

创设情境二:温度的变化1

教师:事实上,不仅青蛙如此,我们人也一样。我们来看苏州市2004年3月18日至4月20日部分日最高气温表,如表3-1所示。

表3-1 苏州市2004年3月18日至4月20日部分日最高气温表

日期	3/18	3/23	3/28	4/2	4/7	4/12	4/17	4/18	4/19	4/20
最高气温(℃)	3.5	6.1	9.3	8.9	10.2	13.9	16.6	18.6	24.4	33.4

教师:还记得你在2004年4月20日那天有什么感觉或是感叹吗?

学生:热,热得太快了。

教师:天气太热了,天气热得太快了。我们一起来直观看一下这个过程的气温变化图(图3-4)。

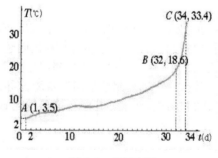

图3-4 气温变化

教师:其中3月18日作为第一天,即A点、B点、C点分别为3月18日、4月18日和4月20日。结合刚才的感受从图像上看到BC曲线段较AB曲线段有什么特点呢?

学生:比较陡峭。

教师:明明AB曲线段温度上升的度数比BC曲线段温度上升得多,为什么BC曲线段较AB曲线段反而来得更为陡峭呢?

学生:BC段时间短,变化快。

教师:气温变化快的 BC 曲线段,相对比较陡峭。因此,从直观图上曲线变化的快慢可以由什么来刻画?

学生:变化的快慢可以由曲线的陡峭程度来刻画。

(板书:变化快慢——曲线的陡峭程度)

教师:正确! 由此我们体会到变化的快慢的确可以由曲线的陡峭程度来刻画。

创设情境三:温度的变化 2

教师:但是是否所有的变化快慢都可以由曲线的陡峭程度来解决呢?来看苏州市 2004 年 4 月份日最高气温表(见表 3-2)及相应的气温变化图(见图 3-5)。

表 3-2 苏州市 2004 年 4 月份日最高气温表

日期	1	2	3	4	5	6	7	8	9	10
最高气温(℃)	21.7	21.7	24.0	25.0	17.4	17.0	24.5	27.3	21.9	20.5
日期	11	12	13	14	15	16	17	18	19	20
最高气温(℃)	21.6	16.2	10.5	11.3	17.1	18.1	23.1	25.4	24.3	20.0
日期	21	22	23	24	25	26	27	28	29	30
最高气温(℃)	20.7	16.5	21.3	22.8	23.1	16.8	21.3	25.3	28.9	31.3

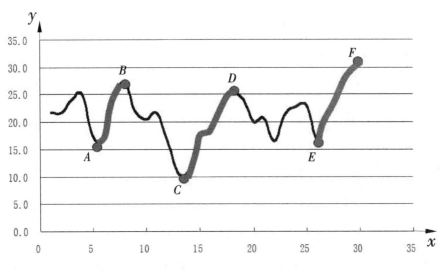

图 3-5 最高气温变化

教师:图上曲线 AB,CD,EF 都呈上升趋势,能马上回答哪一段气温变化得最快吗?(没法回答。)

教师:在这张图上三段曲线的陡峭程度用肉眼根本看不出来。当三个差不多高的人,肉眼看不出谁最高时,我们会想什么办法来最终比较出他们的高矮?

学生:用尺量。

教师:同样的,当陡峭程度不明显时,我们该怎么办呢?用什么可以来量化陡峭程度呢?

> 在学生充分感受用直观的工具难以准确刻画"变化"的细节,需要寻求新的工具(量)时,此问题的提出,就将此生活中的问题转变成了数学问题,从而学生自然地想到用同一个量的两次取值之差来准确刻画"变化",用两个量的变化之比准确刻画"陡峭程度",从而"平均变化率"概念的产生就水到渠成了。
>
> 教师:我们将它借鉴过来,曲线段 BC 的陡峭程度就由直线 BC 的斜率来近似量化,并称之为在该区间上的平均变化率——这就是本节课我们要研究的内容。
>
> 定义:函数 $f(x)$ 在区间 $[x_1, X_2]$ 上的平均变化率为 $\dfrac{f(x_2)-f(x_1)}{x_2-x_1}$

当然,问题情境既可是学生熟悉的生活问题情境,也可以是学生熟悉的数学问题情境,或者是学生数学学习中的典型案例,比如:针对学生易犯的错误,设计错例,借此引入,也能较好地吸引学习者的目光,使其专注地投入到新知的学习。例如在讲"算术根"时,可这样引入,如案例 3-7 所示。

> **案例 3-7**   "算式根"的导入
>
> 教师:同学们,大象和蚂蚁体重一样吗?
>
> 学生:怎么可能一样?
>
> 教师:我说一样重,不信,我们来算算。
>
> 设大象体重为 x,蚂蚁体重为 y,他们的体重之和为 $2s$,那么 $x+y=2s$,
>
> $x-2s=-y$,(1)
>
> $x=2s-y$,(2)
>
> (1)×(2),得 $x^2-2xs=y^2-2sy$,
>
> 两边同时加上 s^2,得 $(x-s)^2=(y-s)^2$,
>
> 两边同时开方,得 $x-s=y-s$,
>
> 所以 $x=y$。
>
> 这岂不是蚂蚁和大象一样重吗?
>
> 在同学们迷惑之际,教师趁势提出:"今天我们就来研究算术根的问题。"这种导入方式,充分地吸引了全班学生的注意力。

又如,在讲解"一元二次方程根与系数关系"时在课前把本节知识的结论提前告知了一个学生,在上课时,叫这名学生和班内的一个大家公认的数学尖子比赛解方程(只说出该方程的两根之和、两根之积),结果可想而知,尖子学生虽然解题速度很快,但没有用巧妙的方法,始终输给该生,教师及时说道:"同学们,知道为什么出现这种结果吗?"同学们一致认为该同学有诀窍,都想尽快弄明白其中的奥妙。于是,教师趁势说道:"对,该同学掌握了一种'诀窍',今天让我们也来看看这种'诀窍'究竟是什么。"从而导入新课。

四、数学史例导入法

数学的发展过程艰辛曲折,但其中包含着许多充满数学家智慧和有关数学家呕心沥血孜孜以求的典型事例,这些事例既能启迪学生的智慧、拓展他们的视野,又能激励学生学习数学的兴趣。适当地选讲数学发展史中的某些故事或片段,有助于激发学生学习数学的热情,活跃课堂气氛。

如:在讲解实数时给学生讲讲无理数是如何发现的,可以这样导入:

2500多年前,古希腊有一位伟大的数学家毕达哥拉斯,创立了古希腊数学的"毕达哥拉斯学派"。毕达哥拉斯认为"万物兼数",而这里的"数",仅仅是整数与整数之比,也就是我们现在所说的"有理数",除了有理数以外,不可能存在另类的数。毕达哥拉斯最伟大的贡献就是发现了"勾股定理"。直到现在,西方人仍旧称勾股定理为"毕达哥拉斯定理"。

毕达哥拉斯的一位学生希巴斯,他是毕达哥拉斯学派中最杰出的代表人物之一。希巴斯通过勾股定理,发现边长为1的正方形,其对角线长度并不是有理数。当希巴斯提出他的发现之后,毕达哥拉斯大吃一惊,原来世界上还有"另类数"存在。

毕达哥拉斯是一个爱面子的人,于是他下令:"关于另类数的问题,只能在学派内部研究,一律不得外传,违者必究。"可是,希巴斯出于对科学的尊重,把他的发现公之于众。这一举动,令毕达哥拉斯怒不可遏,他下令严惩希巴斯,把希巴斯掷进了大海。[①]

这样的导入,不但吸引了学生,还让学生受到尊重科学的教育熏陶。

五、直观导入法

中学数学中很多概念和数学命题的形成是源于对现实模型的操作或者人类实践活动的概括。因此,学习这些概念或者命题时,可以利用现实模型的直观和实践操作活动的具体特性,让学生观察实物、模型、教具和观看投影、录像、电脑动画等,采用实验导入的方式进行教学,引起学生学习兴趣,自然而然地过渡到对新知的学习。

例如,在讲数学归纳法原理时,教师演示"多米诺骨牌",让学生仔细观察其某一段的完整过程后思考:如果要想让无数块骨牌全倒下,必须满足什么条件?在讲"椭圆的标准方程"第一课时,可在课前,准备好一段绳子,上课时将绳子的两端固定在两个点上,两点间的距离要小于绳子的长度,让学生拿着粉笔将绳子绷紧,随着手的转动,粉笔划过的痕迹正是一个椭圆的形状。教师与学生利用粉笔与绳子依据定义在黑板上画出椭圆的图形,引导学生归纳总结出椭圆的定义,从而导入新课。

又如:在讲弦切角定义时,先把圆规两脚分开,将顶点放在事先在黑板上画好的圆上,让两边与圆相交成圆周角$\angle BAC$,当$\angle BAC$的一边不动,另一边AB绕顶点A旋转到与圆相切时,让学生观察这个角的特点,是顶点在圆上一边与圆相交,另一边与圆相切。它与圆周角不同之处是其中一条边是圆的切线。这种教学方法,使学生印象深,容易理解,记得牢。

---

① 再谈数学课的引入[EB/OL]. http://wenku.baidu.com/view/67c3dac7b14e852458fb5720.html.

六、生活经验导入法

数学知识源于生活,又应用于生活。因此,用贴近学生生活实际或为学生所喜闻乐见的学习材料,把学生熟悉、感兴趣的实例作为学习新课的背景材料,从学生的生活入手,特别是从学生熟悉的生活经验与所生活的地区文化发展背景入手导入新课,不仅能使学生感到亲切、自然,可以激发学生的情感体验,使学生如临其境、如见其物,更能让学生感受到数学的人文价值,从而达到激发学生的学习兴趣,唤起学生的认知行为的目的。

例如,2011年第四届"东芝杯·中国师范大学理科师范生教学技能创新大赛"决赛在武汉华中师范大学举行,某师范生的参赛课题是"用二分法求方程的近似解",二分法求方程近似解的基本思想是不断地把给定区间取半,使近似解逐步逼近函数零点以满足给定精确度的一种计算方法。这种算法比较抽象,学生不易理解。但它是一种通法,生活中不乏利用二分法求解问题的实例。如果该课题的导入能结合武汉学生生活实例或者结合武汉城市发展的相关实例引入数学课题,势必增加听课学生的亲切感。通过查阅武汉城市发展历史,了解到2009年12月26日中国第一列高铁列车武广高铁全线贯通,于是结合教科书的例子,该师范生对该课题的导入设计如下。

案例 3-8　　　　　用二分法求方程的近似解的导入

创设情境一

教师:2009年12月26日中国第一列高铁列车武广高铁全线贯通,今天我们的数学之旅也将从这里开始:某夜,从武汉到广州的电话线路由于雷电等天气原因发生了故障,这条线路长达1000千米。现在要求技术员把故障的范围尽快缩小到5~10千米。应怎么查找?

该问题的导入,不仅增加了学生的亲切感,也激发了学生对该问题的探索欲:可将武广两地看成 A、B 两点,武广高铁线路看成联结 A、B 两点的线段。

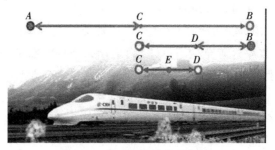

图 3-6　技术员取中点示意图

技术员通过取中点的办法发现,如果在 AC 段没故障,技术员就只需在 CB 段查找故障;为了查找 CB 段的故障,技术员也只需在 CB 段取中点 D,通过技术发现 DB 段没故障,那么问题肯定出现在 CD 段;那么为了查找 CD 段的故障,技术员也只需在 CD 段取中点 E,如此下去,技术员就可把故障的范围尽快缩小到5~10千米(见图3-6)。

教师：看完这个例子，大家一定觉得这种方法十分巧妙，因为每找一次中点，做一次比较，就可以把故障的范围缩小为之前的二分之一，因此，我们形象地命名这种方法为二分法，从而，二分法的导入水到渠成。

创设情境二

求方程 $x^3+3x-1=0$ 在区间 $(0,1)$ 内的近似解（精确到 0.1）。

教师：提到"方程"二字，相信大家都不会陌生。1545年意大利数学家卡尔达诺在他的《大术》一书中给出了一元三次方程的求根公式：

$$x_1=-\frac{b}{3a}+\sqrt{\frac{bc}{6a^2}-\frac{b^3}{27a^3}-\frac{d}{2a}+\sqrt{(\frac{bc}{6a^2}-\frac{b^3}{27a^3}-\frac{d}{2a})+(\frac{c}{3a}-\frac{b^2}{9a^2})^3}}$$

$$+\sqrt[3]{\frac{bc}{6a^2}-\frac{b^3}{27a^3}-\frac{d}{2a}-\sqrt{(\frac{bc}{6a^2}-\frac{b^3}{27a^3}-\frac{d}{2a})+(\frac{c}{3a}-\frac{b^2}{9a^2})^3}}$$

$$x_2=-\frac{b}{3a}+\frac{-1+\sqrt{3}i}{2}\sqrt[3]{\frac{bc}{6a^2}-\frac{b^3}{27a^3}-\frac{d}{2a}+\sqrt{(\frac{bc}{6a^2}-\frac{b^3}{27a^3}-\frac{d}{2a})+(\frac{c}{3a}-\frac{b^2}{9a^2})^3}}+$$

$$\frac{-1-\sqrt{3}i}{2}\sqrt[3]{\frac{bc}{6a^2}-\frac{b^3}{27a^3}-\frac{d}{2a}-\sqrt{(\frac{bc}{6a^2}-\frac{b^3}{27a^3}-\frac{d}{2a})+(\frac{c}{3a}-\frac{b^2}{9a^2})^3}}$$

$$x_3=-\frac{b}{3a}+\frac{-1-\sqrt{3}i}{2}\sqrt[3]{\frac{bc}{6a^2}-\frac{b^3}{27a^3}-\frac{d}{2a}+\sqrt{(\frac{bc}{6a^2}-\frac{b^3}{27a^3}-\frac{d}{2a})+(\frac{c}{3a}-\frac{b^2}{9a^2})^3}}+$$

$$\frac{-1+\sqrt{3}i}{2}\sqrt[3]{\frac{bc}{6a^2}-\frac{b^3}{27a^3}-\frac{d}{2a}-\sqrt{(\frac{bc}{6a^2}-\frac{b^3}{27a^3}-\frac{d}{2a})+(\frac{c}{3a}-\frac{b^2}{9a^2})^3}}$$

显然，这样复杂的精确解不仅计算烦琐，不便于实际使用。因此，在实际生活中我们常常用的是方程的近似解。这节课我们就来学习用二分法求方程的近似解。

又如，在讲授"面面垂直判定定理"时，教师可这样导入："同学们，建筑工地上，建筑工人砌墙时，为了保证墙面与地面垂直，常常用一根吊着铅锤的绳来看看细绳与墙面是否重合。大家想一想，建筑工人这样做，能保证墙面与地面垂直吗？该问题的导入，立即引发了学生的思考与议论，自然产生出了探究如何判定两个面相互垂直、如何将两个面的垂直问题转化为线面垂直、线与线之间的垂直等问题。通过有意识地把生活经验数学问题化，使学生更加明白学习数学的现实意义，凸显数学的应用价值。

当然，数学课的导入方法还有很多，例如数学史导入法、类比联想导入法、练习导入法、对比导入法、做游戏猜谜语导入法、电教导入法等，只要运用得当，能激发学生学习兴趣，让学生愿学、乐学，都是好的导入方法。

在实际教学中，我们要根据数学学科的特点、每一堂课的具体内容、具体课型、学生学情以及教师上课风格等因素，灵活选择合适的导入方法，或者综合运用几种导入方法，提高课堂导入的效果。

第3节　数学课堂导入技能应用策略及实训

一、数学课堂导入技能应用策略

数学课堂导入环节类型多种，导入方式多样，如何根据具体课型和教学内容选择合适的导入方法，还需注意数学课堂导入技能应用的基本策略。

（一）定向策略

上课铃响后，如何迅速将课前还在进行各自活动的学生的思维，定向在本节课要学习的任务上并激发学生主动思考，是课堂导入要解决的首要问题。因此，无论课堂导入方式如何多样，究竟选用哪一种具体的导入方式，应以定向策略为指导性原则。

所谓定向策略，是指让学生的思维定向到即将开始的教学内容上，为学习新课做好积极认知准备的策略。一般地，高效率的课堂导入环节的时间，短则一两分钟，长也不过五六分钟。虽然，有的课堂有可能在一堂课快要结束时才指出本节课的主题，常常以"这就是我们今天学习的内容×××"，但是这样的课堂一般在开始几分钟之内，教师总会提出一些问题吸引学生去解决，或计算或推理或探究，然后在师生进行课堂小结时才导入本节课的主题，此时导入的主题起到了画龙点睛的作用。

俗话说，良好的开端是成功的一半。学生在课前的活动和各自的思维状态多种多样，上课伊始，教师需要及时地把全班学生的注意力凝聚在一起，集中到新的课堂教学上来，定向到即将开始的教学内容上，并让学生做好积极思考的准备。

例如，一位教师在上"多位数的读法与写法"一节课的课堂导入方式：课前教室闹哄哄成一片，上课一开始，教师大踏步走上讲台，在用目光扫视全场后（一小部分学生安静下来），没有像平时一样先讲话，而是直接拿出粉笔，在黑板上写了几个很大的数，比如：5780000，2100000000。然后教师提问：这种数的位数很多，你们会读这些数吗？怎样读好这种数和写准确这种数呢？今天我们就来一起学习"多位数的读法和写法"。这样的导入方式，教师首先不是用平常组织教学惯用的方式"上课了，大家准备上课！"而是先用目光巡视全场，示意即将开始上课，然后在黑板上写下学生平时没有见过或者见过但不知该怎么读的大数，吸引学生注意力，然后提出问题，把学生的思维定向在本节课要学习的内容上。

课堂导入中的"定向"，本质上就是"导入"。导入，顾名思义就是通过教师的"导"引导学生进"入"新课学习的情境。如果设计的导入不能启迪学生积极思维，这样的导入就成了"导"而不"入"。

例如：一位教师在教学"认识乘法"时，为了沟通数学与生活的联系，教师创设了这样一个生活情境，出示了"动物园里的一角"。

教师："请同学们仔细观察，你发现了什么？"

学生们积极地举手发言，有学生说"我发现小河里有水"，有学生说"我发现小兔在河边跳舞呢"，有学生说"我发现小鸡在吃东西，不知道是捉虫子还是啄米"，有学生说"我还发现有两座房子，那是小兔的家还是小鸡的家？"……10分钟过去了，学生还不断地有新发现，教师也在肯定中不断地提问:"你还发现了什么?"于是学生又有很多新的发现。分析该案例发现,这堂课的导入没有达到"入"的结果的重要原因,是因为教师最初提出的问题"请同学们仔细观察,你发现了什么"太发散,而面对学生们发散的"发现",教师的评价也没有围绕课堂教学的目的进行及时"收敛",这样的课堂导入,就成了"导"而不"入",没有起到定向的作用。可以想象,教师要想游刃有余地完成预设教学任务将会十分困难。

(二) 激思策略

课堂导入,不仅要能迅速吸引学生注意力,还要能激发学生学习新课的兴趣和求知欲望。因此,有效的课堂导入要针对课堂教学目的,采用具有启发性的导入语言或者蕴涵本节课主要任务的问题情境启发学生积极思考。

例如,一位教师关于"双曲线概念的导入"。教师:"同学们,上节课我们研究了椭圆的定义及标准方程,请大家回忆一下椭圆的定义。"学生:"平面内,到两定点的距离之和等于常数(大于两定点之间的距离)的点的轨迹是椭圆。"教师:"如果我们将椭圆定义中的'和'改为'差',那么轨迹会是什么呢?"

这样的导入以启发学生思维为立足点,把学生要学习的新内容和学生学过的旧内容联系起来,针对它们的不同点提出问题,激发其思维上的冲突,促使学生积极主动地探究和学习。

又如,学过数列的知识后,一位教师这样导入等差数列的新课:
观察下列各数列,你能发现它们有什么共同的特点?具有什么性质?
① $1,2,3,4,5,6,7,8,\cdots$
② $3,6,9,12,15,18,21,24,\cdots$
③ $-1,-3,-5,-7,-9,-11,-13,-15,\cdots$
④ $2,2,2,2,2,2,2,2,2,\cdots$

这样导入可以激发学生思考,培养学生观察能力、抽象概括能力,具有启发性、开放性。

导入是为了学生积极主动地关注和思考新的学习内容,是为了便于学生更好地理解和掌握新的内容。课堂导入的材料,有的是教学内容的重要组成部分,有的是教学内容的必要补充,还有的虽然从内容上看关系不大,但它能够延伸到即将学习的新内容,对于教学内容的讲授和学习也是一个有机组成部分,在紧扣教学内容的前提下,教师将一节课所要学的内容巧妙而自然地引导出来,把教学的目的巧妙而自然地传递给学生,才能有效激发学生的思考,学生才会产生真实的问题。因此,课堂导入环节的导入材料,切忌胡编乱造。

(三) 体验策略

高效的课堂导入是关注学生的生活经验和情趣、能够激发学生丰富的情感体验和积极思维体验的导入。

一般而言,能够激发学生丰富的情感体验和积极思维体验的课堂导入选用的素材对学生而言,新颖但不陌生,陌生但不枯燥,熟悉但能引出新问题;创设的情境有趣但不做作,熟悉而不乏味,导入的方式自然而不生硬,有教师的陈述也有学生的互动;导入的语言通俗但不浅薄,简洁而不含混;导入的时间紧凑而不啰嗦。

因此,运用课堂导入技能时,需要考虑,运用的课堂导入材料能否有效激发学生的情感体验,是否关注学生的生活经验,是否选择学生身边的、感兴趣的事物,引出有关的数学问题;设计的导入情境是否与时俱进,是否努力为学生创设一个"生活化"情境,让学生在生动具体的生活情境中开始数学学习,体验和理解数学;导入方式是否因材施教有效激发学生的情感体验;导入的语言是否通俗易懂、清晰明了,富有启发性和感染力;导入的时间是否简短,迅速把学生的注意力吸引到课堂教学的重点和关键点。

二、数学课堂导入技能实训

(一)数学课堂导入案例评析

评价一节课的课堂导入技能可以从不同的角度展开。例如,可从课堂导入的基本步骤视角进行评析,也可从课堂导入所采用的方法的视角进行评析,也可从课堂导入技能运用的策略视角进行评析,也可综合以上各方面的内容进行评析,等等。

下面是某教师的课堂导入的教学案例,请结合本章所学知识进行评析。

案例 3-9　　　　　　"数轴"概念教学的课堂导入

教师:同学们,日常生活中,我们都用过温度计、尺子,见过秤杆、弹簧秤。那么,温度计、尺子、秤杆、弹簧秤有什么共同的特点?

学生:……

教师:大家可以讨论。(教师巡回辅导,适时参与讨论)

教师:现在,请代表发言。

学生甲:都是用上面的刻度表示数,秤杆上的刻度表示物体的重量,温度计上的刻度表示温度。

学生乙:它们都有度量的起点,有度量的单位,有增减的方向。

教师:非常好!你们还能举出类似的例子吗?

学生:水位标尺……

教师:很好!如果我们把刻度看成"点",把温度计、秤杆、尺子、水位标尺看成"直线"(假设它们的长度很长很长,又很细),这实质上就是用直线上的点来表示数。本节课我们来学习,如何用直线上的点来表示数。

引出课题——数轴。

---

1. 评析1——基于课堂导入基本步骤视角的评析

通过本章前面的知识已经知道,课堂导入是在即将进行新的教学内容和教学活动时,教师引导学生进入学习状态的行为方式。良好的课堂导入要求教师能迅速创造一种良好的课堂学习氛围,引导学生为即将进行的课堂学习做好积极的心理准备和认知准备。课堂导入一般要经历三个基本步骤:集中学生的注意,引起学生兴趣;渗透学习主题,激发学生思维;明确学习目的,做好新课学习的心理准备和认知准备。

本案例中的课堂导入满足了课堂导入的三个基本步骤。

例如,上课伊始,教师提出:"同学们,日常生活中,我们都用过温度计、尺子,见过秤杆、弹簧秤。那么,温度计、尺子、秤杆(或弹簧秤)有什么共同的特点?"这实际上就是本节课课堂导入的第一步骤:通过生活中的原型,提出问题,引起学生兴趣,集中学生的注意。

然后,随着学生交流活动的进行,教师适时渗透学习主题,激发学生思维:"如果我们把刻度看成'点',把温度计、秤杆、尺子、水位标尺看成'直线'(假设它们的长度很长很长,又很细),这实质上就是用直线上的点来表示数。"这就是本节课课堂导入的第二步骤。

最后,教师用简明的语言直接指出:"本节课我们来学习,如何用直线上的点来表示数。"并板书课题"数轴",这就是课堂导入的第三步:明确学习目的,做好新课学习的心理准备和认知准备。至此,本节课课堂导入完成。

综上,本节课的课堂导入步骤运用得当,达到了课堂导入的基本目的。

2. 评析2——课堂导入方法运用视角的评析

一堂课的导入方法很多,究竟选用何种方法导入,还需考虑教学内容的特点、教学目标的设计和学生学情等方面的因素。

例如,本节课的内容是数轴。数轴是理解有理数的概念与运算的重要工具,它非常直观地把数与点结合起来,渗透着初步的数形结合的思想,对后面将要学习的绝对值、有理数的运算等知识起着举足轻重的作用。本节课中,数轴的概念包含两个内容:一是数轴的三要素——原点、正方向、单位长度,二是数轴的三要素都是规定的,学生需要牢固掌握。

从教科书和数学课程标准来看,本节课的教学目标是:①通过观察与思考,建立数轴的概念,掌握数轴的概念,并理解数轴三要素,能正确地画出数轴;②会用数轴上的点表示给定的有理数,会根据数轴上的点读出所表示的有理数,理解任何有理数在数轴上都有唯一的点与之对应;③通过对数轴的学习,知道数学来源于实践,初步体会对应的思想、数形结合的思想,产生对数学学习的兴趣。本节课的教学重点是初步理解数形结合的思想方法,正确掌握数轴画法和用数轴上的点表述有理数,并会比较有理数的大小。教学难点是正确理解有理数与数轴上的点的对应关系。

从学生学习情况来看,学生学习数轴概念是在七年级,由于七年级学生的理解能力和思维特征的局限性,他们往往需要依赖直观具体的对象来理解较为抽象的内容。如果教师直接讲解数轴概念和数轴的三要素,学生很难认识到数轴概念产生的必要性和学习数轴概念的重要性,易造成学生对数轴概念的理解不深刻,也易造成知识遗忘,以至于在数轴画图中出现丢三落四的现象,所以教学中教师应结合具体事例以简单明白、深入浅出的分析,引发学生兴趣,同时还要创造条件和机会,让学生发表见解,发挥学生的主动性。

在本节课的课堂导入中,教师联系学生生活实际,通过生活中的实例,采用问题导入的方法,将数轴概念和数轴概念中的三要素的形成过程,贯穿于学生的观察、思考和讨论活动中,让学生感受数学源于生活,经历数轴三要素从实践中逐渐抽象的过程。这种通过生活实例采用问题导入的方法,不仅让学生参与探索新知识,充分体现了以学生为主体的新理念,而且也因生活实例的直观降低了理解的难度,让学生充分感受了数轴概念产生的必要性和数轴概念三要素规定的合理性,突出了教学重点,化解了教学难点,激发了学生的学习兴趣,并教给了学生"观察、思考、交流、总结"的研讨式学习方法。因此,本节课的课堂导入方法运用得当。

3. 评析3——课堂导入策略运用视角的评析

本案例中,教师采用问题导入法,通过生活中大量存在的数轴原型,提出问题"有什么共同的特点",定向学生思维,引发学生思考,把学生的注意力引向本节课的教学任务和教学活动需要的状态,体现了课堂导入的定向策略、激思策略和体验策略。这种通过讨论生活中熟悉例子的特征的方式进行导入,例子直观形象,学生能够有一种熟悉亲近的感觉。随后,在学生思考共同特征的时候,教师采用交流的方式让学生直接参与到课堂,有助于触发学生的生活体验和课堂参与的积极性,有效地引发学生的交流。随着交流的深入,教师因势利导:"很好!如果我们把刻度看成'点',把温度计、秤杆、尺子、水位标尺看成'直线'(假设它们的长度很长很长,又很细),这实质上就是用直线上的点来表示数。本节课我们来学习,如何用直线上的点来表示数。"简洁的语言,使师生的交流活动迅速地与当前要学习的新内容"数轴"产生了关联,集中学生的注意力,从而使学生自然地进入到与学习新知——"数轴"相适应的理想状态。

实训:请以学习小组为单位,模仿案例3-8的评析方式,对案例3-9中的课堂导入技能方式进行评析。

案例3-10　　　　　　　　　　**"分层抽样"的导入**

教师:同学们,在讲新课之前我们来看一个问题。

假设某地区有高中生2400人,初中生10900人,小学生11000人,此地教育部门为了了解本地区中小学的近视情况及其形成原因,要从本地区的小学生中抽取1‰的学生进行调查,你认为应当怎样抽取样本?

学生们议论纷纷。

由此,老师说,对于这个问题,大家学习了分层抽样以后就能较为合理地选取样本了。

(板书:分层抽样)

(二) 数学课堂导入技能情境练习

请以学习小组为单位,分别选择一个数学概念或数学命题进行数学课堂导入技能的训练,同一个教学内容可以运用不同的导入方法。

要求:

(1) 小组内每一个同学都要设计所选择内容的课堂导入的 Word 文档和相应课件。

(2) 针对所做的课堂导入做出自评,说明相应的课堂导入是否满足课堂导入的基本步骤、为何选择相应的课堂导入方法以及是否运用课堂导入策略。

(3) 就所选内容,小组成员进行课堂导入技能展示,并进行交流总结。

本章总结

本章首先概述了数学课堂导入的概念、数学课堂导入环节的基本步骤、数学课堂导入的基本方法以及数学课堂导入技能运用策略。其次,本章从实践层面对数学课堂导入技能进行了实训。

数学课堂导入技能就是在上课开始时,教师根据教学对象、教学内容、教学环境以及教师自身教学风格等多种因素,灵活运用课堂导入方法和手段,吸引学生注意力,引导学生明确学习目的,做好新课学习的心理准备和认知准备的技能。

数学课堂导入环节一般要包括三个基本步骤:(1)集中学生的注意,引起学生兴趣;(2)渗透学习主题,激发学生思维;(3)明确学习目的,做好新课学习的心理准备和认知准备。

常用的数学课堂导入方法有直接导入法、复习导入法、问题情境导入法、数学史例导入法、生活经验导入法等基本方法。

数学课堂导入技能应用策略包括定向策略、激思策略、体验策略等基本策略。

数学课堂导入技能的形成,不仅需要了解课堂导入技能的基础知识,观摩好的课堂导入,分析课堂导入实例,在实践中地有意识地运用相关知识指导自己的实践,而且也需要长期的课堂导入技能实践训练和实践反思。

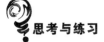思考与练习

1. 请谈谈你对数学课堂导入技能的理解。
2. 请选择中学数学内容中的某一单元,运用本章的知识进行课堂导入设计。
3. 请分析评价你按照第 2 题要求所完成的课堂导入设计。

参 考 文 献

[1] 侯秋燕.高中数学课堂导入技能[D].长春:东北师范大学,2009.
[2] 庄亿农.蚂蚁与大象一样重[EB/OL]. http://www.mathschina.com/hk/qxd6z/d27z/77978.html.
[3] 杨梅.小学数学课的导入原则和方法[EB/OL]. http://zhidao.baidu.com/question/60342757.html.
[4] 西部网.三鹿奶粉被查出三聚氰胺含量最高每公斤 2563 毫克[EB/OL]. http://news.cnwest.com/content/2008-09/16/content_1426090.htm.
[5] 再谈数学课的引入[EB/OL]. http://wenku.baidu.com/view/67c3dac7b14e852458fb5720.html.
[6] 高金花.一堂《平均变化率》探究课[J].数学教育研究,2008,(1):42-44.

第4章 数学教学语言技能

本章概要

　　语言是人类最重要的交际工具,也是人类的思维工具、传播思想的媒介。课堂教学离不开语言。课堂教学语言是教师向学生传授科学知识,教师与学生之间用于思想交流,启迪学生思维、开发智力、陶冶情操,并进行思想政治教育的最主要工具,同时也是维系师生之间情感的重要纽带。本章主要介绍了什么是日常语言、教学语言、数学语言和数学教学语言,及四者之间的关系;以实际案例说明如何运用数学教学语言;数学教学语言的应用原则有哪些。本章还将介绍如何正确应用数学教学语言技能,进而取得好的教学效果。

学习目标

通过本章的学习,你应该
1. 了解什么是数学教学语言;
2. 掌握并能应用不同类型的数学教学语言;
3. 理解数学教学语言的应用原则。

关键术语

　　◆ 教学语言　　◆ 数学语言　　◆ 数学教学语言

第1节 数学教学语言技能概述

　　语言大师老舍说过:"我们是语言的运用者,要想办法把'话'说好,不光是要注意'说什么',并且要注意'怎么说'。"

　　教育家孔子说过:"言之无文,行而不远。"

　　教育家叶圣陶先生说过:"凡是当教师的人,绝无例外地要学好语言,才能做好教育工作和教学工作。"

　　可见,教师的教学语言技能是多么重要,教学语言技能是以舌耕为业的教师必须熟练掌握的一项基本教学技能。否则,即便是满腹经纶,才高八斗,也只能是"茶壶煮饺子——有嘴倒不出"。可见,优秀的教师不仅应该是一位渊博的学者,而且应该是一位语言艺术大师;课堂上,教学用语不仅规范精确,而且生动形象,带给学生思想性、教育性和艺术性的多重收获。

　　数学课堂教学语言日益受到人们的关注与重视,尤其是数学学科的严谨性,更使得掌握精准的数学课堂语言尤为重要。数学课堂中所使用的语言包括日常语言、教学语言、数学语言、数学教学语言,本节将从这几个层次、分类介绍数学课堂语言技能。

一、日常语言

语言是一种特殊的社会现象,是人类不可缺少的交往工具,也是人类的思维工具,同时也为课堂教学和数学交流提供了基础。

数学课堂教学中,教师所使用的日常语言,是数学教师为了顺利开展数学课堂教学活动,而进行课堂管理与组织、发出指令、提出要求等活动的语言。但这些日常语言在数学课堂教学中,也起着至关重要的作用,可以保证课堂教学秩序,处理教学中的突发事件,把学生的注意力、行为活动引向教学焦点活动上来的控制与管理等。日常语言是数学课堂教学中最基本、最一般的起点层次语言,也是数学教师首先要达到的层次。比如:"同学们好!我们开始上课!""请同学们安静!""请同学们看黑板!""大家同意这位同学的意见吗?"等等。

二、教学语言

教学语言是指教师在课堂教学中进行教育、传递知识和技能等信息,交流思想方法,激发情感等教学行为活动的媒介和载体,是一种专业的教学工作用语。主要用于课堂教学过程的组织、教学内容的衔接、对学生学习的评价等方面。

教学语言既不同于日常用语那样随便、口语化,也不像书面语言那样有规范的句式,缺少弹性,正式而呆板。教学语言是科学性、思想性和艺术性的有机统一,是口头语的提炼、书面语的加工,具有其独特的特性。教学语言首先要保证准确、科学性;其次,要注意将学术性的理论知识转化为具有教育性、教学形态的,学生可接受的教学语言进行传授;第三,教学语言遣词造句要规范、简洁;第四,教学语言还具有启发性、诱导性和主导性;第五,情感态度要亲切、自然、朴实、真诚;第六,教学语言要把握好声音、语调、语速以及节奏;第七,教学语言还应注意个性化和教学的针对性。总之,教学语言是多种语言风格的融汇,可以说是一门综合的语言艺术。

我们可以根据教学功能和作用,将教学语言分为组织的教学语言、系统讲授的教学语言和辅导协助的教学语言。

(一)组织的教学语言

组织的教学语言,是实施教学活动的过程中,教师为了顺利完成开课导入、过渡、提问、反馈、评价、结课等教学环节,并引导和组织学生的思维和学习行为向着教师期望的方向发展,而采用的教学用语。各个教学环节相对应的有开课导入语、过渡语、提问语、评价语和结课语[①]。其中,导入语详见本书第3章,提问语详见第5章,结课语详见第8章。下面将重点举例说明过渡语和评价语。

过渡性教学语言,是课堂教学过程中,对不同教学内容、不同知识点、不同问题或不同教学环节之间承上启下的教学用语。一堂数学课是由教师对几方面知识内容组合而成的,之所以形成

---

① 韦志成.教学语言论[M].南宁:广西教育出版社,2001:142.

一个有机的整体,是因为在这几方面内容的组合衔接上常常有其独到的妙处——设计过渡语。名师的课,几乎每一节都行云如水,天衣无缝,其中一个重要原因,就是他们善于精心设计和运用课堂过渡语。

案例4-1   "无理数"概念引入两种过渡语的教学实录

设计1

师:a 既不是整数,也不是分数,那么它是什么数呢?它是我们以前学过的数吗?(个别回答)

师:很好,a 不是有理数,但 a 是我们拼出的大正方形的边长,它是确实存在的,那么 a 究竟是多少呢?

师:事实上 $a=1.414\,213\,56\cdots$ 这是一个无限不循环小数,那么它不是有理数,我们可以给它一个新的名称吗?

设计2

师:很好,a 不是有理数,但 a 是我们拼出的大正方形的边长,它是确实存在的,那么 a 究竟是多少呢?能说出它的大致范围吗?

师:还能再精确吗?

师:会不会算到小数点后某一位时,它的平方恰好等于2,也就是说 a 是一个确定的有限小数?为什么?(学生讨论后回答)

师:很好,a 不可能是有限小数,大家同意吗?

师:事实上 $a=1.414\,213\,56\cdots$ 这是一个无限不循环小数,那么它不是有理数,我们可以给它一个新的名称吗?

【案例分析】以上两份过渡语的教学实录所反映出的教学目标和重点是一样的,但由于过渡语句的不一样,带来完全不同的教学效果。设计2抓住概念的本质和核心,做到了从大处入手,小处着眼,给学生思考留下了空间,让学生在可能是整数、分数,也可能是以2为分母的分数或以3为分母的分数等各种可能中思考。看似不起眼的几句话中,慢慢逼近真实,让学生自己建构起"无理数"的概念。并且让他们感觉,是他们自己经历了研究发现的过程。而设计1感觉比较突兀,学生不易理解为何要这样分析,其过程只是走过场,最终不能体验"无理数"的概念。

(摘自:张娟萍.初中数学课堂过渡性言语的设计内容[J].中学数学杂志,2010(10):1-4.)

评价语,是教师对学生回答问题、学生练习、小组讨论、学生板书和讲演等各种学习行为及其产生的学习结果做出恰当评判的教学用语。评价语对学生学习具有明确的导向性,深刻的启迪性和诚恳的激励性。评价语主要有肯定语、鼓励语和批评语三种形式。无论哪一种形式,都必须进行客观、实事求是的评价。

肯定语:"你回答得很好!""你回答得非常正确!""老师非常赞同你的想法!""你的回答很有想法!""同学们为这位同学精彩的回答鼓掌!"等等。

鼓励语:"别紧张,慢慢想,慢慢说。""不着急,考虑清楚再说。""再想一想,还能有更好的方法吗?""你能自己找出错误并改正吗?"等等。

批评语:是教师通过语言对学生的不良性格和行为进行否定评价,使学生省悟悔过、反思、提高认识的一种教学用语。教师恰当的批评能让学生心悦诚服地接受,积极改正;反之,会让学生自暴自弃,既达不到理想的教育目的,又会给学生的心灵带来伤害,因此教师批评语应讲求艺术性[①]。

案例 4-2　　　　　　　　"计算题"教学评价语

师:这些计算题,同学们会算吗?做在草稿本上,看谁又对又快。

学生计算。

A 教师:好,老师报答案,大家自我批改一下。

教师报答案,学生批改。

师:好,做错了的同学请举手。

几个学生缓缓地举起手来。

师:××同学,说说你错在哪里?为什么错了?

该生很不情愿地站起来,低着头小声地说道:我把运算顺序弄错了。

师:知道了,下次改正。

师(眼睛又看向另一位同学):你呢?说说你又为什么错了?

B 教师:哪位同学愿意交流一下自己的答案?

一生报答案,其他学生判断对与错。

师:全部做对的同学请举手。

很多学生很快地举起手来。

师:大家都很不错。如果自己哪道题做错了,现在把它订正过来,并在旁边写出错误的原因,待会老师再单独与你们交流,好吗?

【案例分析】诸如 A 教师所采用的"曝光式"等评价方法,在目前的课堂中仍是大量存在,甚至还被称赞为"当堂问题解决"的好方法。如果我们的教师与学生进行一下换位思考,其中的滋味又当如何呢?B 教师的评价语比较婉转地指出了学生的错误,达到了引起学生注意的目的,同时也保护了学生的自尊心和学习动力,发挥了激励的作用。相比之下,B 教师的评价用语更为妥当。

(摘自:刘兼,曹一鸣.数学学科知识与教学能力[M].北京:高等教育出版社,2011:270.引用时略有改动。)

(二) 系统讲授的教学语言

在课堂教学中,传授知识、培养能力、发展智力是教学的主要目的,这些目标都需要通过教师

[①] 许翠敏.浅谈教师批评语的艺术[J].教学研究,2011,(4):81.

系统讲授的行为来实现。系统讲授的教学语言是教师运用最广泛、最主要的教学语言。

系统讲授的教学语言可分为讲析语、描述语、点拨语和高潮语等[①]。

1. 讲析语

讲析语是教师在课堂上对教学内容进行系统连贯的讲解分析的教学用语。在运用讲析语时,要注意运用思维相互联系的过程与方法,将所要讲解分析的教学内容分解成学生容易理解的较简单的组成部分,找出这些组成部分之间的区别和关系,或者从不同的角度分析问题,甚至可以通过反例来说明解释。

2. 描述语

描述语是指教师在教学中将有关内容描绘和叙述出来的话语,以增强学生的理解和感知。根据主体的行为,可将描述语划分为观察描述、想象描述、回忆描述等。在选择具体的描述方式时,要根据授课对象、教学内容、学习材料和所要阐明的观点来确定。

3. 点拨语

点拨语是指课堂教学中对教学内容画龙点睛,对教学问题进行提示、释疑,或对学生进行启发等话语。点拨语可以使教学过程更加顺畅,解决课堂教学中的生成问题和突发状况,是课堂教学用语当中的催化剂和润滑剂。

4. 高潮语

高潮语是指课堂教学中对重要的知识点、能力训练点和情操陶冶等方面的问题进行强调的话语。在课堂教学的关键环节,使用高潮语可达到落实重点、突破难点、集中学生注意力、提高学生学习主动性和积极性的目的。

案例 4-3 高中"函数的单调性"中教学片断讲授"增函数与减函数的定义"

师:我们学习的高中函数,有两个非常重要的性质。一个是函数的单调性,另一个就是函数的奇偶性。函数的单调性不仅和我们之前所学习的函数图像密切相关,也和我们之后要学习的奇偶性有着很大的联系,甚至和我们以后将要学习到的导数都有着密不可分的联系。那么今天我们就来学习一下函数的单调性。(教师板书:§1.3.1 函数的单调性)

【点评:开课导入环节主要应用了日常语言和组织的教学语言。】

在黑板右侧利用尺规作图画出函数 $f(x)=x$ 与 $f(x)=x^2$ 的图像,让学生观察图像的特点,如图 4-1 所示。

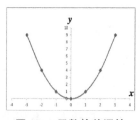

图 4-1 函数的单调性

---

① 韦志成.教学语言论[M].南宁:广西教育出版社,2001:166.

师:从左往右看,图像有什么变化?

生:(让学生自由发言)

师:显然,$f(x)=x$ 的图像是从左到右"上升"的。在原点的右边,$f(x)=x^2$ 的图像是"上升"的,在原点的左边,图像是"下降"的。即:对于函数 $f(x)=x$,在区间 R 上,随着 x 的增大,相应地 $f(x)$ 也随着增大;对于 $f(x)=x^2$,在区间 $(-\infty,0)$ 上,随着 x 的增大,相应地 $f(x)$ 随着减小,在区间 $(0,+\infty)$ 上,随着 x 的增大,相应地 $f(x)$ 也随着增大。【点评:教师总结性描述图像,属于描述语。】

师:函数图像的"上升"和"下降"趋势代表了函数的一个基本性质——单调性。

师:那么我们如何用数学语言表示?

【点评:启发学生思考,属于点拨语。】

生1答:略。

师:谁还来尝试一下运用数学语言来进行概括?

生2答:略。

师:下面我来总结一下刚才两位同学的回答。对于 $f(x)=x$,任取 $x_1,x_2 \in$ R,当 $x_1<x_2$ 时,都有 $f(x_1)<f(x_2)$,$f(x)=x$ 在 R 上单调递增,在 R 上是增函数;对于 $f(x)=x^2$,任取 $x_1,x_2 \in (-\infty,0)$,当 $x_1<x_2$ 时有 $f(x_1)>f(x_2)$,$f(x)=x^2$ 在 $(-\infty,0)$ 上单调递减,在 $(-\infty,0)$ 上是减函数,任取 $x_1,x_2 \in (0,+\infty)$,当 $x_1<x_2$ 时,有 $f(x_1)<f(x_2)$,$f(x)=x^2$ 在 $(0,+\infty)$ 上单调递增,在 $(0,+\infty)$ 上是增函数。

【点评:教师引出"增函数"和"减函数"并强调"区间"的重要性,属于讲析语。】

师:那么我们根据这两个熟知的函数图像,可以引出我们今天所要学习的第一个内容:增函数和减函数的定义。(来到黑板左侧,引导同学概括定义并同时板书增、减函数定义。)

师板书:

函数单调性的定义

增函数

一般地,设函数 $y=f(x)$ 的定义域为 I:

如果对于定义域 I 内的某个区间 D 内的任意两个自变量的值 x_1,x_2,当 $x_1<x_2$ 时,都有 $f(x_1)<f(x_2)$,那么就说 $f(x)$ 在区间 D 上是增函数。

师:在理解这个定义的时候,我们可以对照刚才函数 $f(x)=x^2$ 的右侧,随着 x 的增大,函数值逐渐……

生(全体):增大。

师:其实用一句话我们就可以概括增函数的定义,大家想一想是什么?

生:……

师:其实就是随着 x 的增大而增大。对吗?

生(全体):是。

> 师板书:
> 减函数
> 师:现在找同学依照增函数的定义来说一下减函数的定义是什么?
> 【点评:类比,属于点拨语。】
> 生3:如果对于定义域 I 内的某个区间 D 内的任意两个自变量的值 x_1, x_2,当 $x_1 < x_2$ 时,都有 $f(x_1) > f(x_2)$,那么就说 $f(x)$ 在区间 D 上是减函数。
> (将学生所叙述的减函数的定义板书在黑板上)
> 师:非常好,请坐。
> 师:现在大家来仔细思考一下,在定义中有哪些地方是我们以后需要注意和重点强调的呢?
> 【点评:教师强调定义中的重点,引起学生注意,属于高潮语。】
> 生(部分):任意、某区间 D、都有。(学生回答同时,用彩色粉笔将重点词语标注出来)
> 师:大家回答得非常好,那谁能给大家解释一下为什么?
> 生4回答略。
> 师:我们来一起看一个例子,还是函数 $f(x) = x^2$ 的图像。老师现在在 $(-\infty, 0)$ 和 $(0, +\infty)$ 两个区间上分别取 x_1 和 x_2,它们所对应的函数值分别为 $f(x_1)$ 和 $f(x_2)$。
> 师:通过观察图像我们可以看出,图像中显然 $f(x_1) > f(x_2)$,这与它在区间 $(-\infty, 0)$ 上是减函数相矛盾。故我们在书写定义时,一定要说明是在哪个区间内。
> 【点评:教师着重强调"书写定义时,一定要指明区间",属于高潮语。】
> (本案例为天津师范大学数学科学学院2010级学生陈永秋实习期间的教学实录片段。)

(三)辅导协助的教学语言

辅导协助的教学语言,是指教师在教学中针对学生学习的实际情况,给予集体或个人帮助和开导的教学语言。集体辅导教学语言,是教师面向全班学生进行辅导所讲的教学语言。个人辅导教学语言,是教师针对学生的个性特点进行个别辅导和教育的教学语言。

> **案例4-4　　　针对考试不及格学生的个别辅导教学语言案例**
> **片断1:语文老师和A生的谈话**
> 师:这次语文考得怎么样?
> 生:不好。
> 师:你努力了吗?
> 生:努力了。
> 师:努力怎么会考不好?我看是学习目标不明确,不努力,因此考不好。今后怎样?
> 生:我要努力。
> 师:有决心吗?

生:有。

师:那就好。

片断2:数学老师和A生的谈话

师:这次考得怎么样?

生:不好。

师:错误出在哪?

生:证明题错了。

师:为什么错?

生:不知道。

师:来,我们现在就来补补课。

……

第二次考试,A生数学成绩及格了,可语文还是没进步。两位老师又找他谈话。

片断3:语文老师和A生的谈话

师:怎么还是考不好呢?!

生:……(沉默)

师:你不是向我表决心了吗?!

生:是。

师:有决心就要行动,知道吗?

生:知道。

师:今后要保证拿出行动来。能保证吗?

生:……保……证。

师:向老师保证要说得响亮、有力。再说一遍。

生:我保证!

师:那就好。

片断4:数学老师和A生的谈话

师:你这次考试有很大进步,值得表扬!

生:只是及格了,还不行。

师:不行在哪呢?

生:还有几道题错了。

师:错在哪了?原因找到了没有?

生:没有。

师:这次我们一起来找找做错的原因,以后做错题要自己主动找原因。

……

(摘自:罗林.教学艺术[M].成都:成都科技大学出版社,1992:333-335.)

三、数学语言

数学语言是以数学符号为主要词汇,以数学公理、定理、公式等为语法规则构成的一种科学语言,它和日常语言一样是人类思维长期发展的成果。[①] 作为一种表达科学思想的通用语言和数学思维的最佳载体,数学语言是严格的数学科学语言,也是数学学科特有的语言。根据表述的不同形式,可将数学语言分为数学符号语言、数学文字语言、数学图形语言和混合型数学语言。数学语言的特点是抽象、准确、严密、简明。由于数学语言是一种高度抽象的人工符号系统,因此,它常成为数学教学的难点。一些学生之所以害怕数学,一方面在于数学语言难懂难学,另一方面是教师对数学语言的教学不够重视,缺少训练,以致不能准确、熟练地驾驭数学语言。因此,作为数学教师,必须加强数学语言技能的训练,同时也要重视学生对数学语言的学习。

(一) 数学符号语言

数学符号语言是由数学符号构成的数学语言。具体地说,一些数字、字母、元素符号、运算符号和关系符号等,按一定的法则构成的各种数学表达式,就是数学符号语言。具体符号及其表示含义和读音如下。

1. 元素符号

表示数或几何图形中的符号称为元素符号。

(1) 数字符号:0,1,2,3,4,5,6,7,8,9。

(2) 特定数量符号:π(圆周率),e(自然对数底),i(虚数)。

(3) 表示数量的字母:$a,b,c,\cdots$(常量);
$\qquad\qquad\qquad x,y,z,\cdots$(变量)。

(4) 多边形元素:$a,b,c,\cdots$(边);
$\qquad\qquad A,B,C,\cdots$(角)。

(5) 几何图形符号。

⊥(垂直)	○(圆周)	°(度)
∥(平行)	⊙(圆)	≌(全等)
∠(角)	⌒(弧)	∽(相似)
△(三角形)	Rt△(直角三角形)	

(6) 集合符号

∪(并集)	I(全集)	[,](闭区间)
∩(交集)	P(A)(集合 A 的幂集)	(,)(开区间)
∈(属于)	Z 整数集	[,)(右半开区间)
∉(不属于)	N(自然数集,非负整数集)	(,](左半开区间)
⊆(包含于)	N*(正整数集)	⊇(包含)
P(素数集)	⊄(不包含于)	Q(有理数集)
∅(空集)	R 实数集	C 复数集

[①] 叶雪梅. 数学微格教学[M]. 厦门:厦门大学出版社,2008:86.

(7) 希腊字母(见表 4-1 所示)

表 4-1 希腊字母表示及其读音

大写	小写	表示含义或用途	英文注音	国际音标	中文注音
A	α	角度;系数	alpha	a:lf	阿尔法
B	β	角度;系数;磁通系数	beta	bet	贝塔
Γ	γ	电导系数(小写)	gamma	ga:m	伽马
Δ	δ	变化;判别式;密度;屈光度	delta	delt	德尔塔
E	ε	对数之基数	epsilon	ep'silon	伊普西龙
Z	ζ	系数;方位角;阻抗;相对黏度;原子序数	zeta	zat	截塔
H	η	磁滞系数;效率(小写)	eta	eit	诶塔
Θ	θ	角;温度;相位角	thet	θit	西塔
I	ι	微小,一点儿	iot	aiot	约塔
K	κ	介质常数	kappa	kap	卡帕
Λ	λ	波长(小写);体积	lambda	lambd	兰布达
M	μ	磁导系数;微(千分之一);放大因数(小写)	mu	mju	缪
N	ν	磁阻系数	nu	nju	纽
Ξ	ξ		xi	ksi	克西
O	ο		omicron	omik'ron	奥密克戎
Π	π	圆周率	pi	pai	派
P	ρ	系数;密度;电阻系数(小写)	rho	rou	肉
Σ	σ	总和(大写),表面密度;跨导(小写)	sigma	'sigma	西格马
T	τ	时间常数	tau	tau	套
Υ	υ	位移	upsilon	jup'silon	宇普西龙
Φ	φ	磁通;角	phi	fai	佛爱
X	χ		chi	phai	西
Ψ	ψ	角;角速;介质电通量(静电力线)	psi	psai	普西
Ω	ω	角;角速(小写);欧姆(大写)	omega	o'miga	欧米伽

2. 运算符号

+(加号) :(比) Σ(求和)

−(减号) $\sqrt{}$(根号) Π(连乘)

×或·(乘号) log,lg,ln(对数) !(阶乘)

÷或/(除号) sin(正弦)

cos(余弦)   dx(微分) $\oint$(曲线积分)

f(导数) $\int$(积分)   lim(极限)

3. 关系符号

=(等于)   ≥(大于或等于)

≠(不等于)   ‰(百分之)

≈(约等于)   ∞(无限大号)

<(小于)   ∝(成正比)

\>(大于)   →(变量变化的趋势)

≤(小于或等于) $f:A→B$(集合 A 到集合 B 的映射)

4. 其他符号

(1) 结合符号

( )(小括号)   [ ](中括号)   { }(大括号)   —(横线)

(2) 性质符号

+(正号)   −(负号)   ±正负号 | |(绝对值符号)

(3) 省略符号

$f(x)$(x 的函数)   ∵(因为)   ∴(所以)

(4) 排列组合符号

C(组合数)   N(元素的总个数)

A(排列数)   R(参与选择的元素个数)

(5) 命题符号

¬(命题的"非"运算)   ⇒(推出关系)

∧[命题的"合取"("与")运算]   A*(公式 A 的对偶公式)

∨[命题的"析取"("或")运算]   ↑命题的"与非"运算("与非门")

→(命题的"条件"运算)   ↓命题的"或非"运算("或非门")

⇔(等价关系)

  以上这些数学符号是初等数学中常见的符号性数学语言。数学中大量的数学事实、大量的恒等变形、数学计算、数学公式、数学定理等所使用的都是数学符号语言。

  用数学符号语言所描述的重要数学事实,例如:$|x|≤a ⇔ -a≤x≤a$。

  在几何中,同样存在大量用符号型数学语言表述的数学事实,例如:

RtABC,$∠ACB=90°$,$CD⊥AB$

$⇒CD^2=AD·DB$,$AC^2=AD·AB$,$BC^2=DB·AB$。

(二)数学文字语言

数学文字语言,是指完全用某个民族的文字所叙述的数学事实。数学书籍、数学论文以及数学教材中的定义、定理的纯文字表述的语言,就是典型的文字型数学语言。

用数学文字语言表述的数学事实或数学概念,例如:

"三角形的三边相等"是"三角形的三个角相等"的充分必要条件。

"平面上到定点的距离等于定长的所有点组成的图形叫做圆"。

"一般地,如果一个数列从第二项起,每一项与它的前一项的差等于同一个常数,那么这个数列就叫做等差数列,这个常数叫做等差数列的公差。"

数学文字语言在数学教学中大量使用,而且是年级越低,数学文字语言使用得越多。

(三)数学图形语言

数学图形语言是用图形来形象表达数学对象和数学关系的一种特殊语言,它是数学语言的一种具体表现形式。在数学中,数学图形语言也像数学符号语言和数学文字语言一样具有表述数学事实的作用,而且比数学符号语言和数学文字语言更直观、更形象,更有利于理解和记忆,借助图形语言,弥补数学符号语言和数学文字语言的不足。正如笛卡尔曾说过的:"没有任何东西比几何图形更容易印入脑际了,因此,用这种方式来表达事物是非常有益的。"

用数学图形语言来描述数学定理,例如平面和平面垂直的判定定理,用数学图形语言表示为如图 4-2 所示。

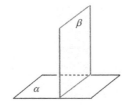

图 4-2 将数学符号语言转化为数学图形语言解题

案例 4-5 将数学符号语言转化为数学图形语言解题

计算:$1996\,1997 \times 1997\,1996 - 1996\,1996 \times 1997\,1997$.

分析与解:这是一道纯数字计算题,如果注意到其几何意义,则有意外收获。

如图 4-3 所示,构造长方形 $ABCD$ 和 $ECHF$,则算式即为两个小长方形 $ABHG$ 和 $EDGF$ 面积之差。

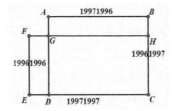

图 4-3 一道数学计算题的图形语言

∴原式=S 长方形 ABHG−S 长方形 EDGF=19 971 996×1−19 961 996×1=10 000

【案例分析】通常情况下,可以从概念内涵、公式定理、数式结构等方面多角度类比联想,挖掘其几何意义,构建几何图形或函数图像,实现问题的等价转化。因此,提高学生构图的能力是培养学生用图形语言学习数学知识、理解数学概念、提高解题能力的关键环节。

(摘自:何军.发挥图形语言在数学教学中的作用[J].数学教学研究,2011,(5):59-62,64.)

(四)混合型数学语言

混合型数学语言,是使用多种不同的数学语言混合在一起共同进行表述的一种数学语言形式。这是数学教材和数学教学中更为广泛使用的数学语言。

用符号语言与文字语言混合的数学语言表述的数学事实,例如:

函数 $y=f(x)$ 的图像和它的反函数 $y=f^{-1}(x)$ 的图像关于直线 $y=x$ 对称。

抛掷一粒均匀的骰子,出现"向上的点数为 6"的概率为 $\frac{1}{6}$。

案例 4-6 直线与平面平行的判定定理教学片断(几种数学语言之间的转化)

师:请将前面分析的"直线与平面平行的判定"补充完整。

生:若 $a // b, b \subset \alpha, a \not\subset$ 平面 α,则 $a // \alpha$。

师:请用文字语言表述出来。

生:若一条直线与一个平面平行,一条直线在平面内,另一条直线不在平面内,则这条直线与这个平面平行。(一说完,学生自己都笑了,典型的顺序直译法,不清楚。)

师:慢慢来,从命题中你得到什么结论?

生:直线与直线平行。

师:需要什么条件?

生:直线与直线平行。

师:对呀,主要是由线线平行得到线面平行,但是,是怎样的线,怎样的面?要加上适当的定语。

生:一条在面内,一条在面外。

师:好,请重新整理再说一遍。

生:如果平面外一条直线和这个平面内的一条直线平行,那么这条直线和这个平面平行。

师:好,正确。你能不能将这个定理的文字语言结合具体的字母符号再准确地表述一遍?

生:若直线 a 平行于直线 b,直线 b 包含于平面 α,而直线 a 不包含于平面 α,则直线 a 平行于平面 α。

【案例分析】教师引导学生用符号语言、文字语言及混合语言来描述直线与平面平行的判定定理,加深了学生对该定理的理解。同时,也培养了学生用准确的数学语言表达和交流的能力。

(摘自:王尚志.数学教学研究与案例[M].北京:高等教育出版社,2006:82.引用时略有改动。)

四、数学教学语言

数学教学语言主要是用来将数学语言"转述"成学生可接受的、具有教育性、教学形态的教学语言,以增强数学语言的表现力和可接受性。数学课堂上,教师要向学生阐明教学内容,传授数学知识,组织学生讨论,促进学生思维的数学建构活动,以及组织学生练习等活动,都要使用数学教学语言。数学教学,特别是课堂教学中,教师要用语言讲解数学概念、定理、方法,但又不能完全使用概括、抽象的数学语言,教师必须将书本上的数学语言重新组织,用合乎数学逻辑、语言逻辑的语言讲出数学事实。这种语言表述的数学事实完整、准确,又十分细致,它把数学语言化为长句子,使学生易于理解,易于接受,这就是数学教学语言。① 转述简单数学语言的教学用语较为贴近人们社会生活,复杂的数学语言的转述要求较高的数学化的教学用语。数学思维材料的形式化、逻辑化的程度越高,转述这种数学语言的数学教学语言的数学化程度就越高。因此,数学教学语言的使用决定于它所表现的数学语言的形式化、逻辑化水平。② 同时,也要注意,教师在使用数学教学语言时应当与学生的语言发展水平保持一致。

数学教学语言是每位教师在课堂上必定使用的语言,教师通常结合日常语言和一般教学语言将抽象、简洁的数学语言进行加工,转化为学生易懂的数学教学语言,对教学内容、抽象的问题进行解释和剖析。例如"幂函数 $y=x^a$ 的图像都过 $(1,1)$",这是书本上的数学语言。课堂教学时,教师可将其转化为数学教学语言"幂函数 $y=x^a$,当 $x=1$ 时,$1^a=1$,也就是 $y=1$,于是知道点 $(1,1)$ 在幂函数 $y=x^a$ 的图像上。故幂函数 $y=x^a$ 的图像过 $(1,1)$ 点"。

数学课堂教学中,教师所使用的日常语言、教学语言、数学语言以及数学教学语言,这四者之间的关系如图 4-4 所示。

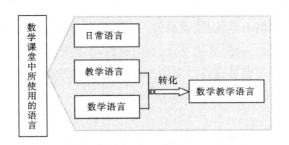

图 4-4 教学课堂中所使用的语言及其关系

第 2 节 数学教学语言技能的应用及实训

一、数学教学语言技能的应用原则

数学教学语言技能的类型和运用技巧纷繁复杂,但无论是哪一种类型的数学教学语言,在应

---

① 王延文,王光明,等.数学教学理论与实践[M].天津:天津科学技术出版社,2004:326.
② 毕恩材.数学教学艺术论[M].南宁:广西教育出版社,2002:133.

用时都要遵循以下原则。

（一）目的性原则

运用好数学教学语言，坚持目的性原则是首要原则。目的性原则，就是数学教学语言要为数学教学目的而服务，数学教学语言要服从、服务于教学目的要求，要根据教学目的的实际需要，有针对性地选择、组织自己的语言。众所周知，数学课堂教学是一种有目的的教学活动。数学教学目标是整堂课教学的方向、核心和灵魂。任何教学的语言技巧、方法，都是为了顺利、圆满地完成课堂教学的目标。若数学教学语言偏离甚至脱离了教学目标或教育目的的要求，若教师的教学语言离开了特定的教学目的，不顾一节课的教学目标所规定的教学任务和知识技能要求，而凭个人的兴趣、爱好、情绪而随意旁征博引，追求表面轰轰烈烈的课堂热闹，数学教学语言技能就成了表面的装饰或文字游戏。如果没有完成规定的基本教学任务，基本的教学目标没有达到，即便语言再准确、精辟、具有艺术性，也不是一节好课，也不是好的课堂教学语言。因此，数学教学语言技能的训练与实施应用，必须要紧紧课堂围绕教学目标。

（二）科学性原则

数学教学语言要具有严谨的科学性。数学教学语言的科学性主要体现在语言的真实、准确、系统、规范、清晰，具有逻辑性和层次性等方面。首先，要准确规范，合乎语法规则，用词准确贴切，不滥用语言，不含糊不清，不模棱两可。特别是在阐述数学的基本概念、规律、原理、原则、方法时，要准确无误地表达清楚，要力求准确、严谨。例如，"完全平方数"和"完全平方式"，"相交"与"两两相交"，"抵消"和"约去"，"项"和"因子"等，这几组概念仅一字之差，但意义却不同，必须准确使用这些数学教学语言，否则会引起歧义甚至是科学性错误。因此，数学教师在用语言讲述数学知识或解决数学问题时，一定要用准确、严谨的语言，精确的词语，做到准确、明晰、具有科学性。其次，数学教学语言要具有系统性，逻辑性。在围绕教学目标的前提下，有条理地组织数学教学语言，使得讲述内容紧扣主题，突出重点，有纲有目，层次分明，具有鲜明的逻辑性、层次性和系统性。最后，数学教学语言能够进行必要的分析与综合、演绎和归纳、类推及比较，以使讲解的内容更易为学生理解和接受。

（三）教育性原则

从语言作用上看，数学教学语言具有高度的教育性。数学教学语言的教育性，是指数学教学语言必须是有一定的思想内容和教育意义的语言。教师的教学语言对学生的情感、思想、行为等方面都有着潜移默化的影响。各个学科的教师都肩负着教书育人的双重职责。那种认为"数学教学语言只是单纯用于传授数学知识的语言"的观点是片面的。比如一位教师这样评价学生："这位同学的这种解法，是将本节课学习的数列与之前我们学习过的函数结合在一起了，用已知的方法去解决未知的困难，不仅体现了解决问题方法的多元化，同时，体现了这位同学善于联系和思考的思维品质，也说明了他知识掌握得牢固，并能活学活用。大家要向他学习！"短短的几句话，虽比"你的解法很正确，很好"多花了点时间，但对该生以及全班学生的思维品质和学习习惯起到了很好的指导和教育作用。因此，在整个教学过程中，在信息传输过程中每一个语言信息都带有鲜明的教育性。为完成教育教学任务，教师使用的语言要有教育价值，发挥巨大的教育作用,教师要尽量选用富有教育意义的言语和表达方式,使学生不但学到专业知识,而且受到启发和教育,给人以智慧。

(四) 启发性原则

从教学方法上看,教学语言具有灵活的启发性。数学教学语言仅仅满足于有目的、科学规范、有教育意义,还是不够的。作为一种课堂教学中所使用的语言,还要最大限度去开拓学生的思维,拨动学生的心弦,引领学生进入教学意境,探索未知世界的奥秘。数学教学语言在很大程度上决定着学生在课堂上脑力劳动的积极性和学习效率。当然,"启发"不是简单的"提示"和"告诉",而是通过直观的例子、生动的比喻和比拟、富于联想的设问和反问等语言,进行点拨、点染和引导,激起学生的学习动力和兴趣。同时,注意启发时要给学生留下思考的余地,唤起学生无穷的联想,启发性语言具有"言近旨远"的作用。最后达到耐人寻味,发人深省,使教学达到愤与悱、启与发的最佳境界。

案例 4-7　　　　　关于函数的最值和极值的讲授片断

教师:最值是函数值的全体之最,而极值是与附近的函数值相比之最。正如世界上各地点的海拔高度可以看做是地点位置的函数,珠穆朗玛峰是世界最高点,但其他山顶虽然在世界海拔上未达到最大值,但却达到了所处附近区域的极大值。

【案例分析】教师这番生动的比喻,用珠穆朗玛峰与一般山顶来比喻最大值和极大值,将抽象的两个数学概念描绘成了一幅生动的图景,不仅使学生正确理解了这两个概念,而且印象深刻,经久不忘。

(摘自:王延文,王光明,等.数学教学理论与实践[M].天津:天津科学技术出版社,2004:338.)

(五) 适切性原则

教学语言具有鲜明的适切性。首先,适切性体现在数学教学语言的运用必须适应、切合具体的课堂教学的语言环境,力求做到协调和统一。语言环境对语言技巧的运用具有重要的制约和影响作用,教师需要对教学过程中的各种外界因素有清醒的认识,并作出恰当的决策,力求语言技巧运用得得体。[①] 其次,是针对教学对象的适切性。教学对象不同,教学语言有别,语言技巧因人而异,要避免教师所使用的教学语言尽管准确无误,也满足教育性和启发性的原则,但不符合学生的可接受范围。在教学中要根据学生年龄层次、心理特征、个性差异,尤其是原有的数学认知水平,选择不同的词语、不同的语言形式和表达形式,从学生的实际出发,根据不同年级、不同环境下学生的知识、情感以及思维水平,选择和组织教师的数学教学语言。

(六) 爱护性原则

教师在使用数学教学语言时,应当尊重学生的人格,爱护学生。从善意出发,体现出对学生有深厚的情感,对学生富于殷切的期望,充分信任学生,理解他们的需要。教师应根据学生实际

---

① 陈之芥.教学语言艺术[M].太原:山西人民出版社,2009:128.

需要来使用语言,从而使学生更容易产生认同感和情感上的共鸣。通过语言的交流,给学生以力量、信心和克服困难的勇气。

活动 4-1

(1) 阅读下面的材料,台湾女作家三毛曾回忆她在初二时发生的一件事情:

我数学总是考不好。有一次,我发现数学老师每次出小考试题,都是从课本里面的习题中挑出来的。当我发现这个秘密后,就每天把数学题目背下来。由于我记忆力很好,那阵子我一连考了六个100分。数学老师开始怀疑我了,这个数学一向差劲的小孩功课怎么会突然好了起来呢? 一天,她把我叫到办公室,丢了一张试卷给我,并且说:"陈平,这十分钟里,你把这些习题演算出来。"我一看上面全是初三的考题,整个人都呆了。我坐了十分钟后,对老师说不会做。下一节课开始时,她当着全班同学的面说:"我们班上有一个同学最喜欢吃鸭蛋,今天老师想请她吃两个。"然后,她叫我上讲台,拿起笔蘸了墨汁,在我眼睛周围画了两个大黑圈。她边画边笑着对我说:"不要怕,一点也不痛不痒,只是晾晾而已。"画完后,她又厉声对我说:"转过身去让全班同学看一看!"当时,我还是一个不知道怎样保护自己的小女孩,就乖乖地转过身去,全班同学哄堂大笑起来。我情愿这个老师打我一顿,但是她给我的却是我这一生从没有受过的屈辱。晚上,我躺在床上拼命地流泪。这件事的后遗症直到第三天才显现出来。那天早上,我悲伤地去上学,两只脚像灌了铅似的迈不动,走到走廊看到教室门口,立刻就昏倒了。接着,我的心理出现了严重的障碍,而且一天比一天严重。到后来,早上一想到要去上学,便立刻失去了知觉。从此,我离开了学校,把自己封闭在家里……

(2) 思考:材料中教师的这种对待学生的行为和教学语言对你有何触动和启示?

(3) 讨论:如果你是三毛的老师,你会如何批评(或评价)三毛这种"背题"应付考试的行为?

通过上述案例,我们可以体会到:教学语言在教师日常课堂教学中的重要作用和对学生身心发展的重要意义。苏霍姆林斯基曾说过:"教育教学的技巧和艺术在于让每个儿童的力量和可能性发挥出来……"教师在课堂上讲的每一句话,都要表现出崇高的师德,谨记德育为先,尊重学生、爱护学生。对于学生情感、态度、价值观的培养,与数学知识和数学思想方法的学习同等重要。

二、数学教学语言技能的实训

数学教学语言技能的习得过程,除了包括数学教学语言理论知识的学习,更多的是运用数学教学语言进行组织和实施教学的过程,在实际的教学实施过程中,充分运用并体会各种不同类型的数学教学语言特征,把握好应用数学教学语言技能的主要原则。下面我们将进行一次应用数学教学语言技能的实训演练。

案例4-8   "函数的单调性"教学实录

函数单调性的概念教学是一个典型的例子。大家知道,函数的单调性是函数的主要性质,但在初高中的教学中,函数单调性的表述有很大区别。在初中,我们讲"如果函数值 y 随着自变量 x 增加而增加时,就说这个函数是递增的"。到了高一,函数的单调性的表述如下:"设 D 是函数 $f(x)$ 的定义域,区间 I 是 D 的子集,如果对于 I 上任意两个值 x_1,x_2,当 $x_1<x_2$ 时都有 $f(x_1)<f(x_2)$,那么就说 $f(x)$ 是区间 I 上的递增函数,如果对于 I 上任意两个值 x_1,x_2,当 $x_1<x_2$ 时都有 $f(x_1)>f(x_2)$,那么就说 $f(x)$ 是区间 I 上的递减函数。区间 I 称为函数的单调区间。"

师在大屏幕出示一次函数 $f(x)=x$ 和二次函数 $f(x)=x^2$ 的图像,并提问:观察这两个函数图像,说出这两个函数的增减性?并说出理由。

生:因为 $f(x)=x$ 的图像由左向右是上升的,所以函数是增函数;因为函数 $f(x)=x^2$ 的图像在 y 轴左侧是下降的,在 y 轴的右侧是上升的,所以函数在区间 $(-\infty,0]$ 上是递减的,在区间 $[0,+\infty)$ 上是递增的。

师:很好!"函数图像的上升""下降"反映了函数的一个基本性质——函数的单调性。以二次函数 $f(x)=x^2$ 为例,我们可以看到图像在 y 轴左侧"下降",也就是在区间 $(-\infty,0]$ 上,随着 x 的增大,相应的函数值 $f(x)$ 反而减小;图像在 y 轴右侧"上升",也就是,在区间 $[0,+\infty)$ 上,随着 x 的增大,相应的函数值 $f(x)$ 也随着增大。

我们也可以这样描述:"在区间 $[0,+\infty)$ 上,随着 x 的增大,相应地 $f(x)$ 也随着增大。在区间 $[0,+\infty)$ 上,任意取两个 x_1,x_2,得到 $f(x_1)=x_1^2,f(x_2)=x_2^2$,当 $x_1<x_2$ 时,有 $f(x_1)<f(x_2)$。这时我们就说函数 $f(x)=x^2$ 在 $[0,+\infty)$ 上是增函数。"谁能仿照这样的描述,说明函数 $f(x)=x^2$ 在区间 $(-\infty,0]$ 上是减函数吗?

生:在区间 $(-\infty,0]$ 上,任意取两个 x_1,x_2,得到 $f(x_1)=x_1^2,f(x_2)=x_2^2$,当 $x_1<x_2$ 时,有 $f(x_1)>f(x_2)$。这时我们就说函数 $f(x)=x^2$ 在 $(-\infty,0]$ 上是减函数。

师:很好!于是一般地,我们可以这样描述函数的单调性。

板书:

设函数 $f(x)$ 的定义域是 I,

如果对于定义域 I 内某个区间 D 上的任意两个自变量的值 x_1,x_2,当 $x_1<x_2$ 时都有 $f(x_1)<f(x_2)$,那么就说 $f(x)$ 在区间 D 上是增函数;

如果对于定义域 I 上某个区间上 D 上的任意两个值 x_1,x_2,当 $x_1<x_2$ 时都有 $f(x_1)>f(x_2)$,那么就说 $f(x)$ 在区间 D 上是减函数。

如果函数 $y=f(x)$ 在区间 D 上是增函数或减函数,那么就说函数在这一区间具有(严格的)单调性,区间 D 叫做 $y=f(x)$ 的单调区间。

【案例分析】教师用从特殊到一般(二次函数的增减性到一般的函数的单调性),从感性到理性(从图像到形式化的语言表述)的途径帮助学生抽象出函数单调性的定义。从观察函数图像的特点说出函数的单调性,过渡到用形式化的数学语言表述函数的单调性。

(摘自:刘兼,曹一鸣.数学学科知识与教学能力[M].北京:高等教育出版社,2011:231. 引用时略有改动。)

活动 4-2

1. 以小组为单位,仔细研读上述教学案例,想一想教师在该案例中是如何运用数学教学语言进行教学的,都运用了哪些不同类型的语言,有何特色,学生的反应以及课堂教学效果如何?小组成员互相交流,并记录下讨论结果。

_____

_____

_____

_____

2. 通过上述课例,思考并讨论,在数学课堂教学中,数学教学语言需要注意的问题有哪些?

_____

_____

_____

3. 小组内讨论数学教学语言技能的评价内容及评价标准,可参考表 4-2。

表 4-2 数学教学语言技能评价表[①]

评价项目	好	中	差	权重
讲普通话,字音正确;	☐	☐	☐	0.10
语言流畅,语速节奏恰当;	☐	☐	☐	0.20
语言准确无误,逻辑严密,条理清楚;	☐	☐	☐	0.15
正确使用专业名词术语;	☐	☐	☐	0.15
语言简明、生动;	☐	☐	☐	0.05
遣词造句恰当、通俗易懂;	☐	☐	☐	0.10
语调抑扬顿挫、突出重点;	☐	☐	☐	0.05
语言富有启发性;	☐	☐	☐	0.10
没有不当的口头语和废话;	☐	☐	☐	0.05
体态语配合恰当。	☐	☐	☐	0.05

总之,要熟练地妥善地掌握数学教学语言技能,应当成为每个数学教师的自觉追求,冰冻三尺,非一日之寒,教师必须苦下工夫,只有不断地完善和提高自我,才能最终达到驾轻就熟的地

---

① 叶雪梅.数学微格教学[M].厦门:厦门大学出版社,2008:30.

步,并逐渐形成独具特点的个人语言风格。

本章总结

数学课堂教学中,教师所使用的日常语言,是数学教师为了顺利开展数学课堂教学活动,而进行课堂管理与组织、发出指令、提出要求等语言。

数学课堂教学中,教师所使用的教学语言是指教师在课堂教学中进行教育、传递知识和技能等信息、交流思想方法、激发情感等教学行为活动的媒介和载体,是一种专业的教学工作用语。根据教学功能和作用,将教学语言分为组织的教学语言、系统讲授的教学语言和辅导协助的教学语言。

数学课堂教学中,教师所使用的数学语言是以数学符号为主要词汇,以数学公理、定理、公式等为语法规则构成的一种科学语言。数学语言又可分为:数学符号语言,数学文字语言,数学图形语言,混合型数学语言。

数学课堂教学中,教师所使用的数学教学语言主要是用来将数学语言"转述"成学生可接受的、具有教育性、教学形态的教学语言,以增强数学语言的表现力和可接受性。

数学教学语言技能的应用原则主要有:目的性原则,科学性原则,教育性原则,启发性原则,适切性原则和爱护性原则。

思考与练习

1. (2006年上海春季高考试题)

同学们都知道,在一次考试后,如果按顺序去掉一些高分,那么班级的平均分将降低;反之,如果按顺序去掉一些低分,那么班级的平均分将提高。这两个事实可以用数学语言描述为:

若有限数列 $a_1, a_2, \cdots, a_n$ 满足 $a_1 \leqslant a_2 \leqslant \cdots \leqslant a_n$,

则 _____ $\leqslant$ _____(结论用数学式子表示)。

本题考查的是将日常语言转化为数学语言。

本题答案:$\dfrac{a_1+a_2+\cdots+a_m}{m} \leqslant \dfrac{a_1+a_2+\cdots+a_n}{n}(1 \leqslant m \leqslant n)$ 和

$\dfrac{a_{m+1}+a_{m+2}+\cdots+a_n}{n-m} \leqslant \dfrac{a_1+a_2+\cdots+a_n}{n}(1 \leqslant m \leqslant n)$

2. 讨论与评析

小学数学"圆的周长"中对圆周率π的讲解片段

教师:π的数值是多少呢?我国古代数学家祖冲之研究计算了这个问题,为人类作出了贡献。1400多年前,他在世界上最早而且最精确地计算出圆周率π的数值在3.1415926和3.1415927之间。后来经过科学家们的精确计算,发现π是个无限不循环小数。在计算时,通常都取它的近似值,我们在计算时取它的两位小数,π=3.14。

评析:这位教师的表述是否清楚?若清楚,请指出具体用语;若不清楚,如何改进?

讨论:若果要你来讲,你将怎样讲授?

3. 训练

以"等差数列"为题,做出一个突出数学教学语言的教学设计。在此教学设计当中,对于每句数学教学语言都要具体说明采用的是哪种语言。是日常语言、教学语言、数学语言(符号语言、文字语言、图形语言以及混合型数学语言)还是数学教学语言?并按照此教学设计,进行实际训练。

参 考 文 献

[1] 罗林.教学艺术[M].成都:成都科技大学出版社,1992.

[2] 韦志成.教学语言论[M].南宁:广西教育出版社,2001.

[3] 毕恩材.数学教学艺术论[M].南宁:广西教育出版社,2002.

[4] 王延文,王光明等.数学教学理论与实践[M].天津:天津科学技术出版社,2004.

[5] 王尚志.数学教学研究与案例[M].北京:高等教育出版社,2006.

[6] 陈之芥.教学语言艺术[M].太原:山西人民出版社,2009.

[7] 叶雪梅.数学微格教学[M].厦门:厦门大学出版社,2008.

[8] 张娟萍.初中数学课堂过渡性言语的设计内容[J].中学数学杂志,2010,(10):1-4.

[9] 刘兼,曹一鸣.数学学科知识与教学能力[M].北京:高等教育出版社,2011.

[10] 许翠敏.浅谈教师批评语的艺术[J].教学研究,2011,81.

[11] 何军.发挥图形语言在数学教学中的作用[J].数学教学研究,2011,(5):59-62,64.

第5章　数学课堂提问技能

本章概要

提问,是教师结合学习内容和学生学习情况提出问题,以此明了学生情况、激活学生思维、促进学生理解和发展学生能力的一类教学行为。在数学课堂中,并不是所有教师的提问、教师所有的提问都具有以上功能。因此,教师要"善问""巧问",即要进行有效提问。

学习目标

通过本章的学习,你应该
1. 了解数学课堂提问功能;
2. 理解数学课堂有效提问的前提和基本原则;
3. 熟悉数学课堂提问的类型;
4. 掌握数学课堂提问的构成要素;
5. 熟练运用数学课堂提问的有效策略。

关键术语

◆ 有效提问的基本原则　　◆ 提问的类型　　◆ 提问的构成要素　　◆ 提问的有效策略

第1节　数学课堂提问概述

提问,是教师结合学习内容和学生学习情况提出问题,以此明了学生情况、激活学生思维、促进学生理解和发展学生能力的一类教学行为。

> **案例 5-1**　　　　　　　　　"菱形的判定定理"教学课堂提问
>
> 在一堂数学公开课中,某老师讲菱形的判定定理(对角线互相垂直平分的四边形是菱形),画出图形(右图)后,
> 师:四边形 $ABCD$ 中,AC 与 BD 互相垂直平分吗?
> 生:是。
> 师:你怎么知道?
> 生:这是已知条件。
> 师:那么四边形 $ABCD$ 是菱形吗?

> 生：是的。师：怎样证明？能证三角形全等吗？
> 生：能。
> 【点评】由于该老师已指明用全等来证明问题，所以，学生几乎不怎么考虑，就开始证全等了，所谓的"导学"实质为变相的"灌输"。这种提问从表面上看虽热闹活跃，实则流于形式、肤浅，华而不实，无益于启发学生积极思维。①

事实上，虽然提问是一种教师普遍熟悉的课堂教学行为，然而在实际数学课堂教学中却存在不少"徒劳的提问"，主要表现在：①目的不明确；②零碎不系统；③忽视对学生思维过程的考查；④无视学生的年龄特征、个性差异和能力大小；⑤不给学生思考的余地，没有间隔停顿；⑥用语不妥，意思不明，甚至随口而发不计后果。最典型的莫过于那种满堂充斥的脱口而出的"是不是""对不对"之类的问题，学生也只是简单地答"是——""不对——"。课堂貌似热闹非凡，气氛活跃，实则提问和思维的质量低下，流于形式。② 因此，教师需要掌握数学课堂提问技能。

一、数学课堂提问的功能

（一）明了学生情况

著名教育心理学家奥苏伯尔有一句名言："假如让我把全部教育心理学仅仅归结为一条原理的话，那么，一言以蔽之，影响学习唯一的最重要的因素，就是学习者已经知道了什么。"③这充分说明了在教学过程中教师需要明了（了解、诊断）学生学习情况的重要性，包括学生的已有认知基础、学习难点、学习误区、学习困惑、学习错误、思维方式和学习态度等。所以，教师提问的首要目的是从学生的回答中挖掘信息，以此明了学生的学习情况。

（二）激活学生思维

如果学生的大脑处于"惰性"状态、思维处于"静止"状态，那么所有的学习信息都会被"屏蔽"。而"思维起于岔路的疑难，起于两歧的取舍。只有遇着困难、阻碍，而将信将疑之时，我们才会停顿下来，细细思索"。④ 所以，通过提问使学生产生学习疑惑、开动脑筋、思考问题，并在老师肯定、同学认可中逐渐感受思考的乐趣，这应是数学课堂提问的一种主要目的。

（三）促进学生理解

数学理解是检验学生学习效果的一个核心指标。因此，课堂提问的主要目的还有：提升学生的思维参与度，引导他们发现新旧知识之间的联系，启发他们运用旧知学习新知，帮助他们优化认知结构，促使他们在认为没有疑义的地方发现疑义，促进他们加深对数学的理解。

（四）发展学生能力

学生的学习能力是检验学生学习效果的又一核心指标。为此，教师提问的过程应是提高学

---

① 安国钗.初中数学课堂提问存在的问题及解决对策[J].教学与管理,2009,(8):63-66.
② 马岷兴.数学课堂教学中"有益的提问"的方式.数学通报,2000,(2):30-31.
③ [美]奥苏贝尔.教育心理学：认知观点[M].余星南,宋钧,译.北京：人民教育出版社,1994:扉页.
④ [美]杜威.思维与教学[M].孟宪承,俞庆棠,译.北京：商务印书馆,1936:11.

生提出问题、分析问题、解决问题和反思问题能力的过程,应是提高学生表达和交流能力的过程。也就是说,发展学生的学习能力是数学课堂提问的一个主要目的。需要说明的是,以上提问的目的并不是截然分开的,往往同时并存于教师所设计的问题之中。

二、数学课堂有效提问的前提及基本原则

值得注意的是,在数学课堂中,并不是所有教师的提问、教师所有的提问都具有以上功能。因此,教师要"善问""巧问",即要进行有效提问。

(一) 有效提问的前提

1. 前提1——秉承科学的数学教育观

教师的教学行为是其教育理念的体现。提问,是一种重要的教学行为,其背后同样折射的是教师所持的教育理念。所以,要使提问有效,首先,教师必须秉承科学的教育观,即在教学过程中以学生为本,坚定学生是数学学习的主人,教师是学生学习数学的组织者、引导者和合作者,数学课堂教学是师生共同交流信念的场所。这样,在教学过程中,教师才会根据学生的实际学习情况灵活调整预先准备的提问,以达到真正促进学生发展的目的。其次,教师还必须秉承科学的数学观。所谓科学的数学观,即认为数学体现着人类的发明与创造,数学是一个有内部联系的、动态发展的学科。基于这样的数学观,教师的提问才是生动活泼的、富有朝气的,学生的学习才是充满生机和灵性的。

 知识小卡片

对数学本质的理解,历史上曾有许多不同的观点,有学者(方延明.数学文化导论[M].南京:南京大学出版社,1999)将其梳理为15种学说:万物皆数说、哲学说、符号说、科学说、工具说、逻辑说、创新说、直觉说、集合说、结构说、模型说、活动说、精神说、审美说、艺术说。这些观点实际上是人们从不同侧面对数学作出的解释。显然,这些对数学本质的不同看法会对应不尽相同的教育理念。

2. 前提2——明确提问的目的

提问的目的直接影响和制约着教师在什么地方提问、什么时候提问、提问什么内容、提问什么样的学生、运用什么样的提问方法等。所以,当提问有了明确目的后,提问的针对性就会大大增强,课堂教学效率也会随之提高。显然,数学课堂提问目的的确定要围绕数学教学目的展开,并根据具体某节课的数学教学目标不断细化。[1]

3. 前提3——熟悉教材和学生学习情况

提问,作为教学设计的一部分,要建立在教师对教材准确解读和对学生学习情况全面了解的基础之上,要着眼于学生的潜在发展水平,要把问题提在学生的"最近发展区"上。这样,教师提

---

[1] 温建红.论数学课堂预设提问的策略[J].数学教育学报,2011,(6):4-6.

出的问题才能围绕重点、针对难点、扣住疑点,有的放矢,避免随意性、盲目性和主观性,避免不分主次轻重、为提问而提问。

 知识小卡片

> 维果茨基"最近发展区理论",认为学生的发展有两种水平:一种是学生的现有水平,指学生独立活动时所能达到的解决问题的水平;另一种是学生可能的发展水平,也就是通过教学所获得的潜力。两者之间的差异就是最近发展区。教学应着眼于学生的最近发展区,为学生提供带有难度的内容,调动学生的积极性,发挥其潜能,超越其最近发展区而达到下一发展阶段的水平,然后在此基础上进行下一个发展区的发展。

4. 前提4——把握学生的思维特点

教师在提问时,除了要对某一年龄段学生思维共有的特点有所掌握外,还要对不同学生的个性差异有所了解,尽可能让具有不同思维特点的学生在提问的推动下思维都有所发展。如有的学生尽管学习上不是很踏实,但思维活跃、敏捷,敢于对问题发表不同看法,有批判性思维,教师在提问时,可以给这些学生提一些挑战性的问题。而有的学生尽管思维的灵活性一般,但上课认真听讲,基础扎实,思维严密,教师在提问时,对这些学生需要有耐心,通过细致分析后才能回答的问题则可以提给他们。[①] 为此,掌握学生的思维特点,对于提高提问的有效性有着直接的意义。

5. 前提5——把握好数学问题的选择标准

数学问题是提问的载体。所以,教师选择怎样的数学问题就直接关涉提问的质量。那么,什么样的数学问题才是好问题呢?匈菲尔德(1994)提出了五条审美原则作为衡量一个问题是否有用的标准:①蕴涵了重要的数学思想;②解题方法多样(易发散);③容易接近的(低起点、基础性强);④不故设机关、陷阱(针对性);⑤可以进一步地拓展和一般化(上位或下位)。张奠宙先生曾说,一个好问题总应当具备下列特点中的某些:①问题的解答中包含着明显的数学概念或技巧;②问题能够推广或者扩充到各种情形;③问题有多种解法。[②] 在教学过程中,教师要通过多种途径选择具有以上特点的好的数学问题,然后再以此为载体来设计提问。

(二) 数学课堂有效提问的基本原则

1. 科学性

教师所提出的问题必须没有数学错误,符合数学学科本身的逻辑性。这是教师在提问时应遵守的首要原则。有时候,教师以为自己的提问是科学的,但其实却隐藏着数学错误。比如,在学习平行线定义时,有教师这样问:"图中的两条直线,从表面上看不相交,延长它们会相交吗?"

---

① 温建红.论数学课堂预设提问的策略[J].数学教育学报,2011,(6):4-6.
② 张奠宙.数学教育学[M].南昌:江西教育出版社,1991:228-235.

此提问就隐含着数学错误:直线有长短。

2. 目的性

教师所设计的每一个提问都必须围绕教学目标而展开,体现强烈的目标意识和明确的思维方向,体现知识与技能、过程与方法、情感态度与价值观等目的的综合,不能信口开河,不能"脚踩西瓜皮,滑到哪里算哪里"。

案例 5-2   **"函数图像变换"教学课堂提问**

在"函数 $y=A\sin(\omega x+\varphi)(A>0,\omega>0)$ 的图像变换"学习中,很多学生抓不住变换的实质,教师可以这样设计提问:(1)将函数 $y=\sin(x+\frac{\pi}{3})$ 的图像上所有点向左平移 $\frac{\pi}{6}$ 个单位,所得图像的解析式是什么?(2)将函数 $y=\sin(2x+\frac{\pi}{3})$ 的图像上所有点向左平移 $\frac{\pi}{6}$ 个单位,所得图像的解析式是什么?(3)将函数 $y=f(x)$ 的图像上所有点向左平移 $\frac{\pi}{6}$ 个单位后,得到函数 $y=\sin 2x$ 的图像,那么 $y=f(x)$ 的解析式是什么?然后通过分析、比较,搞清变换的实质:"平移变换是针对 x 的变换。"①

---

3. 启发性

提问,要激发学生的认知冲突,要激起学生思考问题的欲望,因此,教师要特别注意提问的启发性。

苏联数学教育家斯托利亚尔曾提出"教育上合理的提问"。这实际上是从另一侧面说明提问需要注意启发性。他举了这样一个例子。如果教师提问:"过不在一条直线上的 3 个点可以画几个圆?""一个。"对这个问题,学生可以毫无困难地回答。但如果提问的问题是:"经过 3 点可以画几个圆?"情况就会大不一样。学生要回答这个问题,就必须对 3 个点可能有的位置关系加以研究和组合,考虑"3 个点在一条直线上"的情况和"3 个点不在一条直线上"的情况,并且分别对每一种情况给出结论。对于这两种不同的提问,后一种更能引起学生积极的思维活动,并且学生回答时又不可能照搬课本上的答案,他把这样的提问叫做"教育上合理的提问"。②

在案例 5-1 中,对于该判定定理的证明,教师可这样提问:已学过哪几种菱形的判定方法?(①一组邻边相等的平行四边形;②四条边相等的四边形)再问:两种方法都可以吗?证明边相等有什么方法?(①全等三角形;②线段垂直平分线的性质)选择哪种方法更加简捷?这样的提问更能促进学生思考。

---

① 唐惠斌.课堂提问的原则和技巧探索[J].中学数学教学参考,1998,(5):14-15.
② [苏联]斯托利亚尔.数学教育学[M].丁尔陞,译.北京:人民教育出版社,1984.

案例 5-3　　　　　"相似三角形的性质"教学课堂提问

在一堂"相似三角形的性质"课上,为了解学生对相似三角形的判定的掌握情况,甲教师这样问:"什么叫相似三角形?""相似三角形的判定有哪几种方法?"同样的,乙教师这样问:"如图 5-1,在 $\triangle ABC$ 和 $\triangle A_1B_1C_1$ 中,(1)已知 $\angle A = \angle A_1$,补充一个合适的条件 _____ ,使 $\triangle ABC \backsim \triangle A_1B_1C_1$;(2)已知 $\dfrac{AB}{A_1B_1} = \dfrac{BC}{B_1C_1}$,补充一个合适的条件 _____ ,使 $\triangle ABC \backsim \triangle A_1B_1C_1$。"

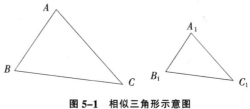

图 5-1　相似三角形示意图

对于前者而言,学生回答的只是一些浅层次记忆性知识,其回答并不能表明他们是否真正理解数学概念;对于后者而言,回答这样的开放性问题仅靠死记硬背显然答不出,只有在真正掌握相似三角形判定方法的基础上才能正确回答。所以,教师可从学生的回答中了解到学生的学习情况。[①]

4. 适切性

过于容易的问题不能使学生积极思考,过于艰深的问题使学生感到沮丧泄气,失去思考问题的勇气与兴趣。"困难的情境必须和学生曾经对付过的情境有足够相似之处,使学生对处理这个情境的方法有一定的控制能力。教学的艺术,大部分在于使新问题的困难程度大到足以刺激思想,小到加上新奇因素自然带来的疑难,足以使学生得到一些富于启发性的立足点,从而产生有助于解决问题的建议。"[②]因此,问题的设置要由易到难、由浅入深、层层推进,符合绝大多数学生的认知水平。

但是,把可供探索的问题分解为较低认知水平问题系列,这种方式有利于扫清学习障碍,但不利于学生探索能力的培养与发挥。如何在实际教学中把握提问的层次性?教师可依据学生的思维情况采取"由远及近"的元认知提示语(即提问不直接指向具体的研究内容,其目的在于激发学生的元认知调控)——从运用较多元认知成分到较少元认知成分直到最后运用认知提问。[③]

[①] 安国钗.初中数学课堂提问存在的问题及解决对策[J].教学与管理,2009,(8):63-66.
[②] [美]杜威.民主主义与教育[M].王承绪,译.北京:人民教育出版社,1990:167.
[③] 涂荣豹.谈提高对数学教学的认识[J].中学数学教学参考,2006,(1-2):4-8.

知识小卡片

元认知提示语,就是说提问不直接指向具体的研究内容,其目的在于激发学生的元认知调控。

5. 适宜性

所谓"适宜性",是指教师的提问要善于选取角度,要巧"问"。比如,讲集合元素的确定性时,教师可这样先问:"我们班有高个子的同学吗?请站起来。"在学生犹豫不决时,教师再问:"那么请身高大于170cm的同学站起来。"这时,有几位同学毫不犹豫地站了起来。通过这样的2个提问,学生理解了集合的"确定性"。再比如,有这样一道题目:已知 $a,b,m\in \mathbf{R}^+$,并且 $a<b$,求证 $\dfrac{a+m}{b+m}>\dfrac{a}{b}$。如果直接证明,学生难免感到抽象。教师可这样设计提问:"有糖 a 克,放在水中得到 b 克糖水,浓度是多少?"又问:"若增加糖 m 克,此时浓度是多少?糖变甜了还是变淡了?"这样的提问让学生轻松愉快地接受了数学问题 $\dfrac{a+m}{b+m}>\dfrac{a}{b}$。

6. 适时性

教师的提问一要避免"高密度提问",即整节课不停地问。这种情况导致学生思维"麻木",出现厌倦心理;二要避免"自问自答"和"喋喋不休",即提问后没有停顿,没有给学生必要的思考的时间和空间,没有让学生体验积极思维带给自己的成就感。简而言之,教师要把握好提问的时机,其原则正如古人云:"不愤不启,不悱不发。"

7. 多样性

这里所说的多样性,包含两层意思:一是教师要采用多样化的提问方式,二是教师要安排多样化的学生回答方式。

提问的类型有很多(具体见本章第二节),教师应根据学生的具体情况采取不同的提问类型。

此外,学生回答问题的方式也要多样化。根据问题的性质、提问的目的和学生的学习时间,教师可采用:个别回答、集体回答、教师自问自答、学生动笔或板演回答、学生分组讨论回答等形式。在实际教学中,教师需根据实际情况灵活选择学生回答问题的方式,以更好地促进学生的学习和发展。

案例 5-4   **"反函数"教学引入**

在"反函数"教学引入中,教师提问:"你能发现这两者(指、对数函数)之间有什么关系吗?你打算如何研究?"然后,请同学们独立思考、交流讨论。同时,教师巡视并观察学生的学习情况。等学生有了基本想法和思路后,教师再组织学生回答"发现了什么?还有没有其他发现?对不对?能证明吗?"

在教学中,学生需要明白"反函数概念"引入的必要性。若采取"一对一"的个别回答方式,不足以调动所有学生学习的主动性。而以上提问既调动了学生的积极性又开阔了学生的思维,还省时高效,教学效果也好。

第 2 节　数学课堂提问的类型

前面谈到数学课堂提问的四大功能、有效提问的五大前提及七大基本原则。数学教师要在课堂中熟练运用提问技能还需要了解提问的类型。显然,课堂提问的类型很多,可按照准备提问的时间来划分,也可按照提问的目的来划分,还可按照提问对思维层次的需求来划分。

一、按照教师准备提问的时间来划分

按照教师准备提问的时间,可把提问分为预设性提问与生成性提问。

所谓"预设性提问",即教师在备课时所预先设计好的提问。所有的教师在课前都会备课,但是,并不是所有的教师在备课时都会精心准备"提问",因而这些教师在课堂上的提问就具有一定的随意性。所以,为了进一步提高提问的针对性,教师在课前必须进行"预设性提问"。

所谓"生成性提问",即教师在实际课堂教学中,根据学生的学习实际情况灵活提出的学习问题。学生在进行数学学习的过程中,会不断地产生想法。而且,每个人有每个人的不同想法。所以,教师除了精心准备"预设性提问"外,还需要在课堂教学实际活动中进行"生成性提问",也就是说,要基于学生的思维情况来提出问题。

二、按照教师提问的目的来划分

按照教师提问的目的来划分,可把提问分为激趣性提问、激疑性提问、铺垫性提问、探究性提问和巩固性提问等。

(一) 激趣性提问

此类提问的主要目的是为了激发学生学习兴趣,使之产生学习动力,以浓厚的学习兴趣进行数学学习。

案例 5-5　　　"三角函数的图像和性质"教学课堂提问

在高中"三角函数的图像和性质"教学中,教师选择手臂摆动这一常见现象进行提问:"同学们是否有这种体会——我们走路时,手臂会自然地随步伐摆动?这个时候你就在画正弦图了!哪位同学上来示范一下你走路时的姿态?你能画出这个过程中手臂运动的示意图吗?你能把这个过程'数学化'变成一个几何问题吗?"

三角函数的图像和性质是学生们倍感头疼的问题。障碍的产生一是因为陌生,二是因为抽象,它不像一次函数、二次函数的图像那么直观,容易接受。尽管课本中介绍到用它可以表示一个物理学中的振动量,可学生仍然无从理解。以上提问在一定程度上改变了这种状况,从而引导同学们重新认识正弦曲线,激发他们的学习兴趣,克服学习上的心理障碍。[1]

---

[1] 李渺,刘芸,万新才.经历即学习——高中数学教学案例学习[M].武汉:华中师范大学出版社,2009:141-144.

案例 5-6　　"一元一次方程根与系数的关系"教学课堂提问

在探索"一元二次方程根与系数的关系"时,教师这样提问:"今天,老师想和大家来个比赛,看看是老师算得快还是同学们算得快。已知 $x^2+3x-4=0$,则 $x_1+x_2, x_1 \cdot x_2$ 的值分别是多少?"再问:"若方程为 $x^2+3x+1=0$ 呢?"……"为什么老师比你们算得快呢?是因为老师掌握了一个法宝,不需要求解方程就能知道两根的和与两根的积。同学们,你们想不想获得这个法宝?"

这样设问无疑会激起学生的探究欲望,从而让学生经历自主探索的过程。

(二)激疑性提问

"于不疑处有疑,方是进矣。"也就是说,能在一般人认为没有疑义的地方发现疑义,这才是长进。因此,"激疑性提问"的主要目的是激起学生的学习疑惑。

案例 5-7　　对数教学课堂提问

在学习对数时,教师提出:"我们都知道 2<3,可有人却证明了 2>3,他是这样证明的:因为 $(0.5)^2>(0.5)^3$,所以 $\lg(0.5)^2>\lg(0.5)^3$,即 $2\lg 0.5>3\lg 0.5$。上式两边同除以 $\lg 0.5$,即得 2>3。同学们,这可能吗?"

上述提问一旦给出,学生的好奇心立刻被调动起来,于是积极思考,认真分析,力求把此疑惑解开。

(三)铺垫性提问

此类提问的主要目的是为了降低思维难度,逐步引导学生解决问题。

案例 5-8　　"五角星制作"教学课堂提问

在初中"制作一个五角星"的教学过程中,当学生完成五角星的量角器画法时,教师提出问题:"你能用类似方法再画一个六角星、一个八角星吗?"接着,当学生完成有关折剪时,教师又提出问题:"你能否一次剪出两个完全一样的五角星?""大家剪出的五角星可能比较'胖',如何剪才比较美观?"

以上提问中,前面的问题为后面的问题做铺垫,问题层层递进,促使学生观察、实验、归纳、推理,促使学生体验数学、感受数学,促使学生能力的升华。

(四)探究性提问

此类提问的主要目的是为了给学生开展探究活动提供方向。比如,在高中"反函数"的课堂教学中,教师这样提问:反函数"反"在哪里?是否所有的函数都有反函数?如何求一个函数的反函数?这样的开放性问题一旦抛出,学生必然会开动脑筋,积极讨论、探究,并踊跃表达自己的想法。

(五) 巩固性提问

此类提问的主要目的是为了帮助学生巩固知识、加深理解。比如,在高中函数单调性定义的学习之后,教师提问:"谁试着用数学语言来表述有关内容?"学生解答相关例题之后,教师提问:"哪位同学来评价他的做法?"在下课之前,教师提问:"谁用最简洁的语言来概括这节课的学习内容?"在学生回答问题之后,教师再进行有针对性的归纳,从而促使学生形成更完整的认知结构。

三、根据提问对思维层次的需求来划分

根据提问对思维层次的需求来划分,数学课堂提问的主要类型有追忆型、概括型、引申型和反思型。[1]

(一) 追忆型提问

追忆型提问是通过问题让学生回忆或巩固旧知识,自然引入新知识,建立起新旧知识之间的联系。这种问题能为打开学生的数学思维做好铺垫。比如,在圆周角教学中,教师可通过圆心角的回顾来引导学生定义圆周角。

(二) 概括型提问

概括型提问是指问题从直观、具体的材料逐步指向更加概括、抽象的数学对象。这种问题起点具体、问题层次明显、问题指向概括化,能够锻炼学生的概括性思维和抽象概括能力。

比如,在圆周角教学中,用多媒体技术提供丰富的圆周角实例之后,通过问题"这些角有什么共同特征、和圆心角有什么区别、能否用自己的语言表示出来",让学生观察、发现、猜想并总结圆周角的定义,这个过程不仅让学生积累了丰富的数学活动经验,而且锻炼了学生的概括性思维。

(三) 引申型提问

引申型提问旨在培养学生思维的广阔性和灵活性,当完成了一个基础数学任务之后,需要对该任务再挖掘,提出一些相关的或深层次的问题,引导学生在审视问题本质的基础上,进行发散性思维。比如,在圆周角教学中,教师可提出引申型问题——利用圆周角的相关性质解决足球场上的射门问题,既加强了数学与现实的联系,又锻炼了学生的问题解决能力。

(四) 反思型提问

反思型提问是数学课堂中必不可少的一环。它可出现在问题解决之中,让学生时时刻刻保证思维严密;也可出现在问题解决之后,从整体上来思考问题解决的思路是否合理、问题解决是否是最优化的、问题结果是否可再延伸等。例如,本节课我们学了什么内容?这个问题的解法是否最简单?你的问题解决过程是否还可再优化?等等。这些问题都能够引导学生整理和优化自己的思维。

四、提问的其他分类

关于提问的其他分类,还有以下几种方式:

国外早期的心理学家把提问简单分成两大系统,即"开放与封闭"和"记忆与思考"。开放性

---

[1] 尚晓青,杨渭清.促进高校数学教学的课堂提问策略[J].数学通报,2013,(1):35-37,39.

的问题允许有广泛的反应范围,不仅包括认知的要求,还包括情感的表现,移情的作用、态度和价值。封闭性的问题只有一个正确的或最佳的答案,要求学生在一个狭窄的范围内选择反应。记忆性的问题需要学生回忆已有的信息,它是教师经常提问的一种类型。相反,思考性问题需要学生运用已有的信息去创造新的信息。①

另外一种影响很大的分类法是根据问题认知层次来划分,最有名的是根据布卢姆的教育目标分类说对提问分类。布卢姆将提问分为六个层次的问题,记忆型、理解型、应用型、分析型、综合型以及评价型。

 知识小卡片

布卢姆等人在1956年出版的《教育目标分类学(第一分册):认知领域》中把认知领域的目标分为六个亚领域,即知识(knowledge)、领会(comprehension)、运用(application)、分析(analysis)、综合(synthesis)和评价(evaluation)。

此外,课堂提问还可分为新授课前的复习提问、过渡提问,讲授中的突出重点提问、化解难点提问,小结中的知识总结提问、整理知识提问,还有为激发兴趣而设置的理论联系实际的提问、应用性提问等。②

若以时间为标准也可分为课前复习提问、引入新课的铺垫提问和课后巩固性提问等;若按照回答方式又可分为判断性提问(是与否)、叙事性提问(是什么)、叙理性提问(为什么)和发散性提问(不依常规,寻求变异作答);若按认知学习目的分为不同水平层次来分可分为十六种不同层次的类型,它们构成了在讲授数学事实、技能、概念和原理时可能用到的符合于计算、领会、运用和分析各认知学习目的的问题类型:①事实的计算;②技能的计算;③概念的计算;④原理的计算;⑤事实的领会;⑥技能的领会;⑦概念的领会;⑧原理的领会;⑨事实的运用;⑩技能的运用;⑪概念的运用;⑫原理的运用;⑬事实的分析;⑭技能的分析;⑮概念的分析;⑯原理的分析。③

第3节　数学课堂提问的构成要素与策略

一、数学课堂提问的构成要素

(一) 问题序

有效提问的关键是要注意形成一个"问题序",即教师根据教学内容和学生的认知水平,按照研究问题的一般进程(是什么——为什么——怎么样)有层次、有节奏、有铺垫地来准备提问。在课堂教学中,教师还可使用板书或电脑屏幕展示"问题序",让学生更明白相关学习内容的脉络,

---

① 明轩.提问:一个仍需深入研究的领域[J].外国中小学教育,1999,(4):26-28.
② 胡小英,曾菊华.数学新课程理念下的课堂教学提问[J].教学与管理,2008,(3):125-126.
③ 邵光华.论数学课堂教育合理性提问[J].数学通报,1993,(3):1-3.

并形成系统全面的认识。

(二) 措词

教师表述问题的措词必须指明思考的前提和方向,语言应清楚、准确、简洁、明了,让学生明白问题所在,不能造成学生的误解。

案例 5-9 "异分母分数加减法"教学课堂提问

在"异分母分数加减法"教学中,一位教师在课题引入后提问:"$\frac{1}{2}$,$\frac{1}{3}$ 这两个分数有什么特点?"有的学生回答:"都是真分数。"有的学生回答:"分子都是1。"

显然,由于教师不明确的提问措辞,学生的回答并没有达到教师的提问意图。如果教师这样问:"这两个分数的分母相同吗?分母不同的分数能不能直接相加?为什么?"这样的提问既明确,又问在关键处,有助于学生理解通分的算理。

(三) 回应

在学生回答问题后,教师可通过追问、反问和侧问来回应学生。比如,针对学生的回答,教师这样回应学生:"你是怎么想的?说给大家听听。""为什么是这样的?你想法的依据是什么?""大家同意他的看法吗?同意的请举手,不同意的请说出自己的看法。""其他同学还有什么看法?"等等。再比如,在一题多解之后,追问学生:"这些方法有什么共同点吗?都运用了什么思想方法?""本题有没有更加简洁的解法?""可以进行怎样的变式?"等等。同时,教师还可以请学生自己提出问题、举出例子、画出图表等,鼓励学生说出自己的看法。总而言之,教师要根据情况对学生的回答进行适当的引导,进而加深学生的数学理解。

(四) 停顿

每当教师提出一个问题后,学生或多或少都需要时间来思考问题,如果教师过于急迫想得到问题的结论,一旦学生没有回应,就自己把结论说出来,那么,学生也逐渐习惯于教师的"自问自答",不再思考教师所提出的问题;因为教师马上会给出结论,不需要学生来思考。这样就形成了一个不好的循环:教师不给学生时间自己思考问题,学生也逐渐懒得思考问题。反过来,学生不思考问题,对教师的问题没有反应,教师也只得自己说出有关问题的结论,学生也因此越发没有自主思考的时间。

(五) 分布

在课堂教学中,有些教师在提出某一问题之后,马上指定某学生回答。事实上,教师马上指定某学生回答问题,存在这样两种情况:一种情况是教师预料该学生知道教师所想要的答案;一种情况是教师预料该学生说出的答案是一种比较典型的错误答案,教师正好以此进行"纠错"。不管哪种情况,教师所指定的学生早就预先存在于他的心目中。这样,在课堂上,教师就不会再多花时间、花精力去观察学生当时的学习情况,或者说把学生学习的实际情况放在一边,而以自己预设的情况来进行有关教学。然而,不同的人思考问题的方式、角度在很多情况下是不同的。真正有效的教学应该基于学生当时当地的思考情况来展开教学,而不是教师"预设情况"的展示。

否则,学生自己思考问题中所遇到的困惑还是没有得到澄清,还是其认知结构中的一些"断点",没有与学生认知结构中的其他"结点"联系起来。

(六)评价

教师对学生回答问题的评价,将对学生进一步参与教学活动起到重要的导向作用:当学生回答正确时,教师应首先肯定学生,并引导学生进一步阐述思考的过程;当学生回答有误时,教师应从这些错误(实际上是学生自己的想法)中了解学生的思维情况,并基于学生的思维情况来帮助学生理清思路、澄清问题,进而让学生自己解决相关问题。同时,教师在学生回答问题之后,应该留出必要的时间让学生进行自我评价与相互评价,这也是培养学生质疑精神与批判能力的有效途径。

二、数学课堂提问策略

(一)十字诀

有学者总结出提问技巧的"十字诀"。这"十字诀"是:假、例、比、替、除、可、想、组、六、类。

假:以"假如……"的方式来提问。

例:多举例。

比:比较知识和知识间的异同。

替:让学生多想有什么是可以替代的。

除:用这样的公式启发:"除了……还有什么?"

可:可能会怎么样。

想:让学生想各种各样的情况。

组:把不同的知识组合在一起会如何。

六:"六何"检讨策略,即为何、何人、何时、何事、何处、如何。

类:多和学生类推各种可能。

比如,教师在"特殊的平行四边形"一课中提问:假如平行四边形一组边垂直(例如邻边),四边形的形状可能发生什么改变?相等时呢?想一想各种各样的情况?除了边改变,还有什么替代(例如对角线)?会有什么改变?把这些组合条件形成特殊的平行四边形会有什么特征?比较各种特殊四边形的异同点有哪些?这位老师利用"善问"十字诀,有效的提问发散学生思维空间,摆脱单一的对话式问答。[①]

(二)课堂提问的几个技巧

陶行知先生说过:"发明千千万,起点是一问,智者问得巧,愚者问得笨。"教师提出的问题,要问得开窍,问得美妙,启人心智。课堂提问常有以下几种技巧。[②]

1. 曲问

所谓"曲问",是运用"迂回战术",变换提问的角度,让思维拐个弯,它问在此而意在彼,需要

[①] 刘世蓉.浅析数学课堂教学中的提问艺术[J].读与写,2009,(10):125.
[②] 唐惠斌.课堂提问的原则和技巧探索[J].中学数学教学参考,1998,(5):14-15.

学生开动脑筋,通过一番思索才能回答。比如,学习了异面直线的概念后,提问学生:"分别在两个平面内的没有公共点的两条直线是异面直线吗?"学习了双曲线的定义后,提问学生:"平面内与两定点的距离之差的绝对值是常数的点的轨迹会不会是一条直线?"这种拐个弯的提问方法,学生回答时,其思维流程也要"转一个弯"才能得到问题的答案。久而久之,学生的思维能力就能得到提高。

2. 悬问

所谓"悬问",即通过提出悬而未决的问题,引出悬念,给学生造成一种跃跃欲试和急于求知的紧迫情境。比如,在研究平面的基本性质,引出公理和推论之前,可向学生提出如下问题:"把一根直尺边缘上的任意两点放在平的桌面上,可以看到直尺边缘就落在桌面上,为什么?""为什么有的自行车的后轮旁只安装一只撑脚?"对这两个日常生活中常见的事例,要追根究底查原因时,学生却感到茫然,因而产生了悬念,使学生处于一种急迫地希望知道结果的状态,激发了听课兴趣。又如在"直线与双曲线的位置关系"的教学中,可先问学生"直线与圆、椭圆只有一个公共点时,分别能作几条直线?"待学生回答后,教师又问:"直线与双曲线只有一个公共点时,能作几条直线? 也是两条直线吗?"激起悬念,让学生欲答不能,欲罢不忍。

3. 逆问

所谓"逆问",即有意从相反的方面,提出假设,以制造矛盾,引发学生展开思维交锋,促使学生更深刻地理解和掌握知识。如在学习函数概念时,可提问:"有同学认为,因为 $y=c$ 中只有一个变量 y,与定义中'有两个变量 x 和 y'的条件不相符,所以 $y=c$ 不是函数,这个观点正确吗?"又如在"反函数"的教学中,学习了"原函数与它的反函数图像关于直线 $y=x$ 对称"这一定理后,可问学生"原函数与它的反函数图像的公共点一定在直线 $y=x$ 上吗?"这样设问,将学生引入矛盾的漩涡,引发学生辩论,最后经过教师的点化,统一认识,由此学生对这些概念的印象会十分深刻。

4. 梯问

所谓"梯问",即围绕主题,设计一个个有层次、有节奏、由浅入深、前后衔接、相互呼应的问题,诱使学生步步深入,拾级而上。比如,学习奇偶函数的概念后,可设计以下系列问题:"函数 $y=x^2$ 和 $y=2x$ 分别是奇函数还是偶函数?""函数 $y=x^2, x\in(-1,1)$ 是偶函数吗?""函数 $y=2x, x\in\{-1,1\}$ 是奇函数吗?""函数 $y=\dfrac{2x(x+1)}{x+1}$ 是奇函数吗?""若函数 $y=x^2+a, x\in(2a, a^2+1)$ 是偶函数,则 $a=?$"这样设问,由易到难,体现教学的思路、学生的认识顺序,诱导学生循"序"渐进,把函数是奇函数或偶函数的必要条件"函数的定义域关于数轴原点对称"揭示出来。

(三) 预设性提问的策略

1. 摸清学生的知识储备

在课堂上准备提问什么内容,教师首先要摸清学生的知识储备,深入了解学生对有关数学概念、定理、方法等掌握的程度,对"学生已经知道了什么"或"不知道什么"做到心中有数,否则,就会出现该问的没有问,不该问的又不厌其烦,而一旦学生给出一个与自己预想不一致的回答,又显得手忙脚乱,不知该给学生什么样的评价。

> **案例 5-10**　　　　　　"'一一映射'概念"教学课堂提问
>
> 　　在高中"'一一映射'概念"教学中,教师这样提问:"同学们,假如你们现在是数学家,要给'一一映射'下定义,你觉得应该怎么定义,你想怎么定义就怎么定义。谁来说一下?"教师话音刚落,有学生马上站起来,不假思索地回答:"就是集合 A 中的元素在 B 中都有它唯一的像,而 B 中的元素在 A 中都有与之对应的唯一的原像,也就是如果 x 是 A 集合的元素,那么它……"教师见学生回答如此流利而准确,急忙打断了他的回答,"慢一点,一句一句说清楚,让其他同学听你说的对不对?"[①]

可以看出,教师对于这个提问是精心预设过的,想有意培养学生大胆猜想和尝试构造数学概念的能力,为此,他一开始就让学生把自己想象成"数学家","想怎么定义就怎么定义",目的是给学生一个自由发挥的空间,让其运用朴素的思考方式,运用学生自己通俗的语言来说出什么是"一一映射",在他看来,这是一件很困难的事,很有挑战性,学生应该不好回答才对。然而,学生脱口而出的回答以及几乎与课本完全一样的表述,让教师颇感吃惊和意外,于是,他不得不打断学生的回答。

在上面的提问中,是什么原因导致了教师对学生回答的预设与学生实际回答之间的巨大反差呢?首先,就数学概念本身而言,其定义是数学知识长期发展和积累的结果,有着较为深远的背景和意义,并不是"想怎么定义就怎么定义的",这与学生是否把自己想象成数学家毫无关系。其次,如果要让学生定义"一一映射",目前他们已经有了什么样的知识储备呢?教师又为之提供了什么样的素材来帮助学生很自然地形成这一概念呢?当这一切都不具备的时候,学生如何能做到"想怎么定义就怎么定义",即便是想了,也不是真正意义上的数学猜想,而是"空想"和"乱想"。从这个教学片段不难看出,学生已经熟知了教师的提问习惯,并揣摩教师期望他们回答什么,于是通过提前预习或自学相关内容来呈现给教师一个教科书上的标准答案。在这个预设提问中,教师如果知道学生有预习的习惯,可能很多人已经知道了什么是"一一映射",那么,在预设提问时,就不会把重心放在如何给"一一映射"下定义上,而是重点通过预设提问考查学生对这个概念的理解或应用等其他方面。

2. 在"问题序"的基础上进行精细加工

教师在已形成"问题序"的基础上,要在关键处进行精细设问,包括学生学习的"兴趣点"、数学知识的"切入点"、数学知识的"重难点"、数学知识的"加深点"、数学知识的"易错点"、数学知识的"归纳点"、数学知识的"联想点"和数学知识的"生长点",以最大限度地做好课前准备。下面以"勾股定理"的第一课时为例说明。表5-1是"勾股定理"教学问题序,表5-2是发现"勾股定理"教学问题的精细提问表。

[①] 温建红.论数学课堂预设提问的策略[J].数学教育学报,2011,(6):4-6.

表 5-1 "勾股定理"教学问题序

师问 1：(毕达哥拉斯故事)相传 2500 多年前,毕达哥拉斯有一次在朋友家做客时,发现朋友家用砖铺成的地面中反映了直角三角形三边的某种数量关系。同学们,我们也来观察图 5-1 中的地面,看看能发现些什么？

↓

师问 2：如何验证一般的直角三角形三边也具有"两直角边的平方和等于斜边的平方"的关系？

↓

师问 3：如何证明勾股定理："如果直角三角形的两直角边长分别为 a,b,斜边长为 c,那么 $a^2+b^2=c^2$"？

↓

师问 4：举例说明,勾股定理有哪些应用？

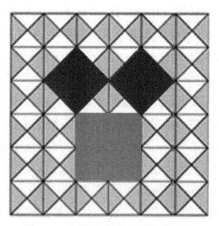

图 5-1 隐藏"勾股定理"的地砖图

表 5-2　发现"勾股定理"教学问题的精细提问表

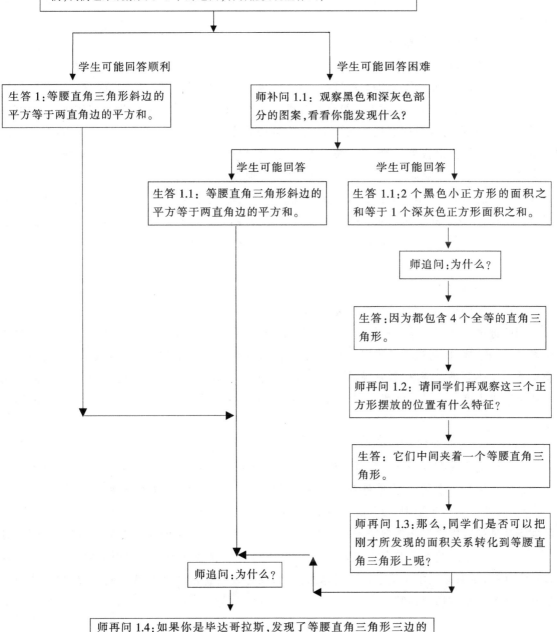

教师给出"毕达哥拉斯故事"、提出问题 1 后,学生能否发现图中所隐藏的关系?也许有的学生可以,但肯定有学生还不能马上发现。那么,假如问题提出后,学生不能进入"状态",怎么办?

在此处,教师就应该进行"精细"加工——增加铺垫性提问1.1:观察黑色和深灰色部分的图案,看看你能发现什么?可能有学生把注意力放在正方形的面积上(两个黑色小正方形的面积之和等于1个深灰色正方形面积之和),那么教师应再增加铺垫性提问1.2:请同学们再观察这三个正方形摆放的位置有什么特征?这两个铺垫性问题的目的就是引导学生逐步学会如何发现问题和提出问题。

(四) 生成性提问的策略

1. 鼓励学生自己提问

一方面,数学课堂需要教师提出问题、学生积极思考并做出回答,另一方面,如果"教师仅把提问和回答作为表明自己教学中并没有满堂灌的手段,表明课堂中存在师生互动的佐证,但实际上,教师基本控制着课堂问题提问的内容,学生的回答也限于教师自己的设想范围内,对这些问题也是用对与错的语言来评价,那么整个课堂提问就出现一种单向度和教师话语霸权状态,学生自由的回答和展望被遏制了"。[①] 所以,教师要更多地鼓励学生自己提出问题,促使学生对自己的观点做出思考,或让学生自己解释或证明他们的答案,或学生之间进行讨论、推理,澄清彼此的观点。这样,呈现出来的是民主、平等、和谐的教学环境,在此教学环境下,学生学习数学的兴趣更高、学好数学的信心更足、独立获取数学知识的能力更强、思维更具有批判性和创造性。比如,在课堂教学中,教师提问:"学习完这堂课,你们有什么收获?或者还存在什么疑问?"

2. 节奏的把握

所谓节奏的把握,包含这样几层意思。一是教师要根据学生的实际学习情况适当加快或放慢提问的进度。教师对学生的学习情况的预先了解只是预估。在实际学习中,有的学习内容学生可能已经掌握,此时教师就可以调整提问,重点放在对学生理解情况的检测方面;有的学习内容可能学生感到难以理解,教师就需要针对学生的疑惑点进行有针对性的提问,此时可能就要稍微放慢学习进度。二是教师要注意留给学生思考问题的时间。这方面已多次提到,在此就不赘述了。

3. 问题讨论收放有度

问题讨论收放有度是指在问题讨论过程中,教师能够把讨论的主动权放给学生、让学生参与多种认知水平的思维活动,又能够在有限的时间内让学生获得理解,从而合理收回问题。

例如,在圆周角教学中,教师提出一个"足球场上射门角度"问题:让学生思考在某种位置上,足球运动员是直接射门还是把球传给别人?这个问题激起了学生的学习热情,而此时教师及时转移话题:"这个问题和我们今天的数学有什么关系,我们能否利用数学知识来为足球运动员做教练?"这样,及时避免学生陷于讨论足球的活动,而是让学生从思考足球转向学习数学,即用数学知识来解决足球场上的问题。[②]

[①] 仲建维.观念的价值和表达:学生在教学中的权利和思考[J].全球教育展望,2005,(1):20-24,69.
[②] 尚晓清,杨渭清.促进高校数学教学的课堂提问策略[J].数学通报,2013,(1):35-37,39.

4. 不回避学生的学习错误

在学习过程中,学生出现学习错误是不可避免的。所以,教师不要担心学生出现学习错误,而应将之看成宝贵的教学资源来利用、开发。比如,有的学生认为原函数与其反函数的奇偶性相同。针对这个学习错误,教师不是立刻否定,而是反问学生:"奇偶性相同?有什么补充的吗?"然后,针对学生的详细回答再来进行引导。

5. 采取多样化的生成性提问

生成性提问的方式有很多,包括顺问、追问、反问和引问等。所谓"顺问",就是教师顺着学生的回答来提出问题,实际上是让学生依据自己的观点进行推理,从而理解、掌握;所谓"追问",就是教师在原有问题的基础上继续提出问题来促使学生深入思考问题;所谓"反问",就是当学生出现错误或模糊理解时,教师抓住问题的症结进行提问(或提出反例),从而促使学生及时发现错误,找出原因;所谓"引问",就是当学生遇到学习困难,急需外界启发时,让学生先思考简单的或其他相关的问题。

案例 5-11[①]　　　　　$0.\dot{9}$ 与 1 的大小关系

高二学生在学习了无穷等比数列的各项和之后,对问题"$0.\dot{9}$ 与 1 的大小关系"进行讨论,下面是师生之间的一段对话。

师:我们知道无限循环小数 $0.\dot{9}=0.999\cdots$,它可看做无穷等比数列 $0.9,0.09,0.009,\cdots$ 的各项的和。现在请大家比较 $0.\dot{9}$ 与 1 的大小。

(老师首先提出明确表达的教学问题。)

生 A:太简单了!$0.\dot{9}<1$。

生众:对!(有一部分学生附和。)

(学生一开始觉得老师的问题太简单,几乎不假思索就回答了。)

师:你能说明为什么 $0.\dot{9}<1$ 吗?

(虽然学生认为很简单,但是问题并不是学生想象的那么简单,学生的结果是错的。老师进一步提问,诱发学生回答,希望从中找到学生的思维角度。)

生 A:因为 $0.\dot{9}$ 的整数部分为 0,而 1 的整数部分为 1。又因为 $0<1$,所以 $0.\dot{9}<1$。

生 B:那小数部分不用比了?

生 C:当然了!以前我们比较两个数的大小都是这样做的。

师:既然说 $0.\dot{9}<1$,那你认为 0.9 比 1 小多少呢?也就是 $1-0.\dot{9}=$?

[从学生们的回答中,老师了解到学生是用小学的比较数的大小的方法来比较 $0.\dot{9}$ 和 1 的大小,将"无限循环小数的大小比较"问题同化为"有限小数的大小比较"问题,怎么让学生明白

---

① 李士锜,李俊.数学教育个案学习[M].上海:华东师范大学出版社,2001:79.

> 他们的思维误区呢？老师提出了一个相关的问题，也是让学生理解关键问题(0.9比1小多少)。]
>
> ……

(五) 课堂提问的几个误区

教师的恰当提问会有效地促进学生的学习，但在"恰当"的把握上，常会出现很多误区。[1]

误区一：简单提问促使学生参与教学。为追求热烈的课堂气氛，有不少教师往往设计大量的浅显易答的或容易让学生高兴、激动的问题，以让更多的学生对课堂教学作出反应，美其名曰：活跃课堂气氛。这种情况在一些公开课、示范课中经常出现。殊不知这种提问很可能沦为"作秀"，尽管表面热闹，但往往偏离创造良好课堂教学氛围这一主题。

误区二：用故意设问控制不良行为。有的教师见个别学生走神或在做与课堂学习无关的事，不是采取提醒暗示的方法来制止其不良行为，而是借提问来惩治。这样可能出现三种情况：第一种情况，学生能顺利回答。这与教师的愿望相反，因为失去了一次教育的机会，只好失望地让学生坐下。学生自鸣得意，在客观上强化了学生的不良行为。第二种情况，学生答错或回答不出问题。这时教师就会很得意地说一通专心听讲的重要性等令人倒胃的大道理，甚至嘲讽几句，这样势必会使学生产生对立情绪和逆反心理。第三种情况，学生浑然不知继续"走神"或茫然不知所措。这样会引起全班的哄堂大笑。如果被问学生较内向，甚至会受到伤害，长此以往，也会引起全班学生反感。

误区三：提供"是……但是……"的教师反馈。有的教师经常处于既不同意学生答案，但又不愿伤害学生积极性和自尊心的两难之中，于是就对学生的答案作出"是……但是……"的反应。殊不知这种反应不但会使学生对自己的能力产生怀疑，而且导致其掌握的知识模棱两可。

误区四：调控问题答案。有的教师为完成预定的上课进程，经常对学生的答案加以自己的解释，结果在课堂上只有一种观点，没有学生独创的见解。这样会贬低学生价值，挫伤学生积极性，同时也把课堂提问变成教师控制课堂讨论的工具，扼杀了学生的创造性思维。

误区五：用"连珠炮"式提问吸引学生注意力。部分教师喜欢使用"连珠炮"式的提问方式，不善于使用等候时间。当教师提问后，如果学生不能在几秒钟之内作出回答，教师就会重复这个问题，或重新加以解释，或提出别的问题，或叫其他学生回答，根本不考虑学生是否需要足够的时间去考虑，形成答案并作出反应。面对这种高频提问，学生很少有时间思考或者不情愿去思考和表达他们的观点，反而会分散在课堂上学习的注意力。

误区六：临场即兴提问。有不少教师片面追求师生智慧、情感的自然流露，时常即兴提问。由于缺少思考，所提问题大多为事实、记忆类的一般常识，而启发学生拓展思维的综合性问题却少见，问题缺少悬念，缺乏深度和广度，也同样影响教学效果。这并非反对师生间平等自然交流，但在课堂上以牺牲教学效果为代价，就得不偿失。

---

[1] 王素霞.课堂提问有哪些误区[J].班主任之友,2007,(4):26.

误区七:恩赐"后进生"。有些教师喜欢把一些几乎没什么难度的问题恩赐给"后进"学生。在大多情况下,学生都会意识到这种恩赐。经常这样做会让"后进生"觉得教师甚至班上其他同学都认为自己差,看不起自己。

第4节 数学课堂提问技能的应用及实训

以下以南京师范大学附属中学一位教师所开展的研究性学习课"怎样烧开水最省煤气"为例来说明教师如何进行"预设性提问"与"生成性提问"。①

一、教师的"预设性提问"

表5-3 教师的"预设性提问"表

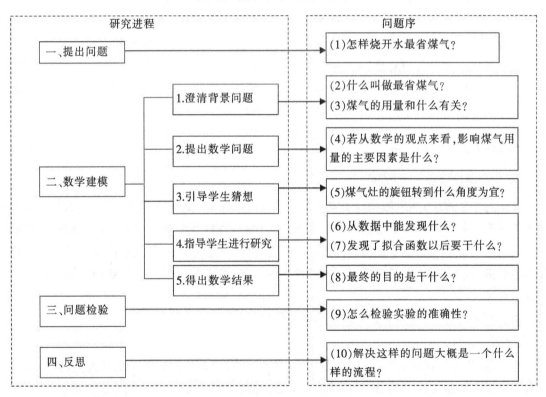

表5-3为教师的"预设性提问"表,做以下几点说明。

1. 关于问题的性质。在以上"问题序"中,教师所给出的问题要具有开放性,即问题的解答可从多方面来考虑。研究性学习的一个主要目的是发展学生的研究意识与能力。开放性的提问可促使学生从多角度来思考问题,增强他们研究问题的自信心,培养学生提出问题、分析问题、解决问题的能力。

---

① 李渺.研究性学习课中教师的"预设性提问"与"生成性提问"[J].中学数学教学参考,2007,(10).

2. 关于问题之间的转折。以上"问题序"的流程其实就是研究问题的进程。所以,问题之间的转折非常重要,它意味着让学生体验科学研究的方法,学会如何提出问题、如何发现问题。因而,教师在准备以上各个问题时,还需要准备问题之间的转折。如"现在应该研究什么?""你打算如何研究?""有哪些研究方法?""还可以研究什么问题"等等。

3. 关于问题的类型。主要有:①引导学生思考解决方法的提问,如前面所说的问题之间的转折提问。②引导学生分析题意的提问,如"它是什么?""它具有什么性质?""它们之间有什么联系?"等等。③引导学生猜想的提问,如"你能证明吗?""你能解释吗?""你还发现了什么?""还有什么障碍没有克服?"等等。④引导学生反思的提问,如"问题都解决了吗?""你在研究中经历了哪些阶段?""你在研究中用到了哪些方法?"等等。

4. 关于提问的策略。依据学生的思维情况采取"由远及近"的启发——从运用较多元认知成分到较少元认知成分直到最后运用认知提问。[①] 如教师在引导学生猜想时,准备元认知"预设性提问":"煤气灶的旋钮要转到什么角度为宜?"假如学生不能作出合理猜想,则教师可进一步增加认知成分,提像"会不会火很小的时候? 可不可能?""会不会火开到最大的时候最省煤气? 为什么?"等等。需要说明的是,元认知提问与认知提问有时很难做出严格的区分。因为元认知提问和认知提问并不能严格区分,教师基于学生的思维状况交替运用它们,以给学生方向上的引导以及方法上的指导。

二、教师的"生成性提问"

(一)试图理解学生的回答

在研究性学习中,学生的回答也就是学生进行研究性学习的相关反映。所以,教师需要理解学生的回答。假如教师对学生思考问题的看法不了解,则教师所讲的与学生所想的极有可能不相同,这样,即使学生听懂了教师的讲解,然而学生自己的想法没有得到关注,其思维的疑惑还是没有得到澄清、发展,终究还是学生认知结构中的一些"断点",与学生认知结构中其他"结点"之间缺乏联系。

教师可采取追问、反问来试图理解学生的回答。

1. 追问

比如说,当学生在讨论"煤气用量和什么有关"时,有些学生的表达不太清楚,教师一时可能不太明白学生的想法。于是,教师在学生说出自己的想法后追问:"什么叫做热效率?""什么叫做开煤气时间的长短?""烧水的时间? 什么意思?"等等。再比如说,学生在设计实验方案时,有学生提出:"控制水的质量和初温一定,水壶也是一样的,然后放到火上加热,然后旋转不同的角度看一下哪边先烧开。"教师对此追问:"他是取了两个在煤气灶的两边同时进行,但是刚才我们的假设是给了一个水壶怎么办。一个水壶。"在教师的追问下,学生进一步阐述了自己的观点,让师生更明白其设计方案的意图。

[①] 涂荣豹.谈提高对数学教学的认识[J].中学数学教学参考,2006,(1-2):4-8.

2. 反问

比如说,引导学生把原研究问题"怎样烧开水最省煤气"转化到"旋钮转到什么位置时最省煤气"这个问题是研究中的关键一步。针对有关学生的回答,教师在给予自己的再解释后反问学生:"他的观点是火非常非常小,还没烧热就冷了,这样用量就会无限量增大,怎么能达到节省煤气的目的呢?是不是?""他说火开到最大的话热量会散失掉很多,那么就是不能充分作用于这个水壶,也就不能达到节省煤气的目的。是不是?"这些问题的提出是为了确认教师的理解与学生的想法是否相符。

(二) 引导学生说出想法的理由或依据

开放性的思维很重要,而为自己的想法找个理由或者给出自己想法的依据则更为重要。在此研究性学习课中,教师不仅让学生说出自己的想法,而且在一些情形之下还注重引导学生说出想法的理由或依据。比如说,当学生提出"当火很小时不可能最省煤气"时,教师问道:"想象一下,你们觉得旋钮转到什么位置的时候它会最省燃气?会不会火很小的时候?可不可能?有同学摇头了,为什么摇头?"当学生想象提出"当火开到最大时也不可能最省煤气"时,教师又紧跟着问:"为什么?"再有,当有学生提出依据有关数据所做出的散点图中某一点应算作误差点时,教师问此学生:"觉得第三个点在函数图像中应该算是误差点,为什么?你怎么看出来的?"接下来,当进行有关问题检验时,有学生表示不同意前面发言同学的看法:"我觉得他是错的。"教师问:"为什么?你要把人家说服。"等等。教师的这些提问都是意在促使学生说出自己想法的依据。

(三) 激发学生在"无疑"处"生疑"

倡导研究性学习方式的目的之一是让学生体验科学研究的态度、方法与过程,因而教师需要激发学生的思维。

为达此目的,教师在力图理解学生回答的基础上首先需在学生有疑之处提问。前面多处已充分说明了此点。其次,教师还需在学生自以为无疑却实则有疑之处提问。比如说对于高中生而言,如何确定 $y=ax^2+bx+c$ 中的 a、b、c 这一问题不是很困难,只需取对应图上的三个点即可。然而,由于二次函数的解析式只是大概模拟曲线,为了减少误差、为了使研究结果更加精确,需要考虑取哪三个点会使最后的结果更精确一些。从部分学生一开始的回答看,他们并没有注意到此问题,只是从图中点的特殊位置来考虑,认为:"取最低点和最高点还有中间点。"对此,教师没有马上做出评价回应,而是问:"大家同意这个看法吗?"以此来激发学生深入思考。再比如说,在师生共同探讨问题的检验时,教师从学生的有关回答中感觉到学生的潜意识中只有"检验合乎实际"这种情况,此时,教师提问:"模型是否准确,如果准确我们就可以用它,那如果不准确呢?"进一步地,教师继续追问:"要想保证我们所取得的结果尽可能地准确,那么怎么样?"这些提问让学生更深层次地思考有关问题,更深切地体验科学研究的态度、方法与过程。

值得注意的是,不管是"预设性提问"还是"生成性提问",教师都要始终把自己定位为学生学习的组织者、引导者、合作者,其作用是耐心地促进学生学习的主动性、积极性,让学生的数学学习成为一个富有个性的、勇于探索的学习过程,让学生体验数学在解决实际问题中的价值与作用,从而发展学生发现问题、分析问题、解决问题的意识与能力。

本章总结

本章阐述了数学课堂提问的功能：明了学生情况、激活学生思维、促进学生理解、发展学生能力。提出有效提问的前提：秉承科学的数学教育观、明确提问的目的、熟悉教材和学生学习情况、把握学生的思维特点、把握好数学问题的选择标准。明确了课堂有效提问的基本原则：科学性、目的性、启发性、适切性、适宜性、适时性、多样性。梳理了数学课堂提问的类型：预设性提问与生成性提问、激趣性提问、激疑性提问、铺垫性提问、探究性提问和巩固性提问、追忆型提问、概括型提问、引申型提问和反思型提问。给出了数学课堂提问的构成要素：问题序、措词、回应、停顿、分布、评价。概括了数学课堂提问的一些有效策略：十字诀；曲问、悬问、逆问、梯问；摸清学生的知识储备；在"问题序"的基础上进行精细加工；鼓励学生自己提问、把握好节奏、问题讨论收放有度、不回避学生的学习错误、采取多样化的生成性提问。梳理了课堂提问的几个误区：简单提问促使学生参与教学、用故意设问控制不良行为、提供"是……但是……"的教师反馈、调控问题答案、用"连珠炮"式提问吸引学生注意力、临场即兴提问、恩赐"后进生"。最后，以一个课例说明数学课堂提问技能的应用。

思考与练习

1. 假设你是下面案例中的老师，你准备如何调整自己的提问？

案例：在一节"一元一次方程的应用"课上，老师给出这样一道题目：

足球由黑色正五边形和白色正六边形配置而成，已知它们共有32个，问正五边形和正六边形分别有多少个？

师：设正五边形为 x 个，那么正六边形个数可用什么表示？

生：$32-x$。

师：那么方程怎样列？

生：$x+32-x=32$。

师：这样的话，x 消去了，还怎么求？

师：我们从边考虑，x 个正五边形共有 $5x$ 条边，一个正六边形有三条边与正五边形相连接，那么正六边形个数可怎样表示？

这时大部分学生思绪游离，课堂陷入僵局……

参考答案："设正五边形 x 个，那么正六边形 $(32-x)$ 个，再找一个什么等量关系列方程呢？""一个正五边形有几条边与正六边形共有？x 个呢？"[列出代数式 $5x$]"从另一个角度看，一个正六边形有几条边与正五边形共有？$(32-x)$ 个呢？"[列出代数式 $3(32-x)$]"这两个代数式表示的都是正五边形和正六边形的公共边条数，所以相等，从而得到方程 $5x=3(32-x)$。"

2. 设计"梯形中位线定理"证明过程的提问：

"如图所示,在梯形 $ABCD$ 中,$AD//BC$,$AE=BE$,$DF=CF$,求证:$EF//BC$,$EF=2(AD+BC)$。"

参考答案:①本题结论与哪个定理的结论比较接近(三角形中位线定理)?②能够把 EF 转化为某个三角形的中位线吗?③已知 E 为 AB 中点,能否使 F 成为以 A 为端点的某条线段的中点呢?可以考虑添加怎样的辅助线(连接 AF,并延长 AF 交 BC 的延长线于 G)?④能够证明 EF 为 $\triangle ABG$ 的中位线吗?关键在于证明什么(点 F 为 AG 的中点)?⑤利用什么证明 $AF=GF$?

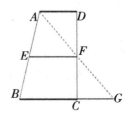

3. 请自行选择某一数学教学内容,设计相应的课堂教学提问。

4. 以下两个教学片段都是二年级上册"分数的初步认识"的课堂片段①,请你对两位教师的提问情况进行评述。

案例 1:

师:今天是小熊威尼的生日,有朋友要与它一起过生日,它拿出了许多好吃的东西。教师出示情景图。

师:看,小熊拿出了什么好东西?

生1:有苹果、饮料、蛋糕。

生2:这些东西一点也不好,而且还只有这么一点点。

生3:如果是我的话,我肯定还要拿出更多更好的东西招待客人。

师:听,门铃响了。看,来了哪些朋友?

(出示小熊迎客人的情景图)

生:来了小猪和小兔。

师:你们猜测一下来了客人后,小熊会干什么?

生1:小熊会分苹果给客人吃。

生2:小熊会分饮料给客人喝。

生3:小熊会分蛋糕给客人吃。

生4:为了庆祝生日,小熊可能还会和小猪、小兔一起唱歌、跳舞。

……

案例 2:

教师出示情景图后:

师:看,小熊拿出了什么好东西?

生1:有苹果、饮料、蛋糕。

---

① 屠芝娟.数学课堂提问的观察与诊断[J].教学与管理,2006,(11):45-47.

师:谁能用数学的语言把你看到的说一遍?
生2:有6个苹果,4瓶饮料,1块蛋糕。
师:比较刚才两位同学说的,哪位同学说得好?
生:生2。
师:以后我们就应像生2那样用数学的语言来说。
师:听,门铃响了。看,来了哪些朋友?
(出示小熊迎客人的情景图)
生:来了小猪和小兔。
师:小熊拿出苹果,把苹果分给两位客人,会怎么分?

参 考 文 献

[1] [美]奥苏贝尔.教育心理学:认知观点[M].佘星南,宋钧,译.北京:人民教育出版社,1994.

[2] [苏联]斯托利亚尔.数学教育学[M].丁尔陞,译.北京:人民教育出版社,1984.

[3] 安国钗.初中数学课堂提问存在的问题及解决对策[J].教学与管理,2009,(8):63-66.

[4] [美]杜威.思维与教学[M].孟宪承,俞庆棠,译.北京:商务印书馆,1936.

[5] 方延明.数学文化导论[M].南京:南京大学出版社,1999.

[6] 胡小英,曾菊华.数学新课程理念下的课堂教学提问[J].教学与管理,2008,(3):125-126.

[7] 李士锜,李俊.数学教育个案学习[M].上海:华东师范大学出版社,2001.

[8] 李渺,刘芸,万新才.经历即学习——高中数学教学案例学习[M].武汉:华中师范大学出版社,2009.

[9] 李渺.研究性学习课中教师的"预设性提问"与"生成性提问"[J].中学数学教学参考,2007,(10)上:23-25.

[10] 刘世蓉.浅析数学课堂教学中的提问艺术[J].读与写杂志,2009,(10):125.

[11] 马岷兴.数学课堂教学中"有益的提问"的方式[J].数学通报,2000,(2):30-31.

[12] 明轩.提问:一个仍需深入研究的领域[J].外国中小学教育,1999,(4):26-28.

[13] 单墫.数学是思维的科学[J].数学通报,2001,(6):1-3.

[14] 邵光华.论数学课堂教育合理性提问[J].数学通报,1993,(3):1-3.

[15] 尚晓青,杨渭清.促进高效数学教学的课堂提问策略[J].数学通报,2013,(1):35-37,39.

[16] 涂荣豹.谈提高对数学教学的认识[J].中学数学教学参考,2006,(1-2):4-8.

[17] 唐惠斌.课堂提问的原则和技巧探索[J].中学数学教学参考,1998,(5):14-15.

[18] 屠芝娟.数学课堂提问的观察与诊断[J].教学与管理,2006,(6):4-47.

[19] 温建红.论数学课堂预设提问的策略[J].数学教育学报,2011,(6):4-6.

[20] 王素霞.课堂提问有哪些误区[J].班主任之友,2007,(4):26.

[21] 张奠宙.数学教育学[M].南昌:江西教育出版社,1991.

[22] 仲建维.观念的价值和表达:学生在教学中的权利和思考[J].全球教育展望,2005,(1):20-24,69.

第6章 数学课堂板书技能

本章概要

板书素有"微型教案"之称,它是课堂教学内容与教学过程的缩影,是数学教学过程中不可或缺的重要环节。好的课堂板书简洁、醒目、耐人寻味、促人思考,不仅能呈现知识的形成过程,显现知识之间的内在联系,而且还能凸显教学的重点难点,有利于发挥学生的思维能力。板书是教师上好课的重要辅助手段,也是一名合格的数学教师应具备的教学基本功之一。数学课堂板书应具备怎样的特点,在数学教学中如何合理地设计板书,板书设计中应遵循怎样的原则,又有着哪些常见的形式,本章将结合具体的案例予以介绍。

学习目标

通过本章的学习,你应该:

1. 了解数学板书的基本功能;
2. 掌握数学课堂板书的基本原则;
3. 掌握数学课堂板书的常用形式;
4. 能够结合板书技能的理论评析数学课堂板书;
5. 能够结合具体教学内容,设计合理的数学课堂板书。

关键术语

◆ 课堂板书技能　　◆ 数学板书的基本功能　　◆ 数学板书的基本原则
◆ 数学板书的基本形式

第1节　数学课堂板书技能概述

随堂讨论

现代多媒体技术运用到数学课堂,激起了教学领域的重大变革,几乎所有的公开课教学中,多媒体辅助教学异彩纷呈,而与此同时,传统的板书教学却受到了冷落,有的优质课竞赛甚至出现了零板书。有的教师认为:"多媒体课件不仅有课题,而且有例题、习题和小结等,所以没有必要再用板书了。"

你赞成这样的观点吗?在现代教育技术普遍运用的今天,传统的黑板板书有着怎样的价值?教师的板书技能是否依然重要?谈谈你的看法。

回顾一下大家的讨论可以看出,板书是无声的教学语言,数学课无论采用何种教学方法和教学模式,都是离不开"黑板"的,板书是课堂教学的有机组成部分和重要手段之一。电化教室等现代的教学手段,从某种意义上来说其实也是黑板的迁移与延伸,教师设计好"板书",便可以制成图片去投影或者制成"课件"。新课程改革倡导的是课堂师生、生生的积极互动,有时伴随着师生和生生间的互动而有突然而至的灵感,这些内容恰恰不是屏幕板书所能即时反映和控制的。教学实践表明,数学课堂以黑板板书进行的师生间的交流,会更有利于过程性目标的实现。在不影响教学效果的情况下,传统黑板板书因其灵活方便低成本有着独特的魅力,是多媒体所不能替代的,将传统板书和多媒体相结合适时适当地运用,会更符合学生思维的发展和认识的规律。因此,板书技能是教师必备的基本技能之一,教师的板书水准也是衡量一个教师综合素养的重要内容。本书将主要对黑板上的数学教学板书进行阐述。

一、教学板书的特点

(一) 恒久性

板书与口头语言相比,最根本的特点是提供的信息可以驻留,有视觉感知,不像口头语言、教学演示那样转瞬即逝。留在黑板上的清晰的文字、图表是对教学过程中重难点内容的重复,持久性强,板书带来的刺激是持续的,便于学生理解和记忆。板书的生成过程是随着教学进程展开的,教学内容结束,概括教学内容的板书整体呈现在学生眼前,教师可以利用板书进行总结。

(二) 概括性

板书是教师对口头语言、对信息资源、对教材的内容进行高度概括后,用简洁的文字、图表等方式书写出来的,条理清晰、层次分明,简约概括出教学的核心内容。如研究问题的思路、方法和程序,知识的系统结构,教学重点与注意点等,便于学生把握学习的要点。

(三) 生成性

板书的书写过程是在课堂教学过程中生成的。虽然板书的内容可以通过多媒体设备预先制作,但更多的内容却需要课堂中即时生成。由于板书易擦写、易修改,教师可以通过修改板书、书写副板书,随时解决学生生成的问题。所以,教学板书始终是动态的,随着教学的生成而变动着。适时的板书便于记录下学生思维闪光的瞬间,有利于学生的参与和师生间的互动。

(四) 直观性

教师在黑板上书写文字、符号,画出几何形体、简笔示意图等,这些图形、表格以及彩色粉笔的配合使用,简明扼要且形象直观,能给学生留下深刻的印象。数学老师用一些简笔画的技巧,如火柴棒小人的画法、小动物的画法等。诸如行程问题中画小人、小汽车进行板书,具体而直观,更能引起学生的兴趣。

 知识小卡片

板书的技能

所谓板书的技能,是指在教学中,教师能以凝练的文字、符号和图表等形式在平面媒介(包括黑板、投影仪、展示台等)上,向学生呈现教学内容,分析认识过程,使知识概括化和系统化,帮助学生理解知识、加深记忆、提高教学效率的一类教学行为。

随堂讨论

中小学各科教学中一般都要用到板书,你认为与其他学科的板书相比,数学的课堂板书有着怎样的特点?

板书最基本的功能是展示,是课堂教学内容、步骤与方法的体现,数学板书在功能上有其自身的一些特点。

二、数学板书的基本功能

(一)强化知识脉络,突出教学重点,突破教学难点

数学知识之间联系紧密,逻辑严密。教学中教师利用板书能清晰表达出不同知识之间的联系。简明扼要的板书,有助于揭示数学内容的结构体系,突出教学重点,突破教学难点,使学生对本节课教学内容有一个系统、全面的认识。

在板书书写过程中,重点和难点用鲜明的字体、颜色、符号凸显一目了然,用一些特殊的符号、线条表示知识点之间的关联或者强调重点及关键内容,可以吸引学生较长时间的注意力,能帮助学生加深理解,对提高学生的归纳概括能力也有很好的作用。

(二)揭示数学思想和方法,启发学生的思维

数学板书是在课堂教学过程中逐渐生成的,数学知识的展示与师生的互动结合在一起,在数学学习的过程里,显现出数学知识的发生和数学思维发展的过程。师生之间通过板书互动,教师边讲边写板书,能清晰体现出教师的思路,也易于启发学生思考,集中注意。解答推算的过程逐步在黑板上书写,容易揭示出数学的思想与方法,潜移默化中教给学生认识数学问题的方法。

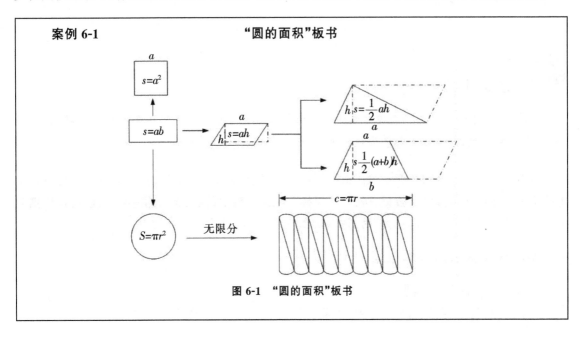

图 6-1 "圆的面积"板书

【分析】圆的面积教学后,老师与学生在互动中逐步板书以上这些图形的推导图(图6-1),显现出知识之间的联系,渗透了数学的思想和方法。

(三) 提供示范,培养学生良好的习惯

数学板书的主要对象是文字、数学符号和图形,数学教学中,教师运用板书可以为学生正确书写和运用数学语言、符号、图形提供示范,教师在板书中对例题的演算和推证、定理的证明等作出的示范是学生做作业时重要的依据。条理分明的板书给学生的思维提供了范例,潜移默化中有助于学生形成用数学语言表达数学问题的能力。

(四) 感受数学之美,提高审美观念

数学板书是书法、绘画、布局艺术以及数学美的综合,数学的板书之美表现在多个方面,如扼要的简洁美、层次清晰的条理美、形式变化的多样美等。尤其是数学板书提供了展示数学内在美的平台。一些定理、公式的推导,问题的解决,简明的分析,条理清晰的论证,其过程里伴随着思维的展开,一步一步地板书,体现着数学思维的灵活性、逻辑性和严密性。数学的板书中常要涉及许多图形,比如黄金分割图形、圆锥曲线、各种函数图像等,这些图形本身也与美学联系紧密。因此,以板书这种教学手段能让学生在学习过程里感受到数学的内在美,对学生审美观念的发展很有益。

总之,简便的板书对教师教学行为束缚小,板书书写与教学进程同步推进且有机地配合,即时而灵活,教师能够根据课堂教学的需要,随时调整原有的预设方案。新课程改革倡导的是课堂师生、生生的积极互动,课堂上即时生成的教学内容会特别多,对此黑板板书有着它独特的优势,板书的技能应该是教师充分重视的基本技能之一。

第2节 数学课堂板书的设计

随堂讨论

板书是合格教师必备的基本技能,你认为作为数学教师都需要掌握哪些板书的技能?如果你是一名数学教师,你会怎么设计板书?

板书是对教学内容的高度浓缩。板书设计首先要把握总的教学目的,注意教材的特点和学生的实际。教师在认真钻研教材、研读"新课标",掌握了教学重点、难点的基础上,就可以依据数学板书设计的原则,选择合适的板书形式,认真设计并进行课堂板书的教学。

一、数学课堂板书的基本原则

(一) 板书的计划性原则

成功的板书必须做好周密的计划,数学板书的计划性主要表现在以下方面。

1. 板书内容的编排应有计划性

数学板书要"精",内容上精心选择、扼要精练。教师备课时先要写好板书的计划,从板书的标题、内容的次序、表现的形式、文字的详略、各部分的空间排列等都要预先设计。一般而言,在复习提问及情境导入后板书新课的标题,各部分标题则依据情况而定,一般演绎法的课型先写后讲,可使学生思维连续,而归纳法、发现法课型往往由学生先探究发现,再将探究的关键与结果进行板书。

2. 板书的版面要规划合理、构思严密

课堂板书一般分为主板书与辅助板书。主板书是指需要保持一节课的内容,如教材主要的定义、性质、定理以及重点、难点和关键等。主板书一般写在黑板的左边和中间,其目的是便于教师小结,便于学生理解和记录。辅助板书是指讲课过程里可随时擦掉的内容,如计算过程、证明分析以及根据学生反应随时写在黑板上的其他内容,比如提醒学生注意的数学概念、符号,启发学生的草图,学生的板书演示等,是主板书的补充和辅助说明。辅助板书一般写在黑板的最右边。由于数学课堂的板书量大,板书版面计划还要设计版次,包括安排板书与教学挂图、屏幕投影的位置等。

3. 板书与讲解的配合应有计划,适时呈现

板书的书写、图形绘制、媒体演示、讲解的分析,都要计划好时间。教学的节奏和学生的思维过程相吻合,板书的速度适当,与学生的思维活动同步,内容与学生思维活动的结果相吻合,在学生需要时呈现。例如,讲解数学应用题时,数学题目与解题步骤的出现要紧紧与讲解过程相对应。过早出现板书,学生看到解题步骤,了解解题思路,会缺少思考的练习;而过慢地出现板书,则易使学生分心,不能紧跟教师的讲解思路。讲解时当语言叙述不清晰时就要用板书提示,通常是边写、边画、边讲解。

(二) 板书的科学性原则

板书的科学性是板书设计的关键,数学板书的科学性一般要注意以下两个方面。

1. 板书内容的科学性

每个字、词、符号都要正确、规范,数学符号要符合标准,要注意新旧教材的不同。比如"a 与 b 的平方都是有理数",就没能准确表明是"a^2 与 b^2 是有理数"还是"a 与 b^2 是有理数"。绘图要准确、美观,中学数学作图入门时,必须用辅助工具作图。对例题的解答需要清楚、准确、有条理,体现科学性。板书的内容绝不能出现知识性错误,这甚至会导致整节课的失败。教师板书的严谨与否会直接影响到学生对教学内容的掌握,以及科学态度的形成。

2. 板书与多媒体的配合应科学

借助小黑板、投影仪、多媒体等现代教具进行教学,节约时间,形象直观,所以板书与多媒体的使用正在逐渐融合。但是多媒体的使用与板书的配合一定要科学合理,注意适时与适量。在中学数学教学中,一般而言,对演示性内容多用多媒体,而对过程性、示范性的内容常用板书,可用可不用时就不用,要讲求实效。

(三) 板书的直观性原则

抽象性和逻辑严密性是数学学科的重要特点,在中小学阶段,学生的思维正处于从形象思维

向抽象思维的过渡,数学思维需要有一个从直观到抽象的过程,所以,数学板书设计要注重直观性,这对提高学生形象思维能力、空间想象能力以及掌握数形结合的思想方法都很有意义。数学板书的直观性需要注意以下几点。

1. 在板书设计中,配以简单的图画、形象直观的图表,利用直观揭示规律,启发思考,帮助学生理解和掌握

比如,"某班有学生若干人,其中5人有兄弟,8人有姐妹,有兄弟又有姐妹的有2人,其余皆为独生子女,有35人,问该班有学生多少人?"教师画出相应的韦恩图以直观启发,答案几乎一目了然。

案例 6-2   求图形阴影部分的面积板书

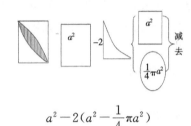

$$a^2 - 2\left(a^2 - \frac{1}{4}\pi a^2\right)$$

图 6-2   求图形阴影部分的面积板书示意图

【分析】以上设计的板书(图 6-2)可直观地启发学生思维,数与形有机结合,层次分明思路清晰。

2. 将重点、难点、关键和注意事项写在突出位置,或加以记号、醒目的色彩以凸显

案例 6-3   "比较小数的大小"板书

小学数学中比较小数的大小,如 2.5 和 1.8,2.5 和 2.3 比较大小,可以这样抓住重点板书(图 6-3):

图 6-3   比较小数的大小板书示意图

【分析】学生看着板书就能概括出比较小数大小的方法,即类比整数比较大小的方法,从高位比起,把相同数位上的数进行比较。这就是板书直观的作用。

3. 教师要重视数学教学中作图的意义

在分析一些数学问题时,辅助性草图常能快速直观地显现问题,便于思考解决。比如,一些

学生在分析球内接和外切几何体的问题时,思考无法进行的主要原因是画不出图形。所以,教师要充分重视板书中作图的意义。数学作图的主要对象是函数图像与几何图形,教师板书作图可分为用作图工具作图和手动作图两种。作图教学时,教师一定要使用作图工具,而在黑板上手动作草图时,要注意准确、清晰、快速,还要注意大小比例恰当、易于分析和启发学生思考,还便于学生模仿。动手作图技能也是数学教师一项非常重要的基本功。

(四) 板书的启发性原则

启发性原则也是中小学教学最基本原则之一。在设计板书时要力求板书中的字、词、句、符号等具有启发性,充分调动学生探求知识的积极性,引起学生的联想,唤起学生对教学内容的想象和记忆。要通过设计板书设疑解难,步步深入,启发学生由此及彼、由表及里地进行思考,逐步向学生展现思维的全过程。

案例 6-4　　　　　"把带分数 $6\frac{2}{3}$ 化为假分数"的板书

通过启发提问学生,教师逐步板书如下(图6-4):

$$6\frac{2}{3}\begin{cases}6\to(3\times 6)\frac{1}{3}\\ \frac{2}{3}\to 2\text{个}\frac{1}{3}\end{cases}\text{合成}(3\times 6+2)\text{个}\frac{1}{3}\to 20\text{个}\frac{1}{3}$$

从而得到:$6\frac{2}{3}=\frac{3\times 6+2}{3}=\frac{20}{3}$

图 6-4　"把带分数化为假分数"的板书示意图

【分析】在板书的启发下,学生不难归纳出带分数化为假分数的方法是:用原来的分母做分母,用分母和整数的乘积再加上原来的分子做分子。

案例 6-5　　　　　　梯形面积计算公式的推导

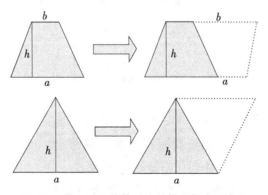

图 6-5　梯形面积计算公式的推导板书示意图

【分析】运用三角形面积计算公式的推导过程,来启发学生独立推导梯形面积计算公式的思路(图6-5)。

(五) 板书的条理性原则

数学知识系统性强，逻辑推理严密，数学板书则要求层次清晰，条理分明，思路简洁。条理清楚的板书设计，不仅是教师教学思想的反映，也是数学思维的直观反映，教师有条理的板书对学生优秀思维品质的形成有着潜移默化的影响。

首先，板书的脉络要清晰、层次要分明。要将相同层次的内容排列整齐，各个层次的内容的标号要一致，并使各层次之间通过特殊的语言符号能够形成一个整体。

其次，板书内部的联系要有条有理，其顺序性要能体现出教师教学思路的井然有序，这对指导学生的"学习思路"和培养其概括能力都会产生深刻的影响。板书作为课堂教与学的联结点，若板书层次零乱，令学生目不暇给，很容易导致师生配合不好甚至教学活动失败。

案例 6-6 **板书的条理性**

有余数的除法

2……商(分的结果)

除数……3$\sqrt{7}$被除数(要分的数)

(分的份数) 6……2 和 3 的积(分掉的数)

1……余数

图 6-6 "有余数的除法"板书示意图

毫米、分米的认识

1 米=10 分米

1 分米=10 厘米

1 厘米=10 毫米

图 6-7 "毫米、分米的认识"板书示意图

从下往上 ↑

9÷3=3

90÷30=3

900÷300=3

9000÷3000=3

从上往下 ↓

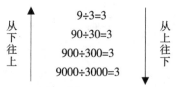

小结：在除法里，被除数和除数同时扩大或者同时缩小相同的倍数，商不变。

图 6-8 "商不变的性质"板书示意图

(六) 板书的针对性原则

板书的针对性原则是指要根据每节课的教学目标，针对要突出的重点、突破的难点、概念的

形成、算理的揭示、法则的归纳等,巧妙地设计相应的板书。一般来说,学生难记、难讲、难于理解、难于掌握以及易错处,都应设计针对性的板书。

1. 要突出难以理解和掌握的词句,预防错误的产生

各种颜色粉笔搭配运用,适当点缀以突出知识的重点、难点。例如,"分数的基本性质"的板书时,针对学生容易忽视"零除外"这个难点,将"零除外"用彩色粉笔写出。

再如,学生接受函数的抽象表示是一个难点,教学中不要直接说"通常我们把 y 是 x 的函数表示为 $y=f(x)$",而是先说"f 代表自变量和因变量之间的对应关系,对于定义域内的任意 x(这时先在黑板上写下'x'),通过对应关系 f(这时在黑板上写出'$f(\ )$',刚才的 x 被括号括在内),对应出唯一的一个 y(在黑板上刚才的式子前写下'$y=$')",这样就写出了表达式 $y=f(x)$,这样书写易于学生理解。

2. 帮助学生寻找攻下难点的规律性方法

案例 6-7　　　　"同角三角函数的八个基本关系式"的板书

在讲同角三角函数的基本关系时,得到倒数关系、商数关系、平方关系后,板书图 6-9 内容,并配合讲解。

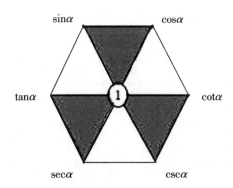

图 6-9　"同角三角函数的八个基本关系式"的板书示意图

【分析】图 6-9 所示的"六角形",能帮助学生解决公式众多难以记忆的困难,而且能激发学习数学的兴趣。

(七) 板书的艺术性原则

艺术性原则指的是教师设计板书时要根据教材特点和学生年龄特点,在布局上尽可能注意形式美,使整体设计和谐而有审美性,图文并茂、错落有致、色彩协调,不拘泥于一个程式。板书中除最常用的左右对称外,上下连接、中心辐射、错落如梯等形式运用得也很普遍。以下案例可供借鉴。

案例 6-8　　　　　　　　　"直角的分类"板书

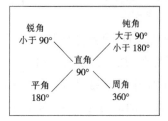
图 6-10 "直角的分类"中心辐射图

图 6-11 "直角的分类"上下连接图

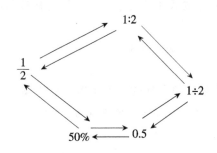

图 6-12　首尾连接式

长方体和正方体的认识					
形状		面	棱	定点	
长方体	5个	5个面都是长方形（也可能有两个相对的面是正方形）| 相对面的面积相等	12条	每一组相互平行的四条棱的长度相等	8个
正方体	6个	5个面都是正方形	6个面的面积都相等	12条	12条棱的长度都相等	8个

图 6-13　立方体式示意图

【分析】图 6-10"直角的分类"板书中，以中心辐射的布局，由"直角"逐步引出与直角有紧密联系的其他角，能突出"中心"的重点地位，以及中心与周围的联系。图 6-11 采用上下连接的布局，教师边演示边操作，依次板书由出示"两条直线"到出现两条直线"相交"，由相交的各种情况定格在"成直角"上，揭示概念"互相垂直"以及相关的"垂线""垂足"。图 6-12 首尾连接，巧妙图示出其中的关联。图 6-13 将表格形式稍加变化成为立方体，形象新颖，教学中让学生在边观察、边讨论中完成此板书。尤其对于低年级学生，教师板书的艺术性对教学效果的影响很大。

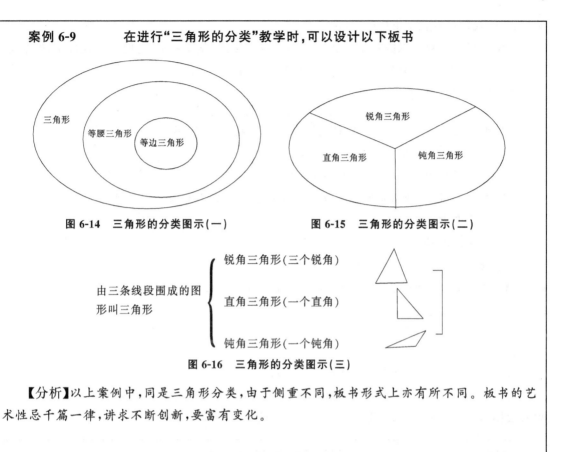

案例 6-9 在进行"三角形的分类"教学时,可以设计以下板书

图 6-14 三角形的分类图示(一)　　图 6-15 三角形的分类图示(二)

图 6-16 三角形的分类图示(三)

【分析】以上案例中,同是三角形分类,由于侧重不同,板书形式上亦有所不同。板书的艺术性忌千篇一律,讲求不断创新,要富有变化。

随堂讨论

数学的课堂板书应如何书写?都有哪些常用的形式?该怎样选择适宜的形式才能更好地增强教学的效果?

板书的形式与内容是一个有机的整体,设计时必须从内容和形式两方面统一考虑,完美结合。板书的形式会受到年级、教材、课型、教学目的等多种因素的影响,形式变化万千,类型也多种多样。

二、数学板书的基本形式

现实教学要从实际出发,选择适宜的板书形式。板书的形式分类多样,比如,按作用可分为主板书与辅助板书;按表现形式可以分为提纲式板书、过程性板书、表格式板书、图示式板书;按结构可以分为总分式、对比式、分析式、过程式、提示要点式等。以下介绍几种数学课堂常见的板书形式。

(一)提纲式板书

提纲式板书,是把教学内容经分析和综合后,以简明扼要的文字反映数学知识结构、重点和关键、提纲式地反映在板书中的方法。

提纲式板书是数学课的常用板书,常用于课末小结以及复习中,它的优点是提纲挈领,条理清楚,能突出重点,高度概括,便于学生抓住要点,掌握学习内容的结构和层次,对提高学生的分析和概括能力很有益。

案例 6-10　　　　　浙教版八下"矩形"(新授课)板书

教师边讲解边板书,以下是板书内容:

1. 矩形的概念:有一角是直角的平行四边形是矩形。
2. 矩形的性质:矩形具有平行四边形的所有性质,此外还具有以下性质:
① 四个角都是直角;
② 对角线相等;
③ 既是轴对称图形,又是中心对称图形,有两条对称轴。

【分析】板书在师生互动中完成,简明扼要地提炼出矩形的知识要点。提纲式板书易于掌握、运用普遍,但是要注意不能长期单一地使用。

(二) 表格式板书

表格式板书,是把数学教学内容用表格形式表现在板书里的方法。其优点是简明扼要,类目清晰,便于对比各部分知识之间的异同和联系,也能用于归纳和总结。可以使学生加强对数学知识的记忆、分类、归纳和对比,能够较好培养学生的数学系统化思维。

案例 6-11　　　　　"圆和圆的位置关系"的板书

表 6-1　圆和圆的位置关系

两圆的位置关系	图形	公共点的个数	公共点的名称	圆心距(d)、两圆半径(R,r)的关系
外离	○ ○	0	——	$d>R+r$
外切	○◯	1	切点	$d=R+r$
相交	◯◯	2	交点	
内切	◎	1	切点	$d=R-r$ ($R>r$)
内含	⊚	0		$d<R-r$ ($R>r$)

【分析】学习易混概念、公式、法则、定理时,把相关的内容整理成板书进行对比观察,可使学生在对比中辨析,分清正误,使知识在对比中得以深化。

案例 6-12 "把含盐 50％的食盐水与含盐 80％的食盐水混合成含盐 60％的食盐水 600 克,应取前两种食盐水各多少?"板书

表 6-2　板书表格

名称＼百分比	50％	80％	60％
食盐水	x	y	600
食盐	$50\% \cdot x$	$80\% \cdot y$	$60\% \times 600$

【分析】对比较复杂的事物或事件,若以表格反映,简单直观很容易使学生明晰解题的思路便于问题的分析。

(三) 图示式板书

图示式板书又称概念图式板书,是用图形、文字、线条、符号、框图等表现教学内容的板书方法。这类板书的优点是表现灵活,对数学知识发生过程和事物间的关系表达简练,其形象与直观性,容易引起学生注意,便于学生对数学知识进行分析与比较,促进思维与记忆发展。

如果条件允许,根据教学需要,可以将图形制成电子文稿,借助多媒体教学技术,通过投影仪展示,既节省时间还能多次使用。

图示式板书按其内容之间的关系可以分为总分型、线索型、流程型等,实际教学中应用都很广泛。比如,图示式板书可以用在某一章或者几章复习时,它以具有基础作用、核心作用的一些知识点(概念、法则等)为源头,通过线条建立相关知识的内在联系(逻辑思维顺序、因果分析等),使学生形成数学知识的关系结构图。

案例 6-13　"四边形、平行四边形、矩形、菱形、正方形的关系"板书

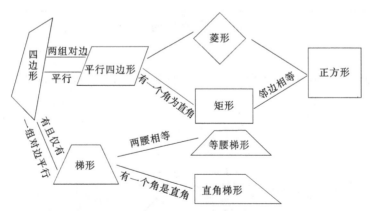

图 6-17　四边形、平行四边形、矩形、菱形、正方形的关系

【分析】以上设计注意了板书的整体性、知识性、形象性和科学性,用"关系结构图"把四边形、平行四边形、矩形、菱形、正方形通过边、角等关系联系起来,使学生认识清晰完整,便于掌握知识的层次和结构。

案例6-14 "一个发电厂原有煤2500吨,用去$\frac{3}{5}$,用去多少吨?还剩多少吨?"的板书

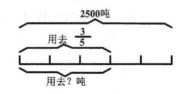

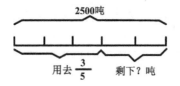

图6-18 应用题板书

【分析】教师先出示问题"用去$\frac{3}{5}$,用去多少吨?",让学生板演画出线段图并解答,再将"用去"改为"还剩",再将线段图修改。小学数学应用题教学中常用线段图这种图示式板书,帮助学生分析数量关系,掌握解题思路。

(四) 分析式板书

分析式板书,是指对数学性质与公式的推导过程或对习题解答中的因果关系进行思路分析的板书。这种板书简明,逻辑清楚,能使学生思路清晰,节省时间。但这种板书要求简明扼要书写关键环节,新教师不容易掌握,板书过程有跳跃,基础较差的学生有时存在看不懂的情况。

案例6-15 几何习题证明的板书

题目:

已知:在梯形 $ABCD$ 中,$AD//BC$,AC 与 BD 交于 O 点,EF 过 O 点且平行于 AD

求证:$\frac{1}{AD}+\frac{1}{BC}=\frac{2}{EF}$

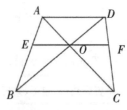

图6-19 几何习题板书

(教师边分析讲解边板书)

【思路1】

如图 6-19 由 $\dfrac{EO}{BC}=\dfrac{AO}{AC}=\dfrac{DO}{BD}=\dfrac{FO}{BC}$

得：$EO=FO$

即：$EF=2EO$

因此要证：$\dfrac{1}{AD}+\dfrac{1}{BC}=\dfrac{2}{EF}$，等于证：$\dfrac{EO}{AD}+\dfrac{EO}{BC}=1$

等于证：$\dfrac{BE}{AB}+\dfrac{AE}{AB}=1$

即等于证：$\dfrac{AB}{AB}=1$

【思路2】

要证：$\dfrac{1}{AD}+\dfrac{1}{BC}=\dfrac{2}{EF}$

等于证：$\dfrac{EF}{AD}+\dfrac{EF}{BC}=2$

过 F 点作 $MN//AB$ 交 BC 于 N 点，交 AD 延长线于 M 点

等于证：$\dfrac{EF}{AD}-1=1-\dfrac{EF}{BC}$

等于证：$\dfrac{DM}{AD}=\dfrac{CN}{BC}$，即证 $\dfrac{DM}{CN}=\dfrac{AD}{BC}$

由 $AD//BC$，$EF//AD$ 得证 $\dfrac{AD}{BC}=\dfrac{DO}{BO}=\dfrac{DF}{CF}=\dfrac{DM}{CN}$

【分析】案例运用分析式板书对习题用了两种方法分析了推理的过程，书写简练，逻辑清晰，学生与教师一起通过板书思考，便于学生抓住解题的关键，有利于启发思维和掌握分析问题的方法。

案例 6-16　　解析几何习题证明的板书

题目：已知椭圆，$\dfrac{x^2}{a^2}+\dfrac{y^2}{b^2}=1(a>b>0)$，$A$，$B$ 是椭圆上的两点，线段 AB 的垂直平分线与 x 轴相交于一点 $P(x_0,0)$，证明：$-\dfrac{a^2-b^2}{a}<x_0<\dfrac{a^2-b^2}{a}$.

法1：x_0 是与 A，B 坐标有关的变量，确定 x_0 范围，相当于确定函数的值域，

设 $A(a\cos\alpha,b\sin\alpha)$，$B(a\cos\beta,b\sin\beta)$，有

$(a\cos\alpha-x_0)^2+(b\sin\alpha-0)^2=(a\sin\beta-x_0)^2+(b\sin\beta-0)^2$，

得 $x_0=\dfrac{a^2+b^2}{2a}(\cos\alpha+\cos\beta)$.

则 $-\dfrac{a^2-b^2}{a}<x_0<\dfrac{a^2-b^2}{a}$

法2：设 $Q(x,y)$ 是椭圆 $\dfrac{x^2}{a^2}+\dfrac{y^2}{b^2}=1$ 上任一点，则

$|PQ|^2=(x-x_0)^2+y^2=(x-x_0)^2+b^2(1-\dfrac{x^2}{a^2})$，$x\in[-a,a]$

得 $f(x)=\dfrac{a^2-b^2}{2a}(x-\dfrac{a^2}{a^2-b^2}x_0)^2+b^2-\dfrac{b^2}{a^2-b^2}x_0^2$

由 $|PA|=|PB|$，知 $f(x_A)=f(x_B)$，即 $f(x)$ 在 $[-a,a]$ 上不单调，由二次函数最小值的唯一性易得 $-\dfrac{a^2-b^2}{a}<x_0<\dfrac{a^2-b^2}{a}$.

【分析】分析式板书过程书写简单，但解题思路和关键式子在教师讲解中已经呈现清楚，便于学生抓住关键。学生随着教师的板书思考与推理，能把握问题分析的思路。

（五）过程式板书

过程式板书是对数学课堂教学内容逐步体现的一种板书。一般把黑板划分成几个纵行，在每个纵行中由上而下、由左至右进行板书。在数学定理、公式的发现及推导，例题的证明以及运算求解的教学中，经常使用过程式板书。过程式板书是数学板书的精华，意义在于让学生经历认识的过程，在揭示知识发生的过程里，体现数学的思想和方法，对发展学生的分析、推理与运算能力都有着很好的作用，是重要而常用的板书形式。

案例 6-17 "若实数 a,b,c 满足 $2^a+2^b=2^{a+b}$ ① $2^a+2^b+2^c=2^{a+b+c}$ ②，求 c 的最大值"的板书

解：由条件①有 $x=2^{a+b}=2^a+2^b\geqslant 2\sqrt{2^{a+b}}\Rightarrow x\geqslant 4$

设 $x=2^{a+b}=2^a+2^b\geqslant 2\sqrt{2^{a+b}}\Rightarrow x\geqslant 4$，当 $a=b=1$ 时 $x=4$.

又由 $2^a+2^b+2^c=2^{(a+b+c)}=2^a\,2^b\,2^c$，有

$2^c=\dfrac{2^a+2^b}{2^a\,2^b-1}=\dfrac{x}{x-1}$，$(x\geqslant 4)$

因 $y=\dfrac{x}{x-1}$ 是一个减函数，当 $x=4$ 时达到最大值，故有

$2^c=\dfrac{x}{x-1}\leqslant\dfrac{4}{3}$，

得 $c\leqslant\log_2\dfrac{4}{3}$.

所以，当 $x=4$ 时，c 取最大值 $\log_2\dfrac{4}{3}$.

【分析】在过程式板书中，运用函数思想，逐步推导，层层递进，揭示了问题求解的全过程，使学生体会到数学问题解决的逻辑性与严密性。需要注意的是，过程性板书并非就是板演习题，其意义在于让学生经历认识的过程。过程式板书对学生的书写有着重要的示范作用。

实际教学中，数学板书的形式往往是多种形式的综合运用，常随着教学内容、教学方法、教师

的教学风格和学生的接受水平而变化,具有很大的灵活性,对此教师可以进行深入的探索。此外,如何灵活地掌握板书的多少也是教学的艺术,如果太详细会淹没主题,但太简单则起不到提纲挈领的作用。

一般而言,新课的板书会较为详细,而复习课板书则概括性强,简洁明了。比如复习课的例题解答,常常是思路一旦打通,一个图形一个列式便可。一节课的板书也常有主次之分,如几何作图题,板书重点在作图的演示,步骤可略写或口述,而在试卷讲评时,典型题和易错题可详解,其他可简述或直接写出答案。同时,板书的详略还要取决于学生的接受程度。

总之,数学板书要做到:书写规范,简明扼要,条理清楚,布局合理,重点突出,准确无误,形式多样。

第3节 数学课堂板书技能的实施

在数学课堂板书实施中,你还注意到有哪些容易被忽视的方面?谈谈你的想法。

数学课堂板书设计要依据板书的原则,根据教学内容、学生特点以及教师教学的风格灵活选择适宜的板书形式,除此之外,在板书实施中一些板书的细节和习惯也会对板书的效果产生直接影响。

一、数学板书技能实施的注意事项

(一) 数学板书的规范性[①]

教师的板书习惯对学生的学习习惯会产生潜移默化的影响,一些教师在规范性方面常存在一些问题,需要引起充分的重视。

1. 汉字书写不规范

有些数学教师板书用字较乱,主要表现有:汉字写法不规范,使用不规范的简化字或已经简化了的繁体字和异体字;板书字迹过于潦草,一些易混的字与数字、字与字母无法辨认,比如3与了,n与几,千与4,尺与R,子与Z、z等。

2. 标点符号用法不规范

标点符号用法的规范化,最易被数学教师板书时疏忽,以下是一些常见的不规范用法。

作为序号的①(一)(1)(i),正确的写法是后面无标点(即有括号无标点);有的教师将省略号一律用三点"…"或六点"……",正确用法是,在数学公式及系列数字中表示未尽项时,用三点"…",在中文句子中仍用六点"……"。

---

① 李世杰,等.数学课堂板书"规范化"情况调查与对策.中学教研(数学),2004,(2):22-24.

"数列1.2.3.4.5"或"数列1、2、3、4、5",这里数字之间的标点符号应为",",正确写法为"数列1,2,3,4,5"。同样的问题在集合表达式中也有,如"集合{1.2.3.4.5}"或"集合{1、2、3、4、5}",正确写法为"集合{1,2,3,4,5}"。

有的数学教师写几个字就随便点个点,这种随便点标点的习惯在碰到板书中出现小数点时很容易混淆。

3. 数学专用符号写法不规范

如根号"$\sqrt{}$",部分数学教师喜欢把它简写为"⌐",与除法中的竖除符号"⌐"及汉字"工厂"的"厂"字相混淆。

字母书写不规范。字母大小写不规范(小括号内为不规范写法):$AB=c$($AB=C$),$\sin(Sin)$,$\cos(COS)$。难以辨认的有 c 与 C,z 与 Z,p 与 P 等。形近字母、数无法分辨。如 $2,\alpha$,$\theta;0,O,D;w,\omega$;数字1与英文字母 l 等。

数学专用符号、字母的位置格式书写不规范。如(小括号内为不规范写法):下角零 P_0(PO),$\log_2^x$($\log2x$,$\log2^x$),$\sin\frac{A}{2}$($\frac{\sin A}{2}$)。又如主体符号没有与等号对齐,将 $x=\frac{8a}{a+b}$ 写成 $x=\frac{\frac{8a}{a+b}}{a-b}$。

4. 图形画法不规范

一是错画问题。画线段时有头无尾(成了射线),任意三角形画成特殊三角形,坐标系 x 轴与 y 轴画得不垂直,立体图形实线与虚线区分不清(个别教师甚至一律画实线)。二是错标问题。线段长短、角度大小标得不相称,坐标系 x 轴与 y 轴两轴上长度单位标示不统一。三是漏画问题。画射线漏标起点(成了直线),作圆时不画圆心,画坐标轴正向无箭头。四是不符常规。小坐标系大图形,坐标系画得太小,坐标系中的图形画得太大(比坐标系画得还要大)。有的教师板图过小,位置过偏,电教屏幕上图形转换过快,学生头脑中对图形的印象比较模糊。

诸如上述一些不规范的板书无法在完成教学任务中起积极作用,导致学生对教学内容的领会缺乏整体性,学生课堂笔记凌乱,难以形成思维的条理性和严密性。

(二)数学板书与讲解的配合

数学教师是边讲解边板书的,在配合上也容易出问题,板书要特别注意与讲解的配合。配合中常存在的问题有:教师面朝黑板背对学生,只顾自己板书,不与学生的目光交流;板书时不注意,遮挡住了学生的视线;板书有笔误需要修改时,教师直接用手去擦拭;等等。

正确的做法是要学会边交流边书写,侧身书写,板书姿势应是教师的目光既看到板书,又观察到学生,还不遮挡学生视线。教师边启发、边讲解、边书写,学生边听、边想、边记。讲至难点、重点和关键点处,优秀的教师常要设置断点或者有意试误,即先让学生思考如何做,再板书、分析、再讲解,让学生自己探索方法尝试错误。

教师应当养成良好的板书习惯,板书要与讲解相交融,让学生在讲解与板书的过程里理解概念,体会数学思维的过程,以讲解来深化板书的内涵,使板书的直观作用得到最大限度的发挥,让板书成为连接师生互动的平台。从案例6-18中我们可以体会到板书与讲解的交融。

案例 6-18　　　　　　　　**"求 C 的最大值"板书**

若实数 a,b,c 满足 $2^a+2^b=2^{a+b}$，　　　　　　　　　　①
$2^a+2^b+2^c=2^{a+b+c}$，　　　　　　　　　　②
求 c 的最大值.

【讲解】(1) 条件是什么？一共有几个？其数学含义如何？
(答：条件是两个等式，等式①含 a,b，等式②含 a,b,c)
【板书】$2^a+2^b=2^{a+b}$，　　　　　　　　　　①
　　　　$2^a+2^b+2^c=2^{a+b+c}$，　　　　　　　②
【讲解】(2) 结论是什么？一共有几个？其数学含义如何？
(答：结论是求 c 的最大值，它可以是 c 的不等式，或是函数的最值)
(3) 条件和结论有哪些数学联系，是一种什么样的结构？
(答：理解条件和结论，我们的脑子呈现这样的数学结构，即等式②提供关于 c 的函数，再借助条件①，求出 c 的最大值)
【板书】
由条件②有 $2^c=\dfrac{2^a+2^b}{2^a 2^b-1}$，则 $c=\log_2 \dfrac{x}{x-1}$

【讲解】(4) 解决的方法是什么？
(答：解题方向是化归为函数求最值，解题方法是，先求出函数的表达式和定义域，然后，用不等式法或求导法求最值。)
(5) 下面该怎样书写？
(答：从定义域开始，建立函数，求最值。师生互动下教师板书)
【板书】(定方法、找起点、分层次、选定理、用文字)
【分析】从案例中我们看到讲解与板书适时的配合，在师生问答中以板书为平台沟通了条件与结论，通过板书呈现了师生间的互动交流，讲解中显现出函数思想对思维的引导，板书示范了问题的分析与解答。

随堂讨论

在现实教学中，传统的黑板板书和以多媒体课件呈现为主要形式的现代屏幕板书该如何选择，常常令一线教师很困惑，对此谈谈你的观点。

黑板板书和以多媒体课件呈现各有其优势和不足，是选择传统的还是现代的教学媒体，关键还是要看哪种表现形式更有利于板书内容的表现、更有利于学生的理解和学习。教师要善于将传统板书设计的精华吸收到"电子板书"的设计和应用之中，结合自身的教学风格扬长避短、巧妙整合。

二、数学课堂板书案例

以下我们以陕西省西安中学吴军老师"正弦函数和余弦函数的定义域诱导公式"的课堂板书

为案例,体会在实际教学中,教师在板书内容的选择、结构的安排、黑板板书和多媒体课件配合等方面一些具体的做法。

> **案例 6-19** "正弦函数和余弦函数的定义域诱导公式"板书设计与思考
>
> 伴随着现代中学数学课堂教学走进多媒体时代,中学数学教师在课堂教学中会根据课堂需要运用 PPT 课件、几何画板软件、计算机模拟等形式各异的手段,但是传统的板书(板演)在教学中仍旧起着不可替代的重要作用。正确合理地使用板书,不但可以提高课堂教学的艺术水准,也可以大大地提高课堂 40 分钟的教学效率,起到事半功倍的作用。
>
> 板书设计是任课教师对课堂教学内容的概括和提炼,内容准确、条理清楚、形式新颖、字体美观的板书,能突出重点难点,展现知识结构,引导学生思考,启发学生思维,激发学生学习兴趣,提高教学效率,也能使学生得到美的享受。

"正弦函数和余弦函数的定义域诱导公式"一课,板书的设计与教学如下。

(1)为了尽可能地利用好课堂的有效时间,教师把一些内容(如课题、复习回顾、课题引入等)通过课件投影的方式进行展现。随着新知讲授的展开,教师就需要黑板板书,如图 6-20、图 6-21、图 6-22、图 6-23、图 6-24 所示。

图 6-20 投影课题

图 6-21 复习回顾

图 6-22 课题引入

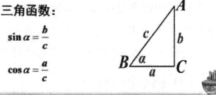

图 6-23 课题引入

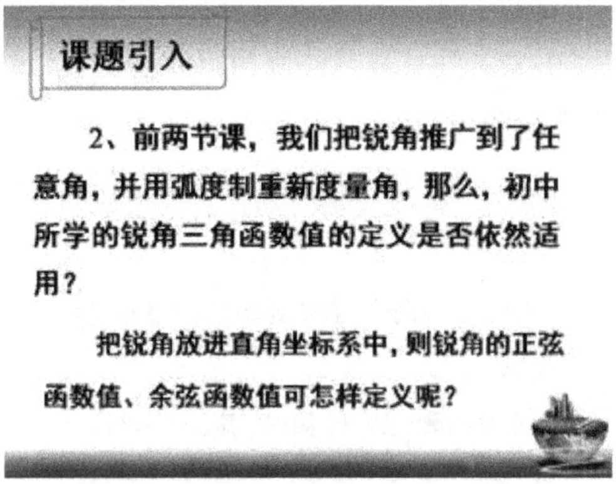

图 6-24 课题引入

（2）课前就应该充分考虑到：板书的内容、板书的布局、板书的顺序、教学内容间的衔接关系和知识内在的逻辑关系等。这样学生参照板书，就可以很顺畅地理清各方关系，提高学习效率，如图 6-25 所示。

图 6-25 新知讲授

（3）对于重点内容、关键点等除了给予黑板板书，也不妨借助投影给出完整详细的展示和说明，如图 6-26 所示。

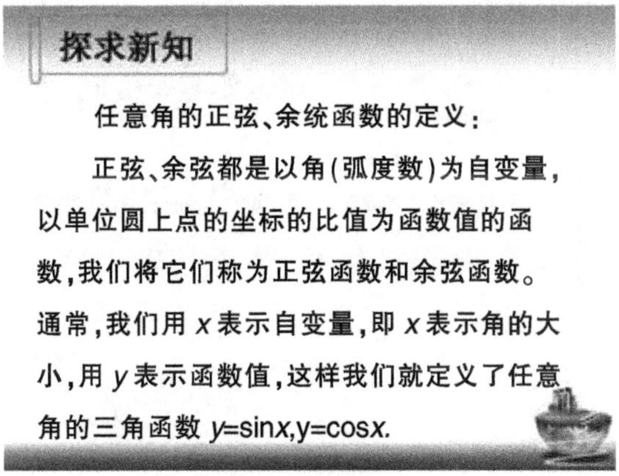

图 6-26 新知讲授重点内容的强调

（4）对于课堂中留给学生的思考问题，一定要给学生留有足够的思考时间，并及时将答案投影给学生，如图 6-27 所示。并在学生对照答案进行检验的时候，给出例题。(此时黑板上本节课的重点内容应予以保留，便于课后小结。)

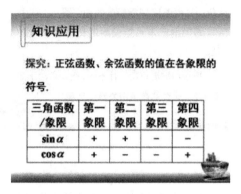

图 6-27　思考问题及答案

（5）在课堂中应在完整给出例题全部内容之后，剖析例题，讲解例题。教师一定要注意例题讲解的规范性，解答过程的示范性、完备性，如图 6-28 所示。

图 6-28　板演例题 1 及解答过程

（6）为了加深对例题所蕴涵的知识内容的理解，达到巩固加深、举一反三的目的，往往可以借助投影给出例题的变式训练，并由学生仿照板演的解题过程进行口头叙述解答过程，如图 6-29 所示。

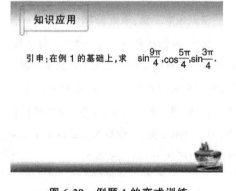

图 6-29　例题 1 的变式训练

(7) 课堂练习过程中,对于课本中的一些较为典型的练习,为了突出其作用和意义,也可将其投影出来,加深学生的印象,如图 6-30、如图 6-31 所示。

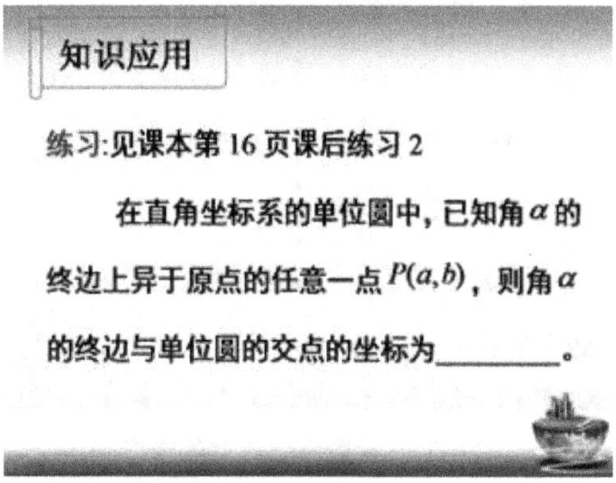

图 6-30　课本练习题

图 6-31　板演课本练习题规范作答

借助课本练习的解答,引出例题 2,并规范作答。借助例题加深对课堂知识的掌握和理解,如图 6-32、图 6-33 所示。

图 6-32　板演例题 2 规范作答

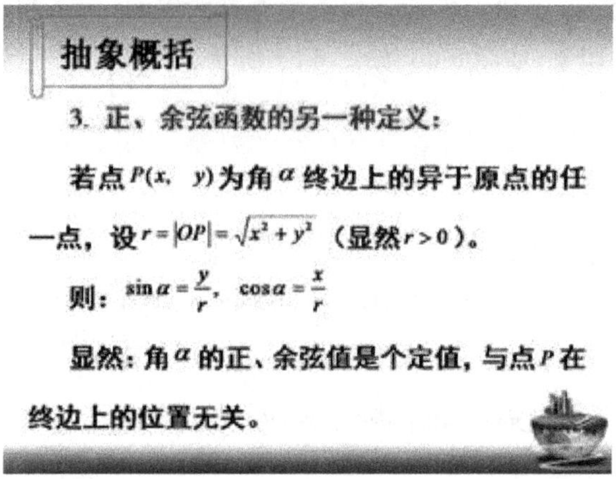

抽象概括

3. 正、余弦函数的另一种定义：

若点 $P(x, y)$ 为角 α 终边上的异于原点的任一点，设 $r=|OP|=\sqrt{x^2+y^2}$（显然 $r>0$）。

则：$\sin\alpha=\dfrac{y}{r}$，$\cos\alpha=\dfrac{x}{r}$

显然：角 α 的正、余弦值是个定值，与点 P 在终边上的位置无关。

图 6-33　投影课堂内容的推广

（8）课堂练习（即所学知识的应用均以投影的方式给出，组织学生自主完成求解过程，如时间允许可以安排学生上黑板板演解答过程），如图 6-34、图 6-35、图 6-36、图 6-37 所示。

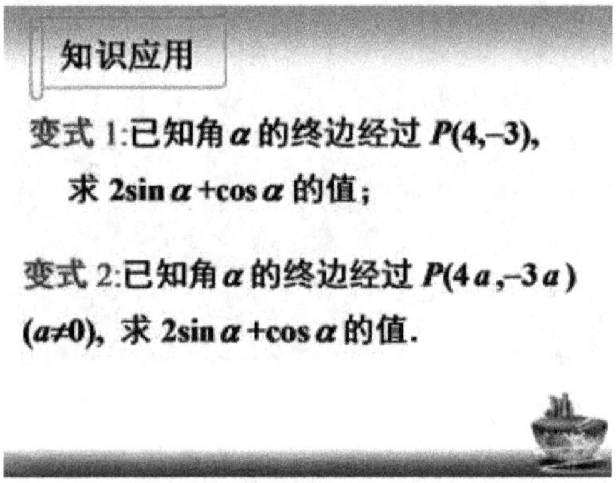

知识应用

变式 1：已知角 α 的终边经过 $P(4,-3)$，求 $2\sin\alpha+\cos\alpha$ 的值；

变式 2：已知角 α 的终边经过 $P(4a,-3a)$ $(a\neq 0)$，求 $2\sin\alpha+\cos\alpha$ 的值。

图 6-34　投影课堂练习

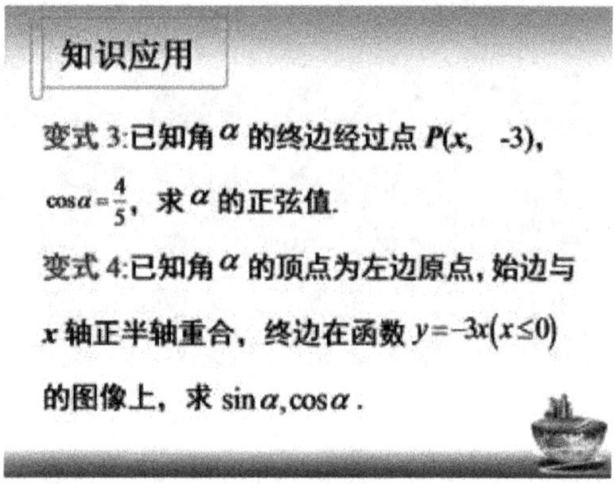

知识应用

变式 3：已知角 α 的终边经过点 $P(x, -3)$，$\cos\alpha=\dfrac{4}{5}$，求 α 的正弦值。

变式 4：已知角 α 的顶点为左边原点，始边与 x 轴正半轴重合，终边在函数 $y=-3x(x\leq 0)$ 的图像上，求 $\sin\alpha, \cos\alpha$。

图 6-35　投影课堂练习

（9）按照板书内容对课堂所学进行小结并布置相关作业。

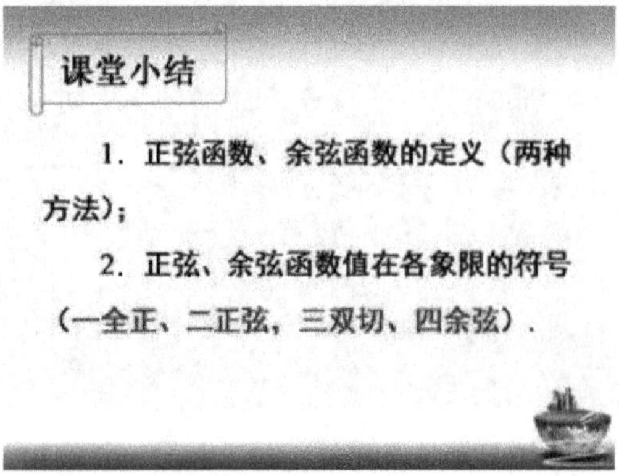

课堂小结

1. 正弦函数、余弦函数的定义（两种方法）；
2. 正弦、余弦函数值在各象限的符号（一全正、二正弦、三双切、四余弦）。

图 6-36　投影课堂小结

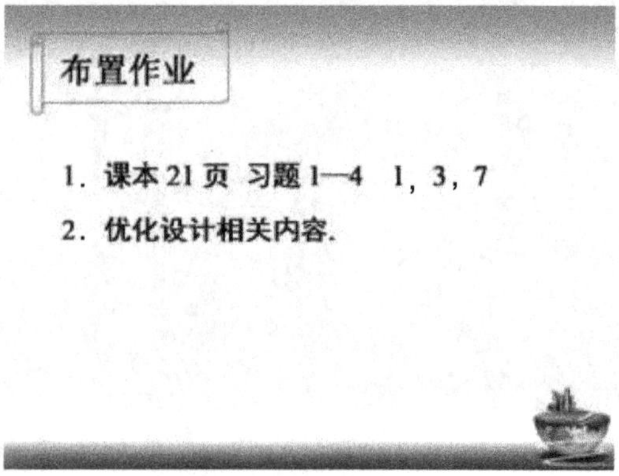

布置作业

1. 课本 21 页　习题 1—4　1，3，7
2. 优化设计相关内容。

图 6-37　投影作业

关于数学课堂板书有几点需要特别注意。

(1) 讲课的重点也应该是板书的重点。板书要反映知识内容内在的逻辑关系,并条理清晰、整齐、匀称地表现出来,这样的板书才会使课堂教学有条不紊,层层深入,便于学生条理清晰地梳理知识,使其在头脑中形成鲜明的知识链。而板书要做到条理性、层次性、整体性、系统性,教师在备课时就应该周密考虑到板书的先后顺序,重点内容、次要内容的位置布局等。将需要比对的内容集中在一起,运用对比的手段对所学内容进行辨析、理解。紧密联系的内容则应安排在一起,以便提示彼此关系,培养学生对比分析、归纳概括的能力;最基本和主要的内容应写在黑板的突出位置。板书必须充分显示教学内容,突出知识重点,体现课堂教学结构。

(2) 应尽可能地让学生上讲台板演,参与板书完成的过程。增强学习的主动性,便于及时发现学生掌握程度和漏洞,从而有效地提高教学的效率。

(3) 板书内容必须简洁、概括、有条理。对于能反映问题实质的关键字词一定要凸显和强调。数学符号、线条、图形要规范、美观,有时要配以简要文字示意或说明。在板书中注意巧妙运用不同的色彩,利用色彩变化引起学生关注,使学生印象深刻。要充分考虑到板书的审美作用,做到赏心悦目。且不可因为草率的板书和板图给学生在理解上造成偏差或误解,不利于学生严谨的数学思维的形成。

(4) "课题的板书"一定不能缺少。"课题板书"不一定总是开门见山,课题书写的最佳时间应根据教学内容的特点来安排。

究竟什么样的板书才具有示范性?什么样的板书才是成功的?数学课的板书有哪些特殊的要求?现代授课手段对传统板书有何冲击和帮助?如何让学生参与板书参与思考?这些问题都需要我们教师在实践中不断地摸索。

本章总结

好的板书能浓缩一堂课的示范信息,与其他教学方式一起辅助性地完成课堂教学任务,带给学生启示和美的感受。精美的板书设计是一门艺术,它能综合反映出教师的知识修养水平和驾驭教材的能力,对创造良好的课堂气氛,实现教学过程最优化控制,取得最佳的教学效果,都有着十分重要的意义。因此,每个数学教师应在深入钻研教材的基础上,以规范的文字、生动的符号、多彩的图片、精巧的结构精心设计板书,用集知识性、创造性、艺术性和整体性于一体的板书服务教学、优化教学,精心设计好每一节课的板书。

思考与练习

1. 收集、研读各种形式的数学板书案例,并结合案例阐述各板书形式应用的特点。
2. 以一节中学数学课内容为例,进行板书设计,并结合板书设计的理论知识进行小组评议,并改进设计。
3. 试结合具体案例,谈谈在数学课堂教学中,板书与多媒体如何科学配合,板书与讲解配合的体会。

附录

表 6-3 板书技能评价记录表

讲课人		评课人		成绩			
课题				评价等级			
评价项目			权重	优	良	中	差
1. 板书设计能体现教学目标			0.15				
2. 文字符号书写规范,图形准确无误			0.15				
3. 板书设计结构合理、富有条理性、层次性			0.15				
4. 简洁概括,重点突出			0.15				
5. 板书的过程启发了学生的思维,激发了学习兴趣			0.1				
6. 板书与讲解、演示配合得当			0.1				
7. 板书大小和笔画适宜,可视性好			0.1				
8. 能适当地运用强化手段,如彩色粉笔、加强符号等			0.1				
优点							
建议							

参 考 文 献

[1] 邵利,罗世敏.中学数学课堂教学技能实训教程[M].北京:科学出版社,2011:107-116.

[2] 王晓军.数学课堂教学技能与微格训练[M].杭州:浙江大学出版社,2011:69-77.

[3] 林革.浅谈数学板书原则[J].教学与管理,2002,(3):59-60.

[4] 程奎生.樵谈数学教学的板书设计[J].黑龙江教育.小学文选.2007,(3):35.

[5] 渠开选.数学板书形式美例谈[J].山东教育.1995,(11):39.

[6] 张安玉.数学板书的设计与样式[J].江西教育 1999,(7):53.

[7] 张金祥.小学数学板书设计原则[J].黑龙江教育 2000,(3):32.

[8] 程华.数学课堂板书设计的原则[J].中学数学教学参考 2013,(10):22.

[9] 罗增儒.数学解题学引论[M].西安:陕西师范大学出版社,2008:9.

第7章　数学课堂信息技术应用技能

本章概要

信息技术作为一种教学资源和手段,对教学目标、教学内容、教学方式、教学评价有着重要影响,尤其是在突出学生主体地位,促进学生数学学习等方面都起着积极作用。作为未来教师的师范大学生,我们要了解数学课堂的信息技术内涵,以及信息技术应用数学课堂教学的国内外发展情况,从理论上理解信息技术与数学课堂教学整合的依据、原则和策略,通过实例来认识信息化数学教学设计的策略和操作。通过信息技术的实训分析,进一步把握信息技术技能学习的规律。

学习目标

通过本章的学习,你应该
1. 了解信息技术的内涵;
2. 了解信息技术在数学课堂教学中的发展历史;
3. 掌握信息技术与数学课堂教学整合的原则和策略;
4. 掌握信息技术与数学课堂教学整合的模式;
5. 能够结合整合的理论基础评析信息技术与数学课堂教学;
6. 能够结合具体教学内容,设计合理的整合方案。

关键术语

◆ 信息技术　　◆ 信息技术与数学课堂教学整合的原则　　◆ 整合的策略

第1节　数学课堂中的信息技术

一、信息技术

(一) 信息技术内涵

信息技术(Information Technology,简称IT)一词可以说是当前社会使用频率最高的词语之一。因其使用的范围、目的、层次不同而有不同的表述。[①]

广义而言,信息技术是指能充分扩展与利用人类信息器官功能的各种方法、工具与技能的总

---

① 申艳光,郭红. 信息技术基础[M]. 西安:西安电子科技大学出版社,2003:1-3.

和。该定义强调的是信息技术与人的本质关系。

一般而言,信息技术是指对信息进行采集、传输、存储、加工、表达的各种技术之和。该定义强调的是人们对信息技术过程与功能的一般理解。

狭义而言,信息技术是指利用计算机、网络、广播电视等各种硬件设备、软件工具与科学方法,对文、图、声、像等各种信息进行获取、加工、存储、传输与使用的技术总称。该定义强调的是信息技术的现代化与高科技含量。

一般地,信息技术所指的是一系列与计算机等相关的技术,并涉及信息技术对人类社会活动产生的影响及其相互作用。数学课堂教学所提到的"信息技术"主要是指以多媒体计算机技术和网络技术为主的现代信息技术。它为我们在数学教育中如何帮助学生巩固数学经验、强化数学洞察力和理解能力提供了新途径,有助于学生学习数学的能力的增强和扩大。

(二)作为教育媒体的信息技术

教育媒体是传载教育信息的物质工具。所谓媒体,按照传播学家 M. 麦克卢汉的观点,"媒体是人的延伸",如笔是手的延伸,书是眼睛的延伸,广播是耳朵的延伸,电视是眼与耳的延伸……每一种新媒体的出现,便是人体新的延伸,同时使人的多种感官受到刺激和作用,产生一种新的变动,从而使个体或群体在心理上和社会上受到影响。而学校内各种传统的或新型的教育设备、器材、资料、软件等都是传播媒体。媒体有其自身源远流长的发展历史,并且其发展历史与教育的发展历史是相适应的。教育媒体的类型如表 7-1 所示。

表 7-1 教育媒体类型[①]

媒体名称	媒体内容
1. 传统的非电子媒体	1. 各种非语言符号系统 2. 语言文字符号系统 3. 黑板(粉笔、黑板、磁性黑板等) 4. 各种活页资料(报刊、讲解提纲或补充资料等) 5. 实物模型(二维的或立体的,有生命的或标本等) 6. 广告(图片或照片,各种图表、图示、图解等)
2. 简单的电子单媒体	1. 收音机 2. 录音机 3. 幻灯 4. 投影仪
3. 简单的电子复合媒体	1. 声画同步幻灯 2. 电影 3. 语音实验室 4. 其他专门教学仪器,如微缩胶卷、阅读器等

---

① 胡德海.教育学原理[M].兰州:甘肃教育出版社,2004:479.

(续表)

媒体名称	媒体内容
4. 先进的电子媒体	1. 电视机（广播电视、卫星电视、闭路电视等） 2. 录像机、电视唱片等 3. 多媒体计算机及计算机网络等 4. 人机交互的电视唱片等 5. 教育博客（blog）、魔灯（moodle）、互动白板等

随着信息技术的发展，其作为教学媒体（即现代多媒体信息技术）的功用逐步得到扩大和加深，提高了课堂教学效率。现在课堂所使用的教育媒体，既有传统媒体，也有先进的电子媒体。对于数学课堂教学来说，根据数学学科的特点，课堂教学的教学媒体，一般有黑板、粉笔、实物模型、图示、PPT 幻灯片、投影仪、Authorware、Flash、几何画板等计算机软件和网络平台，以适应教学演示、实验、探究、自主学习的需要。

二、信息技术对数学教学的作用

教师运用现代多媒体信息技术对教学活动进行创造性设计，把信息技术和数学教学的学科特点结合起来，可以发挥计算机辅助教学的特有功能。

（一）有利于提高学生的学习积极性

"兴趣是最好的老师"，有良好的兴趣就有良好的学习动机。传统的教学和现在的许多教学都是严格按照教学大纲，把学生封闭在枯燥的教材和单调的课堂内，使其和丰富的资源、现实完全隔离，致使学生学习数学的兴趣日益衰减。将多媒体信息技术融于教学课堂，利用多媒体信息技术图文并茂、声像并举、生动而富于变化、形象直观的特点为学生创设各种情境，可激起学生的各种感官的参与，调动学生强烈的学习欲望，激发学习动机和兴趣。

（二）有利于帮助学生进行探索和发现

数学教学过程，是教师引领学生对数学问题的解决方法进行研究、探索的过程，继而对其进行延拓、创新的过程。教师如何设计数学问题、选择数学问题就成为数学教学活动的关键。而问题又产生于情境，因此，教师在教学活动中创设情境就是组织课堂教学的核心。现代多媒体信息技术如网络信息、多媒体教学软件等的应用为我们提供了强大的情境资源。例如：在"平面向量的基本概念"及"平面向量的坐标表示"的教学中，利用 PowerPoint 制作动态的平面向量课件，学生通过探索，发现了平面向量的基本概念，深刻理解了平面向量的坐标所表示的意义和作用。多媒体信息技术创设情境产生的作用是传统教学手段无法比拟的。

（三）有利于帮助学生获取技能和经验

数学是具有严密性、逻辑性、精确性、创造性与想象力等特点的科学，数学教学则要求学生在教师创设情境中通过积极思考解和掌握这门科学。利用多媒体信息技术学习，不仅可以帮助学生提高获取技能和经验的能力，帮助学生提高思维能力和理解能力，还可以培养学生的学习主动性。例如，在讲解"极限的概念"这一节内容之前，可以先要求学生自己利用网络查询并搜集有关极限的资料,通过整理资料,提出与极限有关的实际问题,再通过动画课件,帮助学生归纳出极限的概念,同时揭示极限概念的内涵。

(四)有助于提高教师的教学工作效率

网络信息为教师提供了丰富多样的教学资源,为广大教师开展教学活动开辟了一条捷径,大大节省了教师备课的时间。远程教育网校的建立,给教育工作者创建了一个庞大的交流空间。大量的操练练习型软件和计算机辅助测验软件的出现,让学生在练习和测验中巩固、熟悉所学的知识,决定下一步学习的方向,实现了个别辅导式教学。在此,计算机软件实现了教师职能的部分代替,如出题、评定等,减轻了教师的负担。

当前,信息化技术正以排山倒海之势遍及我国的中小学教育的各个领域,以日新月异的速度改变着人们传统的教育教学思想,及教学方法和教学模式。因此作为未来的数学教育工作者,必须积极投身到这一变革中去,改革旧的教学观念和旧的教学模式,了解新的思想观念、掌握新的技术,使自己迅速具备和确立信息时代的文化价值观念,并能把它们熟练合理地运用于教学实践活动当中。

三、信息技术在数学课堂应用的发展历史

(一)国外发展与现状

美国信息技术在数学课堂的应用自 1959 年 IBM 公司研发出第一套计算机辅助教学软件至今的 50 多年间,呈现出特点鲜明的三个阶段。第一个是 20 世纪 60 至 80 年代中期的 CAI(Computer Assisted Instruction)阶段,其主要代表是计算机运算、图形演示等基础应用,目的是辅助教师呈现教学中的重要信息,学生并未被纳入信息技术的使用行列,因此只能被动地"欣赏"教师的演示。第二个是 20 世纪 80 年代至 90 年代末期的 CAL(Computer Assisted Learning)阶段。这一阶段的信息技术倾向于为学生的自主学习方面服务,学生的主体地位得到提升,由过去的教师演示转变为学生进行自主学习的必要工具。第三个是 20 世纪 90 年代至今的 ITC(Integrating Information Technology into the Curriculum)阶段,这一阶段更加重视信息技术与探究式教学理念的深度融合,成为美国教育界的研究热点。美国制定的面向 21 世纪数学教学标准指出:"数学课堂应通过信息技术这一载体,帮助学生理解数学真谛,并为其今后应用数学知识创造科技化社会做好准备。"日本于 20 世纪 70 年代末期,通过信息技术为学生提供开放数学题。法国的课程标准中明确提出:要积极引入信息技术为数学教学服务,并且要求学生要掌握通过计算机进行学习的技能。

自 20 世纪 90 年代以来,世界各国纷纷对基础教育进行改革,都将深化学科教学中信息技术的引入,并与探究式教学有效整合,从而培养具有研究能力、创新意识的现代化人才作为长期战略。这为以信息技术为载体的数学教学的快速发展奠定了良好基础。[①]

---

① 李东生.教育技术学研究方法[M].北京:北京大学出版社,2006:103.

（二）国内发展与现状

近年来，我国对信息技术与学科教学整合也取得了一定的成果。其简要历程如下。[①]

1991 年，在北京大学电教中心的支持下，根据教学需求，北大附中利用北京研制的 MAT-HOOL 教学平台开发了立体几何、解析几何、代数、三角等一系列教学软件，并应用于数学教学中。

1994 年，由原国家教委基础教育司立项，全国中小学计算机教育研究中心（以下简称"中心"）领导，由何克抗教授、李克东教授等牵头组织了"小学语文四结合"教学模式改革试验。

1995 年中心从美国引进了优秀教学软件——几何画板。1996 年，中心推广"几何画板"软件，并在教育部中小学计算机研究中心和北京市海淀区教委的支持下，海淀区几所中学开始组织"CAI 在数学课堂中的应用"研究与实验。

1998 年，中心借鉴西方发达国家的提法，第一次提出了"课程整合"的概念，于同年 6 月开始设立"计算机与各学科课程整合"实验组。

2000 年 10 月，教育部部长陈至立在"全国中小学信息技术教育工作会议"上发表讲话，提出要"努力推进信息技术与其他学科教学的整合"，第一次从政府的角度提出"课程整合"的概念，由此引发了从政府到民间的全国性"课程整合热"，从此现代信息技术与学科教学整合开始走上正轨。

2001 年 9 月，在北京市教委基教处支持下，北京市 20 多所中学参加了"信息技术与学科教学整合"项目，在整合过程中有意识地加强了计算机辅助教学实验的模式，突出了现代化测试手段和方法的应用。

2002 年 10 月，清华大学教育技术研究院和继续教育学院组织了全国中小学骨干教师"信息技术与课程整合"培训活动。与会专家介绍了我国信息化建设的进程和国内一些整合课题的进展。现代信息技术与数学教学整合也取得了可喜的成绩。

张景中院士主持开发的"Z+Z 智能教育平台"，并在广东等地区开展了相关实验研究。另外，南京师范大学附中的陶维林老师在学生中开设几何画板选修课并将几何画板运用于课堂教学，取得了很好的效果，其代表作《几何画板使用范例教程》和《几何画板应用于解析几何教学》集中反映了他的教学研究成果。

从 1995 年开始，王长沛等推动手持技术在数学教学中的应用；1998 年，TI 公司与华东师范大学等合作成立了教学技术中心（TTC），在全国范围内开展教师应用培训及教研活动；2000 年后，全国各地陆续开展手持技术与数学课程整合的相关课题研究，我国一些数学教师对手持技术的应用表现出极大的热情，积累了一些图形计算器教学案例。2007 年，王长沛、曹一鸣开展了 HP 手持技术与中学数学课程整合的研究，获得大量丰硕的一手研究成果，结果表明手持技术的融入激发了学生的探究意识、挖掘了学生的创造潜能，并且使教师的教学效果有了显著增强。2010 年，我国教育部重新修订了《高中理科教学仪器配备标准》，其中把图形计算器列为高中数学教学仪器的标准配置，并对图形计算器的功能进行详细描述。与此同时，手持技术无线课堂系

[①] 王钰. 梳理："课程整合"研究实践走势[J]. 中小学信息技术教育，2002，，(1-2).

统经过一年的汉化工作,于 2010 年进入我国,全国教育科学"十一五"规划 2010 年度教育部重点课题"中小学数学课程核心内容及其教学的研究"课题组在推动手持技术无线课堂系统应用于数学教学方面,做了大量有益的工作。

以上国内现状表明:信息技术与数学课程教学整合已经进入了一个新的阶段,得到了数学教师的普遍重视并开始付诸行动。

第 2 节　信息技术与数学课堂教学整合

一、整合的内涵

(一) 整合的含义

整合(Integration)作为普通词,其主要含义有综合、融合、集成、成为一体、一体化等。作为术语,首先被用在数学(积分)中,并已涉及部分与整体的关系。最早将整合作为专门术语使用的是哲学家赫伯特·斯宾塞。他在《第一原理》中阐述进化论哲学的主要原则时提出著名的进化公式,"进化是经过不断的整合与分化……"他认为任何事物的发展都包括分化阶段和随后的整合阶段。

1988 年美国计算机教育专家提出,"对于中小学教师,最需要了解的就是如何实现计算机技术与课程整合的知识与技能;成功的整合意味着学生把计算机作为一种学习工具,而不是作为基本技能的机械训练的传递系统;通过整合学生不仅能够达到课程目标,而且能够培养其实际生活的知识与技能"[①]。

整合是一个动态的实践过程,是由无序向有序、由点到面、由浅层向深层不断发展的过程。信息技术与学科教学的整合,不只是信息技术在学科教学中的简单应用,也不仅是传播媒体、传播工具和传播技术层面上的问题,而是涉及教学过程多种要素的复杂的方法论问题。

根据以上论述,教育教学中的整合就是运用系统科学方法,在教育学、心理学和教育技术学等理论指导下的教学资源和教学要素的有机结合;在整合过程中要协调教育教学系统中教师、学生、教育内容和教学媒体等教学诸元素之间的作用,使整个教学系统保持协调一致,维持整体过程或结果,从而产生聚集效应。

(二) 信息技术与数学教学整合的内涵

信息技术能提供可交互的实验环境,学生可以利用它来学习数学。信息技术与数学课堂教学整合涉及数学教育的各个方面,特别是对传统数学教育的理念、课堂教学方式及学生学习方式等带来的巨大冲击。

信息技术与数学教学整合是指在数学课程教学过程中把信息技术、信息资源、信息方法、人力资源与数学课程内容有机结合,共同完成数学课程教学任务的一种新型教学方式。整合旨在通过信息技术的介入,改变数学教与学的方式,改变信息资源传播渠道,使数学教学各要素丰富

---

① 张奠宙,唐瑞芬.数学教育国际透视[M].杭州:浙江教育出版社,1995:385.

和谐,从而实现数学教学的突破与发展。整合的明显标志便是信息技术成为学生的学习工具和高级情感的认知工具。因此在信息技术与数学教学整合中要做到,确立以学生发展为本的思想,以培养学生的数学素养和信息素养为目标;使学生成为学习的真正主人;学习的方式多采用研究性、协作性、探索性学习;教学中经常采用嵌入式教学,即在数学教学过程中插入信息技术教育的内容;教学全过程要做到课前信息收集、信息筛选;课上信息交流、信息处理。

二、整合的理论基础

(一) 学习理论

学生的学习过程是一个认识事物的心理过程。它既要遵循认识论的规律,也要服从学生心理发展的规律。信息技术与数学教学整合的根本目的是改变学生的数学学习方式,促进学生全面发展。"因此研究人类学习过程内在规律的学习理论将成为整合过程中最重要的理论基础。"[①]

20世纪,数学学习理论经历了从行为主义到认知主义和建构主义的发展历程,它们对信息技术与数学教学整合的理论与实践都具有重要的指导意义。20世纪上半叶,行为主义占主导地位。美国心理学家桑代克(Thorndike)提出了以"刺激—反应"为主要特点的学习理论。他认为学习是刺激与反应的联结,这种联结可以通过一种正强化,即成功就能获得报偿而得到强化,他以这种思想编写了一系列算术课本,而后又撰写了《算术心理学》和《代数心理学》,在这些著作中他的"刺激—反应"学习理论充分地运用于数学教学中,为数学学习中的机械练习和训练提供了一定的理论依据。行为主义理论的主要代表人物斯金纳(Skinner)提出操作性条件作用,这种作用的形成也取决于强化,这也是斯金纳程序教学的出发点。基于行为主义学习理论,在数学课堂教学中,为了能更好地实现刺激与强化,出现了数学CAI(Computer Assisted Instruction,即计算机辅助教学),数学CAI主要是利用计算机的快速运算、图形动画和仿真等功能,强调计算机是教师教学的辅助工具。

20世纪50年代末,认知学习理论取代行为主义占据了主导地位。认知主义认为学习是个体本身作用于环境,人总是以信息的寻求者、传递者甚至信息的形成者身份出现,人的认知过程就是一个信息加工过程。认知主义学习理论促进了CAI向智能教学系统CAL(Computer Assisted Learning,即计算机辅助学习)转换。这时计算机不仅用来辅助教师的教学,更强调计算机作为学生数学学习的辅助工具,也就是说数学教学开始从以"教"为主转向以"学"为主。

20世纪90年代,随着多媒体和网络通信技术在数学教学中的应用,建构主义学习理论成为指导数学教学的主要理论基础,并给信息技术与数学教学整合提供了有力的支持。建构主义对知识的理解:"知识不是对现实的准确表征,而是一种解释和假设。学习者根据自己的经验背景,以自己的方式建构对知识的理解。知识不能灌输、强加,而要靠学生以自己的经验和信念分析、检验和批判新知识。"对学习活动的理解:"学习活动不是教师向学生传递知识,而是学生自己建构知识的过程,学习者不是被动地接受信息,而是主动地建构信息的意义,同时把社会性的互

---

① 祝智庭. 现代教育技术——走向信息化教育[M]. 北京:教育科学出版社,2002:126.

动作用看做是促进学习的源泉。学习者基于以往的经验推出合乎逻辑的假设,新知识以已有知识经验为生长点而'生长'起来。"①

建构主义的学习观对我们理解信息技术在数学教学应用的启示是:数学学习是学生建构知识,多媒体技术和网络技术可以创设了一个崭新的教学环境,提高学生的学习兴趣和交互能力,使得学生能够与学习环境相融合,在交互环境中主动学习,特别是对建构主义学习创建了一个适合发展的环境,也提供了一个促进学生认知的发展的理想的认知工具。此时,信息技术不仅用于辅助教或辅助学,而且能够创建理想的学习环境、全新的学习方式、教学方式,从而彻底改变传统数学教学结构。

(二)教学理论

数学教育教学的核心问题是学生学习过程的优化,即怎样使学生主动地、有效地、合理地学习数学。信息技术在数学教学中的合理应用可以使数学课堂教学的效率达到最优化。所以巴班斯基教学过程最优化理论也是信息技术与数学教学整合的理论基础。教学过程最优化的一般定义是:"在全面考虑教学规律、原则,现代教学的形式和方法,教学系统的特征以及内、外部条件的基础上,为了使过程从既定标准看,来发挥最有效(即最优化)的作用而组织的控制"。②

信息化数学教学最优化不是某种特殊的教学方法或教学手段,而是在遵照教学规律和教学原则,以及系统考虑所研究课题的内容特点、学生的认知水平等的基础上,教师对教学过程的目标有明确的把握,是教师有意识的、有科学根据的选择(而不是自发的、偶然的选择),是最好的、最适合于该具体条件下的多媒体课堂教学和整个教学过程的安排方案。换句话说,教学过程最优化是指教师在教学过程中,不只是简单地选择一种教学方案,而是综合应用几种教学方式,它能使教师和学生在花费最少的必要时间和精力的情况下,获得最好的教学效果。

(三)传播理论

信息与传播有着内在的天然联系,二者相辅相成,彼此推动。但是,线性传播与非线性传播影响着信息接收的质量。"传统的线性传播,强调传播者将信息传送给受播者,如果受播者要回复,再将受播者(此时成为传播者)的回复信息传送给传播者(此时成为受播者),这样就完成了'传播'工作。这一理论蕴涵了时间、空间的延迟意义,信息的反馈是间接的。"③表面上看,受播者"要什么"传播者就"给什么",但受播者在线性传播过程中,受制于时空延迟的先天限制,在接受信息时往往处于被动、不平等的地位。

在传统数学教学中,教师作为知识的传播者,为了避免不必要的干扰,往往略去与教学内容关系很大的、非常有价值的信息;而学生作为受播者,只是被动地接受教师传递的信息并简单地反馈,这种线性的传递,阻碍了学生获得信息的主动性和质量。学生获得的教学信息并不完全取决于教师信息的输出量。信息技术的普及,势必改变传播者与受播者及信息间的关系。

现代网络传播中并不存在固定的传播者的概念,传播者和受播者完全处于平等的地位,属于

---

① Spiroetal, R. J. (1991). Cognitive Flexbility Constructivism and Hypertext: Random Access Instruction for Advanced Knowledge Acquisition for Structured Domains, In T. M. Dufyy&D. J. Jonassen(Eds). Constructivism and the Technology of Instruction: Ac-onversation. 275.
② [苏联]巴班斯基.教学过程最优化——一般教学论方面[M].张定璋,等译.北京:人民教育出版社,1986:113.
③ 陈子灿.信息技术与语文教学整合[D].济南:山东师范大学,2003.

非线性传播。每一个人都可以是主动传送信息的传播者,同时也是受播者,可以主动选取信息。多媒体计算机和互联网技术融入数学教学后,教学信息的传播方式从根本上发生了变化,即从单向到双向及多向交互方式转变,学生不再是被动的信息接受者,他们可以主动搜集自己感兴趣的信息,并根据自己的需求选择信息的内容。

由于现代信息技术为数学课堂教学提供了即时、多向获取信息的可能性和巨大的发展空间,因此两者的融合将有利于数学的教与学。

三、整合的基本原则

信息技术与数学教学整合绝不是信息技术的简单介入,也不是作为工具或者技术手段层次的提高,而是要将信息技术与数学教学有机地融于一体,达到教学过程的最优化。具体说来,应该遵循一些原则。

(一) 必要性原则

在数学教学中,信息技术使用应当为数学课堂教学服务,用它不是要代替传统的教学工作,而是要发挥它强大的力量,发挥它不可替代性的作用,做过去想做而做不到或不好做的事情,以便更好地开展教学活动,引导学生学习,加强学生对数学知识的理解。也就是说,并不是所有的教学都要用信息技术,并不是用了信息技术的教学就一定是好的教学。因此,用不用技术、用什么技术、如何用技术要视具体的教学内容、学习目标和学生的实际而定,而不是单纯追求教学手段的技术化和教学工具的现代化。信息技术的应用要充分考虑其必要性,该用的时候就要用,不该用的时候不要勉强用。[1]

(二) 互补性原则

传统教学方式的存在有其合理性和科学性的一面,信息技术与数学教学的整合并不能完全地离开传统的教学方式,告别粉笔和黑板。在传统教学中,学生活动是有限的,教师讲解也是单调和枯燥的。信息技术介入能使学生的活动更加丰富,能使教师的表达更加形象,能使传统教学锦上添花。信息技术介入传统课堂有利也有弊,一些数学教学软件的使用会影响学生计算能力的提高。因此,我们要把信息技术与传统教学的优势同时发挥出来,使其完美地融合在一起,以促进教学效率的提高,和教学过程最优化的实现[2]。

(三) 整体性原则

整体性原则是指要将信息技术与数学教学按相互间的内在联系组成一个统一的整体,充分发挥整合的整体功能。具体说来,就是要从教学系统的角度出发看教学的目标、内容、资源、方式以及评价等各个要素与信息技术是否有机地联系在一起,是否保证了信息技术与数学教学整合的连贯性、流畅性及和谐性,是否有效地促进了教学效率的提高,促进了学生信息素养与数学素养的整体提高。

---

[1] "中学数学课程教材与信息技术整合的研究"课题组. 中学数学课程教材与信息技术整合的思考[J]. 课程·教材·教法,2004,(3):47-52.

[2] 陈威. 信息技术与高中数学课堂教学整合的有效性研究[D]. 长春:东北师范大学,2010:37.

(四) 创造性原则

信息技术与数学教学整合在理论研究和实践研究两个方面都取得了一定的成绩,呈现出了很多成功的案例。对于这些成功的案例,我们有理由借鉴,但没有理由照搬。借鉴本来无可厚非,但是过多的借鉴会阻碍信息技术与数学教学整合的发展。因此,我们要掌握信息技术与数学教学整合的策略和途径,不照搬,少借鉴,多创造,创造出更好更多符合自身学校特色、学生特点的成功整合案例。

(五) 平衡性原则

平衡性原则是指信息技术与数学教学整合的有效性要追求效果、效率和效益三个特征之间的平衡。但有些时候三者却很难兼顾,比如为了提高效果,教师可能会花费大量的时间和精力去备课,降低了效率。当然,追求效率的同时,也要注重效果和效益,如果仅仅是黑板换成了白板,课堂变成了放映幻灯片的电影院,那就是没有效果和效益的整合。因此,在进行整合时要视具体情况进行具体分析,最终获得效果、效率和效益三者之间的平衡。

四、信息技术与数学教学整合模式

(一) 基于课堂的常规模式

常规课堂教学法是沿用了传统教学法的以教为主的形式,教师在课堂上主要是讲授和演示,把思考和解决的部分留给了学生,随后学生根据教师的介绍和问题进行理解和思考,这样可以让学生自己联想原有的知识网络和新的内容进行整合,并通过回答教师的提问进一步巩固所学的知识,达到教育的目的。但这种课堂教学与以前教学在细节上有明显区别。以前的课堂上教师的讲解几乎占据了多数时间,学生被动机械地参与课堂活动,只是回答问题或是上黑板做练习。现在教师在课堂占用的时间有限,并且在这有限的时间内给学生呈现的知识也不再呆板,而是能够灵活运用多媒体课件,进行基于动画和声音并存的模拟真实画面的课堂,通过演示静态和动态的数学过程,刺激学生的大脑皮层加深印象,增加学生对知识的感性认识,便于理解抽象的数学概念。这种教学模式是从传统教学方法中引用得来,它也是通过教师的讲授、演示和提问等传统的方式授课,学生在课堂上接受教师传授的知识,和传统教学不同的是它很巧妙地应用现代信息技术把以前被动的接受变得相对主动,并且提高了学习效率和效果。[①]

(二) 基于课堂探究协作型模式

在新课程改革的环境中,人们提出了不同于一般教学法的现代信息技术教学法——探究协作型模式。这种课堂探究协作型模式有四种形式:①竞争式协作学习模式,是指两个或多个学习者针对同一学习内容或学习情景,进行竞争性学习,看谁能够首先达到教育目标。②辩论式协作学习模式,是指协作者之间围绕给定主题,首先确定自己的观点;在一定的时间内借助虚拟图书馆或互联网查询资料,以形成自己的观点;辅导教师(或中立组)对他们的观点进行甄别,选出正方与反方,然后双方围绕主题展开辩论。③伙伴式协作学习模式,是指学生有许多可供选择的学习伙伴,学生通过选择自己所学的内容,并通过网络查找正在学习同一内容的学习者,选择其中

---

① 张玉梅. 数学课堂与信息技术整合的分析与思考[D]. 西安:陕西师范大学,2012:35.

之一,经双方同意结为学习伙伴。④角色扮演式协作学习模式,是指让不同的学生分别扮演学习者和指导者的角色,学习者负责解答问题,而指导者帮助学习者解决疑难,在学习过程中,双方角色可以互换。网上协作的主要途径有人机协作、生生协作、师生协作等三种途经。

(三) 基于网络的学生自主学习模式

由于现代信息技术的发展,网络技术的应用几乎遍布地球的每一个角落,人们可以利用网络随时了解社会动态和相关的信息。作为中学生,面对当代极大的网络信息量,他们应该互动性地交流学习经验,从中不仅可以获得更多的学习方法,还可以通过网络课堂听一些名师教课进行学习。利用网络教学可以全面培养学生,推进学生自学能力,这样可以最大限度地发挥学生的内在潜力。同时学生根据自身的兴趣爱好,寻找大量的相关资料进行自学,这对于学生的个性发展有重要的作用,与此同时也渐渐强化了学生阅读、理解、沟通的能力。

第3节 信息技术在数学课堂教学中的应用策略

一、数学课堂中的信息技术应用要求

《基础教育课程改革纲要(试行)》指出:"大力推进多媒体信息技术在教学过程中的普遍应用,促进信息技术与学科课程的整合,逐步实现教学内容的呈现方式、学生的学习方式、教师的教学方式和师生互动方式的变革,充分发挥信息技术的优势,为学生的学习和发展提供丰富多彩的教育环境和有力的学习工具。"信息技术教学应用,需要系统全面地掌握教学设计思想,科学地设计自己的多媒体课件,认真地选择信息技术教学策略和方法,理性地实施教学过程,充分发挥信息化教学的效果。

(一) 贯通教学设计的指导思想,确立正确的信息化教学理念

课堂信息化教学是教师借助多媒体设备,运用自己设计的多媒体课件或电子教案来实现教学的一种方法。电子教案或多媒体课件与传统教学中的文本教案相比不是简单化了,而是更加复杂化了。比如,对于传统的文本教案,教师只需要考虑具体内容的文字表述方式及文字布局;而电子教案或多媒体课件,不仅有文字方面,还有图形图像、声音、动画、视频等因素的考虑,还要考虑背景、色调、布局及整体设计等。所以电子教案或多媒体课件要求教师除了熟悉具体的教学内容之外,还要具备一定的美术、音乐、电视技术和计算机技术等方面的知识,而且要能够综合运用它们,设计出来的电子教案或多媒体课件不但要有教育性、科学性,还要有艺术性和技术性。

(二) 科学运用系统思想和方法,重点考虑信息化教学的过程

课堂信息化教学和传统教学一样,是涉及师生的活动过程。信息技术教学也是一个由教师、学生、教学内容、教学媒体与方法等众多因素组成的一个复杂系统,要取得良好的教学效果,必须综合考虑系统的各个因素。首先把教育、教学本身作为整体考察,因为信息技术教学的应用是教学过程的实施,这个过程应该是一个合理完成的过程,而不是一个简单的顺序。整个过程中,通过系统分析学习需求、学习内容和学习者特点,确定需要用到什么样的信息技术,以形成、制定和

选择教学策略,再通过策略优化技术(教学策略的制定、教学媒体的选择)以及评价调控技术(诊断性评价、形成性评价、总结性评价)使信息技术教学应用更加科学合理。

(三)依据学科特点,创新信息化教学应用的形式

信息化教学只是一种教学手段,而不是目的,其关键在于根据数学学科内容做到恰当应用。所以,信息技术教学应用就不能生搬硬套某种模式,目前也没有一种万能的标准模式可行。这就必须依据学科特点,实现具体课程内容与信息技术的整合,挖掘本学科的信息技术教学特点,探究本学科的信息技术教学方法,创新本学科的信息技术教学形式。信息技术教学形式应该是丰富多彩的,更多地注重操作和互动,依据具体学科具体问题具体对待。

(四)理论联系实际,科学评价信息技术教学的应用

信息技术应用过程是一个复杂的过程,首先,对自己的多媒体课件或电子教案设计的评价,遵照客观事实,按照教育性、科学性、技术性、艺术性等原则进行评价,有助于不断地调整和修改,使自己的设计更趋于完善。其次,对信息技术教学使用过程的评价,使用前要根据学科特点和学生特点进行诊断性评价;使用过程中,对于使用时间的长短、使用顺序的先后、使用的具体方式等要进行形成性评价,不断发现问题,及时解决问题;使用后,要对使用产生的效果进行总结性评价。再次,对学生的评价也是信息技术教学过程的一部分。传统的评价学生的方法是作业和考试,即主要是在课堂之外的,课内也有,但一般用于鼓励学生。信息技术教学应用中对学生的评价应该是适时的,既有教师的通过观察了解课堂情况进行评价,也有通过信息化教学内容本身设计的各种测试形式进行评价,还可以通过多媒体的硬件控制系统对学生的参与和反馈等方面进行适时评价和客观分析。

二、信息技术下的数学教学设计

(一)信息化数学教学设计

数学教学设计是以数学学习论、数学教学论等理论为基础,运用系统方法分析数学教学问题、确定数学教学目标、设计解决数学教学问题的策略与方案、试行方案、评价方案结果和修改方案过程。数学教师要教好数学,必须对数学教学有正确的认识,要有正确的指导思想。它决定数学教师的价值取向,影响教师对教学目标、教学原则和教学过程的认识,制约他们对教学模式策略的选择。

传统教学中教师的教学设计,是为上课所进行的一系列课前准备活动,即备课。备课往往是从教师的主观愿望出发,重教轻学,只设计教法而忽视学法。课堂讲授过程中也不能提供实际教学情景,从而使学习者对知识的意义建构产生困难。所以数学教学的科学性、合理性和有效性较低。

信息化环境下的数学教学设计,要求运用系统方法,在"主导—主体"教学理论指导下,把以计算机和网络为核心的信息技术作为促进学生自主学习的认知工具、情感激励工具以及丰富教学环境的创设工具,并将这些工具全面地应用到数学教学过程中,以实现数学教学过程的优化。

信息化时代,培养学生自学能力比教现成的数学知识更重要。所以构建适合我国社会文化

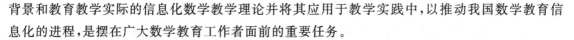

背景和教育教学实际的信息化数学教学理论并将其应用于教学实践中,以推动我国数学教育信息化的进程,是摆在广大数学教育工作者面前的重要任务。

(二)"主导—主体"教学设计

"主导—主体"信息化教学设计是我国教育信息技术专家何克抗教授提出的,其核心是"学教并重",是实现信息技术和课程整合的有效的教学设计方法。①

1. "主导—主体"相结合教学结构

"主导—主体"相结合教学结构,介于以教师为中心的教学结构和以学生为中心的教学结构之间,既不是以教师为中心也不是以学生为中心,而是既发挥教师的主导作用,又要充分体现学生在学习过程中的主体地位。这就要求在基本保留"传递—接受"式教学活动进程中的条件下(在大班授课情况下,这种教学活动进程有利于教师主导作用的发挥),要对这种"进程"加以认真的改造,即,要在此进程中积极利用以计算机为核心的信息技术,并在建构主义理论指导下通过人机交互让学生更多地去主动思考、主动探索、主动发现,从而形成一种新的教学活动进程的稳定结构形式。"主导—主体"相结合教学设计体现在教师、学生、教学内容(资源)和多媒体之间有如下特点。

第一,教师和学生之间存在双向的强交互,学生在教师的帮助下学习,不断与教师进行各种形式交流——向教师汇报学习成果并获得教师的反馈(及时释疑解难)。

第二,学生从教材和各种学习资源获得大量的知识与信息,从不同侧面找到与主题相关的内容,同时还可以对各种学习资源进行挑选、重组或整合。

第三,教师要为学生的学习选择适当的教学媒体,并对教学媒体的呈现内容及呈现形式进行设计。

第四,学生通过教学媒体也可自主创设学习情境,并可根据自己的兴趣调节呈现的内容和形式,从而可在一定范围内自主调节学习进度与学习内容。

第五,教师要围绕教材搜集、整理相关的教学资源,要为学生提供比传统教材丰富得多的教学内容,并依据这些教学内容设计相关的教学活动。

第六,教材和教学内容要通过适当的教学媒体呈现,所以教学媒体的选择与设计也要依据教材和教学内容。

2. "主导—主体"相结合教学设计

"主导—主体"教学模式,兼有"传递—接受"和"发现"两种教学模式的优点,是一种"学教并重"教学设计。其具体设计按如下流程图进行:对于数学教学单元目标,已有数学课程标准给出,因而可以省略"确定教学目标"这一步骤。"分析学习者特征"这一环节一般包含对学习者的知识基础、认知能力和认知结构等三个变量,根据奥苏贝尔的教学理论,要实现"有意义的接受学习"(即有意义的"传递—接受"教学),比较有效的教学策略是"先行组织者"。由于"先行组织者"实际上是对学习者的认知结构变量进行操作的一种策略,所以我们可以根据学习者的认知结构变量是否适合于运用"先行组织者"策略来决定是否选用"传递—接受"教学方式,从而形成图 7-1

---

① 何克抗,吴娟.信息技术与课程整合[M].北京:高等教育出版社,2011:100.

的教学流程的两个分支:"传递—接受"教学分支(右分支)和"发现式"教学分支(左分支)。另外,在实施"先行组织者"策略过程中,如通过形成性评价发现效果并不理想,则除了可以调整教学内容和修正"先行组织者"策略的实施方式以外,还可以采取其他的"传递—接受"教学策略(甚至是自主学习策略)作为补充,以求达到更佳的教学效果。在"传递—接受"(右分支)中,由于强调主导作用的发挥,且促进习得知识的巩固与迁移是教师主导作用的基本内容之一,所以"传递—接受"教学往往比较重视最后的"知识迁移"环节,但在"发现式"教学分支(左分支)中,这一环节则容易被忽视。

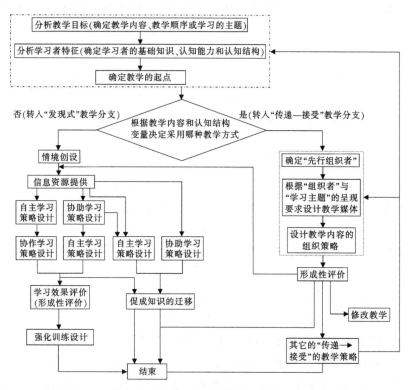

图 7-1 "主导—主体"教学设计流程图

(三)信息化数学教学设计案例

表 7-2 是一个教师为主导、学生为主体的多媒体应用的数学教学设计案例——拼图与勾股定理[①]。

表 7-2 拼图与勾股定理教学设计

1. 题目
勾股定理证明
一、学习目标与学习成果

---

① 李艳利.现代信息技术与中学数学课堂教学整合研究[D].兰州:西北师范大学,2004:36.

(续表)

1. 知识目标
经历综合运用已有知识解决问题的过程,在此过程中加深对勾股定理、整式运算、面积等的认识。 体会数形结合的思想以及数学知识之间的内在联系,形成勾股定理认知体系。
2. 能力目标
培养动手操作能力、拼图能力、发散思维及创新思维能力。提高学习能力、科研能力和运用信息技术的能力。 通过搜索有关资料提高学生网上查询的能力(有关 Internet 知识),学会制作简单的多媒体电子作品并展示成果(如 PowerPoint,Frontpage 等)。
3. 情感目标
培养学生团结协作、积极探究的精神。通过获得成功的体验和克服困难的经历,增进数学学习的信心,通过信息技术与数学教学整合体会信息技术的优势,从而把信息技术作为学习的工具。 经历使用不同的拼图方法验证勾股定理的过程,体验获取数学知识的感受,通过有关勾股定理的历史讲解,对学生进行德育教育,体验解决同一问题方法的多样性,进一步体会勾股定理的文化价值。
二、学习内容与学习任务分析
1. 教学重点
通过综合运用已有知识解决问题的过程,加深对勾股定理、整式运算、面积等的认识。 通过几何画板拼图验证勾股定理的过程,使学生获得一些研究问题与合作交流的方法与经验。
2. 教学难点
利用信息技术,拼出不同图形以验证勾股定理。 利用数形结合的方法验证勾股定理。
三、学习者特征分析
初中学生由于年龄特征,还不具备较强的抽象思维能力,所以在教学中应多利用投影演示加强直观教学,让学生体会数学知识的建构与形成过程,渗透思想、指导方法、加强引导;另外还要培养学生的协作精神和自主探究、动手操作能力,培养学生的信息素养,使他们不断由"学会"向"会学"发展。
四、学习情境创设
1. 信息资源
剪刀、双面胶、硬纸板、直尺(或三角板)、铅笔、多媒体课件、网络资源等。 漫游勾股世界 http://www.yp.edu.sh.cn/school/zx/dongsheng/dongsheng/200.200.200.100/xyw/js-bfkj/1/index.htm. 勾股定理网络互动教与学:http://www.injy.sd.cn/ggd1/1-2.htm. 勾股定理的证明 http://www.cbe2l.com/subject/maths/html/040602/200103/12001031362.html. 从勾股数到勾股定理 http://www.5ewy.com/shuxue/show.php?sort=60&id=522.

(续表)

2. 学习环境创设
问题情境创设： 教师启发、引导学生进行大胆的猜测,并能够动手操作,主动验证自己的猜想,激发每一位学生的学习积极性,使学生按照自己的知识水平和兴趣所在投入问题的讨论、探索和解决过程中。 协作学习情境创设： 把学生分成小组,让他们在讨论、合作、竞争中完成学习任务,并且能够进行自评和互评。至于知识的创设,要在学生已有认知和经验的基础上,符合学生的思维特点,有利于知识的意义建构及对知识结构的理解和识记。在解决问题的过程中,让小组的每个成员积极投入学习中去。
五、教学过程设计
1. 首先让学生说勾股定理的内容及关于它的历史故事。然后教师介绍勾股定理的证明方法有400多种。提出问题：你能发现其他的拼图方法来验证勾股定理吗？ 2. 教师介绍数学家赵爽创制的"弦图"。让学生用准备好的四个全等三角形,尝试拼图验证勾股定理并与同伴交流。 3. 教师利用几何画板演示"弦图"对勾股定理的证明过程。 4. 让学生动手操作,利用信息技术和"青朱出入图"验证勾股定理。 5. 阅读有关书籍或上网查询,得到更多验证勾股定理的方法。 6. 制作图形实物模型,或学生根据相关问题,设计"汇报网页"和PowerPoint演示文稿。 7. 全组交流：学生将制作的汇报材料进行演示交流。
六、教学评价设计
1. 评价对象及标准
数学教师：教师个人素质,如信息技术操作能力、知识的理解能力；教师在教学行为中的表现等。 学生：学生在数学学习中的态度、兴趣及个性,相关能力,学业表现等。 数学学习资源：课程标准、教材、多媒体网络技术等。 数学学习环境：课堂氛围,师生教与学的交流、社会或文化背景等。
2. 评价的形式
课堂提问课上练习合作完成学习任务等

　　分析：该设计系统、科学、合理,便于操作,将多媒体与数学教学有机地融合到一起,发挥了多媒体对勾股定理学习的积极作用,体现了"主导—主体"教学思想。

　　勾股定理是初中几何中一个十分重要的定理。以往课堂教学中一直沿用传统的教学模式,以教师为中心进行教学设计,学生接受起来比较困难,并且不能熟练应用。而利用信息技术作为教辅工具和学习工作来证明及学习勾股定理,变以往枯燥、呆板、被动模仿的教学模式为学生跟随教师一同操作、主动研究的"主导—主体"教学模式。在教师的引领下,从学生原有的知识和技能出发,采用个人动手操作、小组内协作、全班交流三方面结合的方式,激发学生的学习兴趣,进而大胆猜测,使观察、猜测和分析同步进行。具体表现在,新课程所用的时间将减少,而课堂练习的时间却加大,特别是综合练习和发展练习的机会增多,整个教学达到了精讲、精练、多练的目的。学生自主学习能力培养得到落实,利用图书馆、网络资源等获取有关信息与资料,动手制作简易的几何模型;学会提出问题的方法,学会网上协作学习的方式和途径,学会了自我评价的方式,初步学会利用计算机如何研究数学等;培养了学生的竞争意识、竞争能力与协作精神。

可见,信息技术与中学数学课堂教学整合表明,一方面可以优化课业结构,减轻课业负担;另一方面,可以明显地提高中学数学课堂的教学效率,有效地激发学生学习数学的兴趣,促进学生素质的全面发展。

三、信息技术在数学课堂应用的案例分析

信息技术与数学课堂教学整合要建构适合我国国情和教育教学实际的数学教学模式,并将其有效地应用于数学教学实践中去,以推动当前数学教育信息化的进程。以下三则案例均来自于教学实践,它们从不同的方面体现了整合的优势、原则和策略。

(一)《多边形内角和》教学案例[①]

【教学内容分析】

本节是学生在学习了三角形的内角和基础上进行的,本节公式是初中几何中重要公式之一,它揭示的是多边形的边数和内角和的数量关系,蕴涵了类比和扩展的方法,突出了复杂化为简单、未知化已知等数学思想,是今后学习镶嵌等问题的主要依据之一。

【教学目标】

知识掌握:理解多边形定义及有关概念;理解多边形内角和、外角和、对角线的条数等。

技能提升:在多边形内角和定理的推导过程中,渗透给学生类比、转化、归纳的数学思想方法;在定理及推论的应用过程中培养学生建立方程及分情况讨论的思想,以及提高动手操作、自主探究、合作学习的能力。

解决问题:通过对多边形内角和定理的探究,学生体会它们在解决实际问题中的作用,并能用它们解决生活中的数学问题;亲身经历情境学习、模拟实验、资源检索、协作交流、反思评价等学习环节;初步了解以问题为核心的学习方法,体验问题解决的全过程,建立对提出问题、分析问题、解决问题过程的初步印象。

情感态度:通过问题解决及网络化学习过程的体验,逐步增强问题意识、探究能力,形成对网络学习环境的热爱,激发求知欲,提高数学学习兴趣。培养学生的审美情趣并帮助其认识到数学的应用价值。

教学重点:多边形内角和定理与外角和定理的应用。

教学难点:鼓励学生主动探索,通过"转化"的方法得出多边形的内角和等结论。

学生网络操作技能的提高及迅速适应网络互动教学,在"网络教室"特定环境下的

---

① 刘志华. 以信息技术为载体的初中数学探究式教学研究[D]. 天津:天津师范大学,2012:35.

教学组织及任务驱动。

【教学过程】

(1) 营造学习情境

呈现本节学生应掌握的内容,并把这些内容设计为生活中的数学活动,营造良好的学习情境。

(2) 教学流程设置(图7-2)

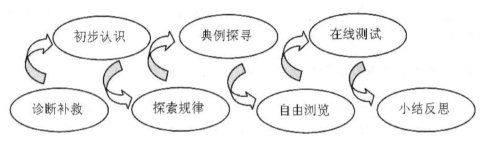

图7-2 教学流程

首先借助学生已有的知识,创设数学问题情境为其后续学习做准备,进而借助信息技术提出问题,让学生感悟数学概念的内涵,然后发展学生的合情推理意识,主动探究的习惯;培养学生类比、归纳、转化的科学思想方法。最后巩固所学知识,体会现实生活与数学紧紧相连。提高其计算机操作能力的同时,培养学生在网络中获取知识的能力与网络环境下的应试能力,最重要的是达到巩固、发展、提高所学知识的目的。

(3) 观看"在线课堂"

教师在创设问题情境的过程中,要展示问题情境,提出引导性问题,激起学生的认知冲突,引导学生提出问题,并指导学生操作。而学生需要调整思维状态,在教师引导下操作,进入情境学习,观看录像,网上答题,如图7-3所示。

图7-3 网上答题

(4)模拟现实

从实际生活中抽象出多边形,并介绍多边形的有关概念,这样设置问题情境,从"直观到抽象"的思维方法,充分调动了学生学习数学的主动性,使学生的学习过程成为在教师引导下的"再创造"过程。

(5)探索规律

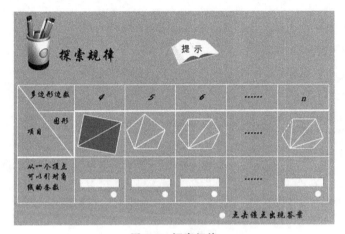

图 7-4 探索规律

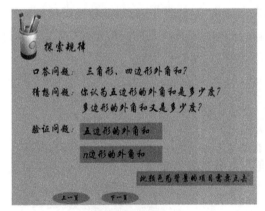

图 7-5 探索规律

布置一些探究问题的情境:①从一点引对角线的条数、规律;②多边形内角和规律;③多边形对角线总数规律;④多边形外角和。引导学生从已有知识经验出发来分析问题和提出假设,使学生体验科学猜想的过程。支持和帮助学生拟订小组学习计划,能增强学生的学习责任感,使其学习目标更为明确。如图 7-4、图 7-5 所示。

(6)问题探究

教师要明确学生解决焦点问题的思想动向,引导学生指向关键的概念。鼓励学生动手实验、归纳总结与协作交流(可以通过 BBS 论坛进行交流合作)。

(7) 总结结论

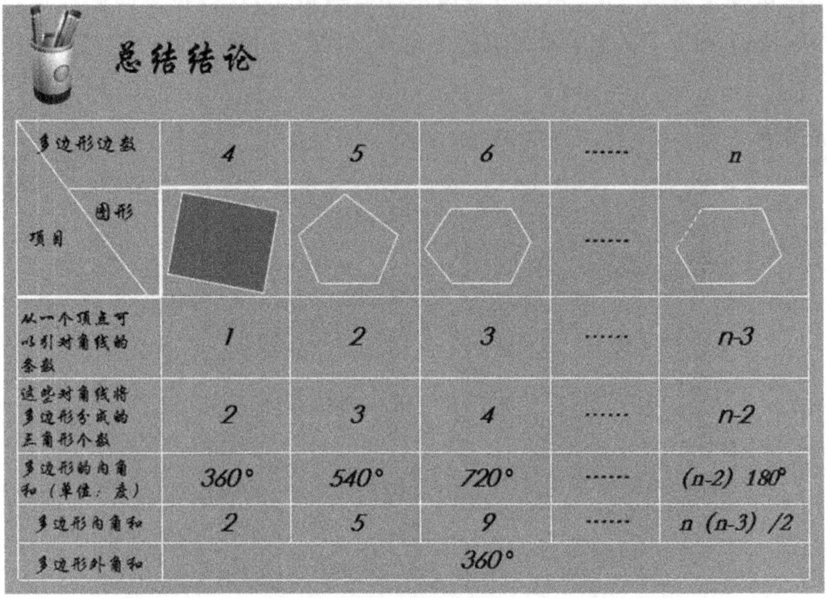

多边形边数	4	5	6	……	n
图形项目	■	⬠	⬡	……	
从一个顶点可以引对角线的条数	1	2	3	……	n-3
这些对角线将多边形分成的三角形个数	2	3	4	……	n-2
多边形的内角和（单位：度）	360°	540°	720°	……	(n-2) 180°
多边形内角和	2	5	9		n(n-3)/2
多边形外角和			360°		

图 7-6　总结结论

创设有助于学生自主探究的情境，让学生通过探究，经历信息的提取、分析、归纳、总结、交流的过程，感受数学思考过程的条理性和数学结论的确定性，发展学生的合情推理意识，培养学生类比、归纳、转化的科学思想方法，如图 7-6 所示。

(8) 典型探寻

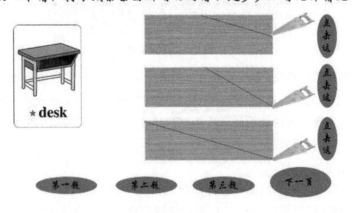

图 7-7　典型探寻

培养建立方程思想变式训练，培养学生分析能力，渗透分类讨论的思想。引导学生将所学知识在实际生活中迁移,不仅增强其灵活运用知识的能力,体会数学与现实生活的紧密联系,而且使其充分感受到数学学习的价值所在。如图 7-7 所示。

(9) 自由浏览

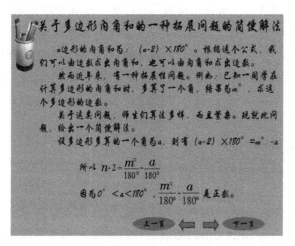

图 7-8　自由浏览

教师在留言板里发布留言,提供 3 个浏览方案,引导学生利用网络资源来解决问题,使其熟悉专题网站环境,通过学生的反应来检验网站信息、组织方式的实用性。学生可以进入"答疑室",发表留言或提出疑问。如图 7-8 所示。

(10) 在线测试与分层评价

通过网络考试让学生对学习有更深的了解,同时也可检验他们的学习效果。教师及时获知学生的有关信息,且在评价过程中关注学生个体差异。指导学生围绕所获得的问题解决方案及整个学习过程开展学习反思,总结其中收获,找出学习过程中存在的问题与不足。

案例分析:数学新课程理念倡导学生主动参与,乐于探究,学生的学习过程和科学家的探索过程本质上是一致的,都是一个发现问题、分析问题、解决问题的过程,信息技术整合于数学课堂教学为学生提供了发现和探索的机会,使得上述过程可能得以实现,这是传统教学给出已知和求证后让学生自己证明所无法比拟的。

本节课在信息技术环境下,教师首先通过"在线课堂"进行情境引入,通过数学规律的探索与总结、典型例子的分析等不断深入的推理,引导学生抽象概括,在课堂教学的正确方向上不断前进。教师提出探究问题,并通过一系列的设问,不断地启发和引导学生,进而让学生通过动手实验来发现问题、猜想结论,并不断地验证和修改,真正地让学生在学习过程中体会到了数学探索的过程,很好地解决了教学难点和重点,完成了教学任务。

教师创造性地发挥了信息技术的强大优势,创设了一个良好的实验探究环境,为学生提供了探索和发现的过程。通过信息技术搭建的教学平台,紧紧围绕课堂教学目标,巧妙运用探究式教学技巧,迎合初中生学习心理与规律,通过多次问题引导,有效激励学生在"多边形内角和"的课堂上,充分发挥主观能动性,自主探索、自主学习。

(二) 指数函数的教学案例

【教学目的】

(1) 知识目标:理解指数函数的概念,掌握指数函数的图像和性质。

(2) 能力目标:通过引导学生观察当指数函数的底数 a 变化时函数图像的变化,培养学生的观察能力和归纳总结能力;通过练习题的设计培养学生对函数的应用能力。

(3) 发展目标:激发学生学习数学的兴趣和求知欲;培养学生初步掌握数形结合的数学思想方法;培养学生思维的灵活性和严谨性;培养学生的探索精神和创新能力。

评注:教学目标很好地落实了"新课标"的精神。知识、能力目标具体,可操作性强。

【教学重点及难点】

(1) 教学重点:指数函数的图像、性质。

(2) 教学难点:指数函数的图像性质与底数 a 的关系。

【教学安排】

教师运用现代信息技术,创设教学情境来引出指数函数的实例,形成概念,进而利用计算机绘制指数函数的图像,通过绘制出大量的指数函数的图像,引导学生观察实验和小组讨论得出指数函数的性质,并通过例题的学习和练习题的设计培养学生对函数的应用能力。

【教学过程】

(1) 创设情境,形成概念

师:前面几节课,我们学习了指数的有关概念和幂的运算性质。这些知识都是为我们学习指数函数打基础的。

现在大家来看下面的问题:

某种细胞分裂时,由 1 个分裂成 2 个,2 个分裂成 4 个……(课件演示细胞分裂的动画)

问:1 个这样的细胞分裂 x 次后,得到的细胞个数 y 与 x 的函数关系式是什么?

学生通过观察动画演示,很容易得到结论:$y=2^x$。

教师指出这个函数便是我们将要研究的指数函数,其中自变量 x 作为指数,而底数 2 是一个大于 0 且不等于 1 的常量。

大屏幕给出指数函数定义:一般地,函数 $y=a^x(a>0,$ 且 $a\neq 1)$ 叫做指数函数,其中 x 是自变量,函数定义域是 R。

评注:细胞分裂的动画演示使学生对指数函数的特例 $y=2^x$ 留下了深刻的印象,这一情境有助于指数函数概念的形成。

(2) 实验演示,探索性质

师:现在研究指数函数 $y=a^x(a>0,$ 且 $a\neq 1)$ 的图像和性质,用图形计算器(或几何画板)作出函数 $y=a^x(a>0,$ 且 $a\neq 1)$ 的图像:

(a) 先看 $a>1$ 的情形:给出 $a=2,3,4,\cdots$,计算机可自动生成相应的函数图像。

(b) 再来研究 $0<a<1$ 的情形:分别输入 $a=\dfrac{1}{2},\dfrac{1}{3},\dfrac{1}{4},\cdots$,计算机自动生成相应函数的图像。

评注:为了强调作函数图像的方法和步骤,教师再演示 $y=2^x$ 和 $y=(\frac{1}{2})^x$ 的图像形成过程(图 7-9),将列表、描点、连线的几个步骤详细展示出来,使学生可以清楚地观察到作函数图像的方法与步骤。

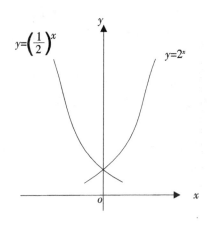

图 7-9 指数函数图像

在演示上述图像的生成过程时,教师引导学生注意观察当底数 a 的取值范围不同时函数图像的不同特征,为强调这一点,教师特别演示课件:当 a 连续变化($0 \to 1 \to \infty$)时,函数 $y=a^x$ 图像的变化规律。

学生通过观察和讨论,总结出函数 $y=a^x(a>1)$ 和 $y=a^x(0<a<1)$ 的图像和性质,如表 7-3 所示。

表 7-3 指数函数的图像和性质

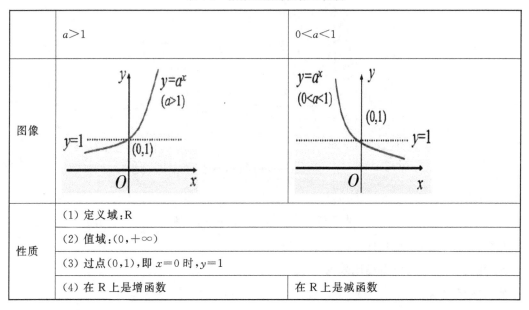

评注:学生观察 $y=a^x$ 的图像,由于信息技术的应用,多么复杂的图像都可以轻易地画出。在这个过程中,通过 a 的连续动态变化来演示函数图像的变化情况,从而让学生更直观、清楚地看到指数函数 $y=a^x$ 的性质,并体会从量变到质变的事物发展规律,顺利地实现在函数的解析式表示与图像表示之间的相互转换,突破了数学的高度抽象性而带来的思维困难,极大地改善了学生的数学思维空间。图像的直观性可以引导学生把思考重点放在 $a=1$ 和特殊点 $(0,1)$ 上,从而顺利概括出函数性质。这是一个使学生体验"数学研究"真谛的过程。

(3)动手实践,解决问题

例1:某种放射性物质不断变化为其他物质,每经过1年,剩留的这种物质是原来的84%,画出这种物质的剩留量随时间变化的图像,并从图像上求出经过多少年,剩留量是原来的一半(结果保留1位有效数字)。

分析:通过恰当假设,将剩留量 y 表示成经过年数 x 的函数,并可列表、描点、作图(如图7-10),根据图像求得所要求的 x 值。

解:设这种物质初始的质量是1,经过 n 年,剩留量是 y。

经过1年,剩留量 $y=1\times 84\%=0.84^1$

经过2年,剩留量 $y=1\times 84\% \times 84\%=0.84^2$

一般地,经过 x 年,剩留量 $y=0.84^x$

根据这个函数关系式可以列表7-4如下。

表7-4 函数关系

x	0	1	2	3	4	5	6
x	1	0.84	0.71	0.59	0.50	0.42	0.35

用描点法画出指数函数 $y=0.84^x$ 的图像。

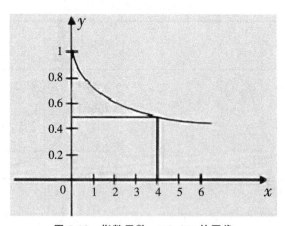

图7-10 指数函数 $y=0.84^x$ 的图像

从图7-10看出 $y=0.5$ 只需 $x=4$。

答:约经过4年,剩留量是原来的一半。

例2:说明函数 $y=2^{x+1}$ 与 $y=2^x$ 的图像的关系,并画出它们的示意图。

实验：把学生分成两组，一组利用计算机作出函数图像，观察讨论，找到函数 $y=2^{x+1}$ 与 $y=2^x$ 的图像的关系；另一组学生利用传统的做法分析与比较（引导学生回顾初中接触的二次函数平移问题）。

两组学生用不同的方法分别解决了问题：将指数函数 $y=2^x$ 的图像向左平行移动一个单位长度，就得到函数 $y=2^{x+1}$ 的图像。

(4) 巩固练习

按复利计算利息的一种储蓄，本金为 a 元，每期利率为 r，设本利和为 y，存期为 x，写出本利和 y 随存期 x 变化的函数关系，如果存入本金 1000 元，每期利率 2.25%，试计算 5 期后的本利和应是多少？

(5) 课堂总结

① 指数函数的图像与性质。

② 知识的实际应用。

(6) 作业

【案例分析】在指数函数的传统教学中，教师通常是要求学生用"描点法"作出几个特殊函数的图像，甚至是教师自己先作好图像，然后就让学生观察这几个图像来讨论指数函数 $y=a^x$ 的性质。学生对于所画函数的图像，按底数 a 的取值范围分为 $0<a<1$ 和 $a>1$ 两部分，都是不甚明白，学习过程比较被动。但在本节课的教学中，教师充分运用了信息技术的"辅助作图"和"动态演示"功能，引导学生随意地取 $a=2, a=3, a=4, \cdots$，并在同一个坐标系内画出 $y=a^x$ 的图像，然后再取 $a=\frac{1}{2}, a=\frac{1}{3}, a=\frac{1}{4}, \cdots$，仍在同一个坐标系内画出 $y=a^x$ 的图像。在这个过程中，学生可以非常清楚地看到底数 a 是如何影响并决定着函数 $y=a^x$ 的图像变换的。由于函数的图像随着 a 向 1 靠近而自然地聚集，学生可以清楚地看到 $a=1$ 这条分界线，而函数的定义域、值域、单调性、特殊点 $(0,1)$ 等更是一目了然。在此基础上，通过 a 的连续动态变化来演示函数图像的变化情况，使得抽象的数学概念和性质形象化、具体化、直观化地表现出来，从而让学生更直观、清楚地看到指数函数 $y=a^x$ 的性质，实现了在函数的解析式表示与图像表示之间的相互转换，建立起参数 a 与函数 $y=a^x$ 的图像以及解析式之间的联系，突破由于数学的高度抽象性而带来的思维困难，极大地改善了学生的数学思维环境和学习环境。本节课具有如下特点：

(1) 本节课中信息技术的使用是必要的，教师充分利用了它的优势，发挥了它不可替代性的作用，如运用信息技术展示当 a 取不同的值时以及 a 连续变化时函数图像的变化规律。

(2) 本节课中的信息技术应用与传统教学方式实现了优势互补，得到了完美结合，如在例题的教学中让学生把计算机绘图和纸笔计算相结合，一方面使学生体会到信息技术作为认知工具的优势，另一方面也强调传统的作图和运算技能不能偏废。

(3) 在本节课教学过程中教师通过启发式的设问，引导学生观察、比较、思考、交流、讨论、探索、发现，既体现了教师的主导作用，也突出了学生的主体地位，与此同时培养了学生的交流能力和创新意识。

(4) 在信息技术环境下，学生学习的不再是现成的知识，而是通过实验、观察、讨论、探索而获得新知，这改变了传统的听讲、记笔记、巩固练习的学习模式，取而代之的是教师创设多媒体情境,演示数学实验,师生交流讨论、学生变式练习的新模式。因此,本节课信息技术的运用既改变了学生的学习方式,也改变了教师的教学方式。

(三) 几何教学案例——正方体截面①

【教学目标】

(1) 知识目标:使学生形成并理解正确的空间概念,加深对有关平面基本性质的三条公理的理解,并掌握正方体截面的画法。

(2) 能力目标:通过引导学生进行数学实验,引导学生进行积极的思维活动,使他们领悟数学思想和数学方法,激发他们学习数学的兴趣,体验正方体的截面的探索历程,培养学生的观察能力、猜想能力、合情推理能力、论证能力、合作交流能力和归纳总结能力。

(3) 发展目标:通过"数学实验、提出猜想、验证猜想"等环节,培养思维的变通性和严密性,培养学生的探索精神和创新个性,培养学生逻辑思维、直觉思维能力和自主探究能力。

评注:教学目标很好地落实了"新课标"的精神。知识、能力目标具体,可操作性强。

【教学重点难点】

重点:正确理解并形成正确的空间概念。

难点:准确地画出正方体的截面。

【教学过程】

(1) 创设情境

教师通过计算机演示图7-11所示积件,创设一种虚拟性情境,启发学生进行积极的思考:屏幕中所示正方体的截面是怎样的三角形?

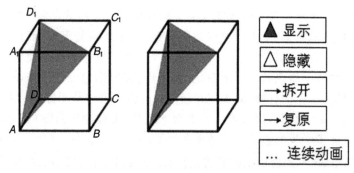

图7-11 正方体的截面图

评注:教师创设了情境,学生的学习兴趣被激发起来。于是教师一边再次演示图7-11积件,一边与学生共同确定本节课的主题:正方体的截面。

(2) 虚拟实验

学生在教师指导下,运用所构筑的现代信息技术与高中数学课程整合教学平台系统(如几何画板)进行自主探究或协作探究实验。

---

① 王彦辉.信息技术与高中数学课程整合的案例研究[D].兰州:西北师范大学,2007:35.

(3) 讨论与交流

通过实验、交流协作,学生发现:图 7-11 中深色的三角形是等边三角形;在一个正方体中,类似于这样的等边三角形的截面不止一个。

(4) 提出猜想

学生在教师引导下,通过自主探究或协作学习,对在实验过程中发现的问题作进一步的研究,提出了以下猜想:在一个正方体中,类似于这样的等边三角形的截面一共有 8 个;用一把无比锋利的刀猛地朝一个正方体形的木块砍下去,它的截面只能是三角形、四边形、五边形和六边形。

(5) 验证猜想

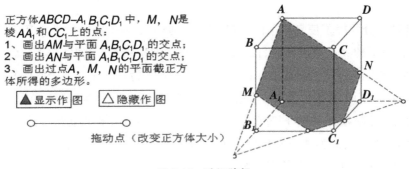

图 7-12 验证猜想

评注:学生操作、观察、探讨、分析,研究两个平面的交线情况。明确截面图形的情况。

教师通过图 7-12 展示的例子,讲授正方体的截面的一般作法。然后,学生在教师指导下,利用教师放置在现代信息技术与高中数学课程整合教学平台系统上的积件进行实验,可得到以下图形(图 7-13),从而猜想得到证明。

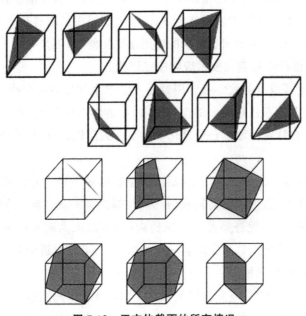

图 7-13 正方体截面的所有情况

(6) 学生总结正方体截面的所有情况,互相交流,达成共识。教师最后给予肯定。

(7) 作业。

评注:学生通过自己的实验解决了问题的,也体验了成功的喜悦。学生交流、讨论总结。互相协作,互相帮助,取长补短,培养了团队精神。

【案例评析】

(1) 本节课中,学生的主体地位得到了充分体现,符合新课程标准所倡导的自主、合作和探究的学习方式,教师并没有一味地讲解,而是把大量的时间留给学生,让学生亲历知识形成的过程。教师加强了对学生学法的指导,避免了出现"放羊式"的无序局面,培养了学生的自主学习能力。

(2) 本节课充分发挥了信息技术的优势,为学生创设了一个良好的学习环境。在虚拟实验环境中,将几何图形的关系表现得淋漓尽致。现代数学教学非常重视"做数学",而几何画板在教学中的运用,给学生提供了一个很好的工具,利用几何画板为自己建立一个虚拟的数学实验室。

(3) 本节课落实了"引导—探究—实验"的精神,信息技术作为学习工具,帮助学生对所研究的问题进行实验,化抽象为直观,同时对学生的作图、识图能力起到了很好的训练作用。

(4) 本节课中,在传统教法下画出两个平面的交线,学生觉得非常困难,而用了信息技术使之变得非常直观,学生也非常容易理解,显得非常自然。

(5) 本节课中,小组成员态度积极,气氛活跃,大家朝着共同的目标而努力,充分培养了学生的合作精神,提高了课堂效率。

四、信息化数学教学技能的训练

数学教育专业师范生信息技术应用技能的训练,除了开设"教育信息技术"公共课之外,还需做好数学教育类课程中的信息技术应用技能训练、教育实习中的教育技术指导、数学专业课程教学中信息技术应用,使得师范生的信息技术的应用意识和能力,逐步得到培养。

(一) 数学教育类课程中的信息技术应用技能训练

数学教育类课程是师范类的数学与应用数学专业学生的专业必修课。在学习理论的同时,结合具体内容,加强信息技术技能的训练。一般地,在案例教学研究、概念图教学设计和微格信息化教学等方面,可以有针对性地进行信息化数学教学的设计、操作和策略等训练。

1. 案例教学研究

案例教学研究是在教师的精心策划下,根据教学目的和教学内容的要求,运用典型案例,通过学生的独立思考或合作,进一步提高其辨识、分析、解决某一具体问题的能力。将案例教学运用到教育技术能力训练,可以促进师范生知识的内化;可以大大缩短职前教育与实践工作的差距,提高未来教师使用教育技术解决实际教学问题的能力;可以促进师范生对教学中教育技术应用问题的分析、反思、体验和感悟。

案例教学实施的过程一般可以分为案例教学前期准备和案例实施两大阶段。在案例教学前期准备阶段,首先要确定教与学的目标。目标的确立应以《教育技术能力标准》为依据,在此基础上根据中小学教育教学实际需要进行分解细化,使其便于操作和评价。接着,分析学生当前的知识、技能状况,以便前期准备更有针对性。最后在前两步工作的基础上选择有代表性的教育技术应用典型案例,从而对案例中教育技术的使用进行分析、讨论。最后,教师要事先对案例深入研究,做好分类和记录。在案例教学实施阶段,首先呈现案例、提出问题,提出的问题应该指向所要培养的能力,然后对问题展开讨论,最后总结评价。

随着网络技术及视频技术的发展,案例教学也从"文本案例"向"视频案例"发展。视频案例可以记录教学现场,以更直观的方式呈现教学多样化的教学环境,与文本案例相比,视频案例有利于提供真实可信的课堂情境,有利于内隐知识的呈现,有利于整合教师教育课程,有利于提供多元表征,为师范生的教学研究提供丰富的资源。可见视频案例作为一种教学信息化,不失为师范生信息技术学习的认知工具。

2. "概念图"教学设计

教学设计是教育技术能力的核心,是有效开展教学的重要保障,对教学设计能力的提高非常重要。而作为思维工具的概念图,它是用来组织与表征知识的工具,是一种以科学命题的形式显示了概念之间的意义联系,并用具体事例加以说明,从而把所有的基本概念有机地联系起来的空间网络结构图。它对于教学内容的组织、呈现、展示和交流,以及建构和发散的过程均具有良好的支持,而且还有利于保持使用者的自信心,减少使用中技术因素的干扰,成为教师、学生的好帮手。在数学教育类课程教学中,概念图的应用可以穿插和应用于整个教学过程中,它支持教学设计的基本过程和环节,并同媒体工具或媒体教学法融合成为教学设计的基本要素之一。其应用环节和优势主要体现在以下几个方面:

第一,概念构图可以有助于现代教育技术课程的系统学习。通过绘制相关主题的概念图,深入分析各知识点之间的内在逻辑联系,合理安排教学内容的顺序,使学习者对现代教育技术的理论、应用等环节能够有一个系统的、整体的认识。

第二,概念构图可以作为教学设计训练的有利工具。在教学之初,教师通过让师范生绘制出已学相关知识的概念图,通过概念图的形式展现教学设计的思路,外化学习者的知识结构和教学设计能力。这种方法能够避免教学设计环节学习中普遍存在的单纯的教学设计理论学习的缺陷。

第三,概念图可以作为组织学习资源的工具。利用概念图应用软件绘制的概念图可以作为超媒体下学习资源,它为师范生提供了一个经过精心组织的支架式网络信息资源。

3. 微格信息化教学

在微格教学中,从目标、方法和管理等几方面,考察信息技术的应用,产生微格信息化教学的效果。具体操作:

第一,在教学目标上要建立多元化的、面向信息技术教学环境的训练目标。具体而言,就是要顺应现代教育的发展,立足人际沟通、师生交流及教学进程中的问题处理,实施以师范生教学能力培养为主要目标的教学,让师范生学习如何用现代教育技术去"导学"。

第二,在教学方法上,可以采用同伴训练、角色扮演、说课训练、特殊技能训练等多种训练方法。同伴训练是以小组为单位,师范生轮流扮演教师和学生,共同完成"训练—评价分析"的过程。角色扮演主要是让小组合作完成某一完整教学内容的教学,根据任务决定每人训练的教学技能项目。说课能最大限度地展现教师对学生、教材、教学方法、多媒体使用的掌握情况。特殊技能训练,主要指现代教育技术的运用技能训练。根据教学内容或教学组织形式选择合适的媒体,在适当的时机使用媒体,以熟练的技巧操作媒体都是微格训练中应注意的问题[①]。

第三,在管理方法上实行以人为本的发展性管理方式。条件允许的学校可以设置开放式微格教室,采用组织训练和自由训练相结合的方式,方便师范生利用自己的时间随时进行训练。如果没有足够的硬件设备,则可借助信息技术手段,构建基于网络的微格教学训练平台。

(二) 教育实习中教育技术能力的指导

教育实习是职前教师教育重要阶段。加强教育实习中对学生教育技术能力的指导,可以采取以下措施:

第一,培养师范生教育技术能力。从实习来看,要加强教师教育技术能力的培养,在平时教学工作中应注重对师范生教育技术能力的要求与考核,逐步提升师范生的技术素养,使师范生能像使用黑板和粉笔一样自如地运用教育技术进行教学。

第二,掌握指导方法。了解并研究教育技术能力的发展规律,在指导中根据实习生所处的不同阶段选择合适的指导方法;要了解并研究实习生的心理特点;要探讨对实习生进行具体教育技术能力指导的方式方法,除了保持传统的优良作法,指导学生精心备课,反复演练,更要与时俱进,树立新的教育观念,在教学设计、教学组织、媒体应用、学习促进等全方位予以指导,真正将指导落到实处。

第三,有机整合微格训练和教育实习。师范生的教育实习是一项长期的工作,为确保教育实习任务的顺利完成,培养合格的基础教育师资,有必要建立稳定的教育实习基地,并在实习基地建立微格教室。师范生可通过教育实习整合训练微格教学中学习的单项教育技术技能;可在教育实习的过程中发现教育技术能力运用的不足,返回微格教学加强训练。这样师范院校应尽可能发挥自身多方面的优势,在资金、技术、设备、信息和师资培养上给教育实习学校帮助和扶持。教育实习学校也应为师范院校的实习给予力所能及的配合和支持。双方要挖掘互补,形成互利互惠的双赢格局[②]。

(三) 数学专业课程教学中信息技术的应用

在数学专业课程中,加强计算机应用基础课程学习的同时,还需在数学专业课程上采用多媒体技术上课,培养学生信息技术能力和信息化教学意识。

第一,信息技术课程数学化。对数学教育专业学生而言,通过计算机应用基础课程的学习应为师范性技能——计算机辅助数学教学技能奠定一定的信息技术基础。计算机操作技能应重点放在 Office 办公软件的操作和应用上,特别要加强演示文稿制作软件 Power Point 的课件制作,训练学生用 Word 制作电子教案,用 Excel 解决相关的统计问题。在 Authorware、Flash、几何画

[①] 刘鹏,等.微格教学的多元化架构[J].电化教育研究,2005,(9):55-59.
[②] 李鹏鸽,陈宇涛.教育实习中存在的问题及解决策略[J].太原师范学院学报(社会科学版),2004,(4):141-142.

板等工具软件的功能和课件制作的相关技术学习时,让学生动手设计某节数学课教学课件的过程,对教学内容进行数学思维、教学法加工的教学设计过程。课件制作的重点不应限于技术的传授,还应让学生通过课件制作的学习提升对数学教学及数学教育本质的理解,帮助学生提高数学教育教学能力。

第二,数学专业课程信息化。数学教师对信息技术与数学课程整合已有广泛共识。为培养师范生对信息技术与数学课程整合的意识和能力,需掌握一些常用的数学教育技术平台,如适合中小学数学教学的几何画板和 Z+Z 智能教育平台,适合高等数学的 Mathematic 和 Matlab 等,可开设数学工具软件及其应用、数学实验等选修课,除了介绍软件的功能语法和算法思想外,重视以数学软件作为工具来解决计算、函数图像、概率和统计、立体几何等中学数学教学问题的专题训练,如二次函数图像的性质、圆锥曲线的统一、线性规划问题等。利用数学软件呈现以往教学中难以呈现的内容,设计探究性教学方案,结合师范生的教育理论,寻找典型的中学数学教学案例,倡导学生在"新课标"的理念下,设计具有启发性的数学实验来解决该案例的教学问题。这些专题训练将有助提高数学师范生信息技术与课程内容有机整合的技能。①

本章总结

信息技术与数学课程有效合理的整合,是在每位数学教师深入钻研教材的基础上,把传统教学中的黑板、粉笔、教科书等教学资源与现代信息技术(多媒体、网络)有机地整合起来,强化学生对数学的兴趣、情感和热爱。这样可以营造一种新型的教学课堂环境,创造良好的课堂气氛,从而产生更好的教学效果。

思考与练习

1. 收集、研读各种信息技术与数学课堂教学整合的案例,并结合案例阐述在各种课堂形式应用的特点。
2. 以一节中学数学课内容为例,进行信息整合的教学设计,并结合相应的理论知识进行小组评议,并改进设计。
3. 试结合具体案例,谈谈在数学课堂教学中,传统课堂教学与多媒体如何科学配合,才能最优化多媒体在教学中的效果。

参 考 文 献

[1] 申艳光,郭红. 信息技术基础[M]. 西安:西安电子科技大学出版社,2003:1-3.
[2] 胡德海. 教育学原理[M]. 兰州:甘肃教育出版社,2004:479.
[3] 李东生. 教育技术学研究方法[M]. 北京:北京大学出版社,2006:103.

---

① 黄海. 数学师范生信息技术辅助教学技能培养的思考[J]. 柳州职业技术学院学报,2012.(3):108-110.

[4] 王钰.梳理:"课程整合"研究实践走势[J].中小学信息技术教育,2002:1.

[5] 张奠宙,唐瑞芬.数学教育国际透视[M].杭州:浙江教育出版社,1995:385.

[6] 祝智庭.现代教育技术——走向信息化教育[M].北京:教育科学出版社,2002:126.

[7] Spiroetal,R. J. (1991). Cognitive Flexbility Constructivism and Hypertext:Random Access Instruction for Advanced Knowledge Acquistion for Structured Domains, In T. M. Dufyy&D. J. Jonassen(Eds). Constructivism and the Technology of Instruction:Aconversation. 275.

[8] [苏联]巴班斯基.教学过程最优化——一般教学论方面[M].张定璋,等译.北京:人民教育出版社,1986:113.

[9] 陈子灿.信息技术与语文教学整合[D].济南:山东师范大学,2003.

[10] "中学数学课程教材与信息技术整合的研究"课题组.中学数学课程教材与信息技术整合的思考[J].课程·教材·教法,2004,(3):47-52.

[11] 陈威.信息技术与高中数学课堂教学整合的有效性研究[D].长春:东北师范大学,2010:37.

[12] 张玉梅.数学课堂与信息技术整合的分析与思考[D].西安:陕西师范大学,2012:35.

[13] 何克抗,吴娟.信息技术与课程整合[M].北京:高等教育出版社.2011:100.

[14] 李艳利.现代信息技术与中学数学课堂教学整合研究[D].兰州:西北师范大学,2004:36.

[15] 刘志华.以信息技术为载体的初中数学探究式教学研究[D].天津:天津师范大学,2012:35.

[16] 王彦辉.信息技术与高中数学课程整合的案例研究[D].兰州:西北师范大学,2007:35.

[17] 刘鹏,等.微格教学的多元化架构[J].电化教育研究,2005,(9):55-59.

[18] 李鹏鸽,陈宇涛.教育实习中存在的问题及解决策略[J].太原师范学院学报(社会科学版),2004,(4):141-142.

[19] 黄海.数学师范生信息技术辅助教学技能培养的思考[J].柳州职业技术学院学报,2012,(3):108-110.

[20] 吴绍兵,于明.关于课堂教学图形计算器使用恰当性的研究[J].数学教育学报,2009,18(2):59-62.

[21] 曹一鸣.让技术成为学数学用数学的"云梯"[J].中国电化教育,2010,(5):78-80.

第8章 数学课堂结束技能

本章概要

本章首先概述数学课堂结束技能含义及其功能,接着探讨数学课堂结束技能的基本类型与方法,然后探讨了优化数学课堂结束技能的基本原则与策略,最后探讨了如何开展数学课堂结束技能的实训。通过本章的学习,读者将获得比较系统的课堂结束技能的相关知识,通过实训将能够提升数学课堂结束技能和艺术水平。

学习目标

通过本章的学习,你应该
1. 理解数学课堂结束技能的含义及功能;
2. 理解和掌握数学课堂结束的原则与策略;
3. 灵活应用数学课堂结束技能的各种类型。

关键术语

◆ 数学课堂结束技能　　◆ 策略　　◆ 实训

一堂好课犹如一支有魅力的乐曲,"起调"扣人心弦,"主旋律"引人入胜,"终曲"回味无穷。课的导入是"起调",课的结束是"终曲"。完善的课堂善始善终。不良的开端会给学生留下不好的印象,从而影响整堂课的教学;不好的结尾同样会败坏前面的所有努力。常言道:"编筐编篓,重在收口。"从某种意义上说,课的结束比导入更重要。因为导入差一些,后面还有机会弥补,而结束失败,则很难弥补了。因此,结束技能与导入技能一样,是数学教师应具备的一项基本功,同时也衡量数学教师教学艺术水平的重要标志之一。

第1节　数学课堂结束技能概述

案例8-1　《三角形外角》课堂结束片段的课堂实录

师:同学们学了三角形外角的内容之后,解决了不少问题。实际上,我们生活中也有很多问题能够应用今天学过的知识来解决,比如国旗上的五角星五个内角的度数等。好了,下面大家来谈谈我们今天的收获吧,通过本节的学习,你有什么收获?结合我们的学习目标来谈一谈。

生1：通过本节课的学习，我明白了三角形的一个外角与它不相邻的两个内角和是相等的，还有三角形的一个外角大于与它不相邻的任何一个内角。我还知道了三角形的外角和是它内角和的两倍。

师：今天的收获真不少，是吧？其他同学还有不同的收获吗？

生2：我知道了什么叫三角形的外角，三角形的外角就是三角形的一边与另一边的延长线所组成的角。

师：理解了三角形外角的定义，是吧？大家今天的收获真不少，现在老师有几句话要跟大家一起共勉，大家一起来读一下。

生：生活如此美妙，我们正在拥有，一个个奇迹存在于细致的发现之中！

师：好，祝同学们学习进步，这节课就上到这里，下课！

（请你谈谈这种课的结束有什么优点，存在什么不足，如何弥补？带着这些问题，开始下面的探讨。）

一、课堂结束技能的含义

一般地，数学课堂结束技能是指在一项数学教学任务即将完成的阶段，教师采用的行为方式。教师常常通过归纳小结、画龙点睛、拓展延伸等方式对完成该项任务的过程与结果进行及时总结，其目的在于进一步促进学生将新知纳入原有认知结构中。[①]

课堂结束是课堂教学必不可少的环节。数学课堂结束技能主要针对两类教学任务而言。其一，这项教学任务可以是一个数学教学活动。当某一教学活动结束时，教师采用结束技能结束该教学活动。譬如，学习某数学概念、公式或例题等后，教师自己或引导学生对该学习活动进行归纳、小结或反思。其二，这项教学任务可以是一节完整课。当在一节课接近尾声时，教师自己或引导学生对本节课进行的结束活动。本章主要是针对一节完整课的结束而言。

二、数学课堂结束的功能

古人写文章追求"凤头、猪肚、豹尾"。完美的课也是如此。优质的数学课堂结束是一堂课的"豹尾"，不仅简短，而且具有如下主要功能。

（一）回顾小结，促形结构

在数学课堂结束之际，教师引导学生围绕教学目标，有意识和有计划地将本节课的收获、要点，进行回顾与小结、梳理与概括，不仅使新的知识与技能、思想与方法纳入学生原有的知识结构中，而且有助于促进学生条理化、系统化认知结构的形成。

（二）及时巩固，检查反馈

在数学课堂结尾之际，师生的结束活动，既能及时巩固新课，又能及时反馈问题。教师通过及时强调、提问、归纳、小结、点拨与延伸，可以加深学生学习印象，促进学生巩固学习成果，特别

---

① 涂荣豹,王光明,宁连华.新编数学教学论.上海：华东师范大学出版社,2006.

对学习重点的理解与掌握;另一方面,学生通过自我回顾、自我小结、自我检查学习过程和结果的收获与困惑,为自己提供进一步学习需要的反馈信息。

(三)承前启后,拓展延伸

数学知识的结构性特点决定了数学课堂教学必然是一个循序渐进、环环相扣的有序过程。在数学课堂结尾之际,教师除了对该堂课进行回顾与小结、梳理与概括等活动外,还对后续的学习有个交代或指导,使得课堂结束更有意义,走得更远。这样的课堂结束,不仅能承前启后、衔接过渡,还有拓展延伸,让人回味无穷的功能。

第2节 数学课堂结束技能的类型与方法

一、数学课堂结束技能的基本类型

关于结束类型,见仁见智。一般而言,数学课堂结束技能主要有两种类型:封闭型结束和开放型结束。封闭型结束也叫认知型结束,即围绕本节课的知识体系进行结束,它包括归纳小结法、练习巩固法、前呼后应法等。开放型结束则不仅关注本节课的学习内容,还拓展延伸到课后。它包括发散迁移法、引申拓展法等。[①]

根据课堂结束的行为主体来分,主要分为教师为主型和学生为主型两种。根据课堂结束的目的来分,主要有归纳总结型、交流分享型和拓展延伸型三种。总之,分类标准不同,方式方法多种多样,在实际课堂中,教师可根据具体课型、学生学情以及自己的实际情况,采用不同的结束技能。下面主要介绍归纳总结型、交流分享型和拓展延伸型三种类型及其应用案例。

二、归纳总结型及其应用案例

归纳总结型是指在数学课堂结尾时,教师或教师引导学生对学习过程与结果进行归纳、总结和概括的一种教学技能。归纳总结是数学课堂结束常用的技能之一。一方面,归纳是数学的一种基本思想,总结与概括是学习数学的一种基本方法;另一方面,数学知识的抽象性特点是归纳与总结、抽象与概括的结果。

运用归纳总结型进行数学课结束时,方法很多。就归纳总结的主体而言,可以分为教师为主的归纳总结,也可以分为学生为主的归纳总结。就归纳的手段而言,可以直接对照完整的板书来归纳总结,也可以借助小黑板、挂图、投影仪或多媒体等手段。就归纳总结的方式而言,可以分为语言归纳式、表格归纳和图示归纳式,或综合运用这些方式。

一般而言,有效用归纳总结式进行数学结课时,遵循如下的基本要领。首先,师生应该围绕教学目标,回顾学习内容和经历的学习过程,总体把握本节课的主线和学习要点,接着突出重点、突破难点和抓住关键,用概括的语言或口诀、精致的图表或图形,提纲挈领、简明扼要地加以呈现。

---

① 王秋海.数学课堂教学技能训练[M].上海:华东师范大学出版社,2008.

案例 8-2　　　　　　　　"三角函数的诱导公式"

三角函数的诱导公式一共有六组,而且结构相似,记忆较难,应用时容易搞混或不能准确及时地选择公式。因此,在学习"三角函数的诱导公式"结束时,结合例题,教师引导学生回顾应用诱导公式解决化简和求值问题的过程,将化归方法归纳总结为"三部曲":(1)"转化":负角化正角,正角化 0°～360°,再化锐角。(2)"定性":"奇变偶不变,符号看象限"。(3)"求值"。

案例 8-3　　　　　　　　"因式分解"

在学习"因式分解"一章结束时,鉴于因式分解的方法较多,学生往往不能准确及时地选择恰当的方法。因此,教师引导学生将因式分解的步骤归纳总结为:"一提二套三分组,十字相乘细评估。"并结合例题解释:"一提"是指针对多项式,第一步要看它能否用提公因式法分解;"二套"是指当多项式不能用提公因式法分解时,第二步要看能否套用分解的公式;"三分组"是指当不能用以上两种方法时,就要考虑将多项式先分组,后分解;"十字相乘细评估"是指当以上方法都不能把多项式分解因式时,最后用十字相乘法。当然教师应该讲明,这句话是在初学因式分解时很有用,当比较熟练时,可以灵活应用多种方法。

点评:一般而言,数学概念、定理、公式和方法等的应用,既是重点也是难点。在进行归纳总结时,需要结合具体实例进行,而不是抽象地归纳和概括。案例 8-2,结合具体实例进行归纳总结,并用精练的语言或口诀概括如何应用诱导公式;案例 8-3,先用口诀概括因式分解的步骤,然后结合实例解释。两个案例,通过用概括的语言或口诀进行归纳总结,进一步强化了重点、突破了难点,巩固所学,促进学生深刻理解、巩固记忆和形成结构。

案例 8-4　　　　　　　　"二面角"

在学习"二面角"时,教师根据类比学习方法,应用表格式归纳总结"二面角"与平面几何中"角"的联系与区别,如图 8-1 所示。

	角	二面角
图形	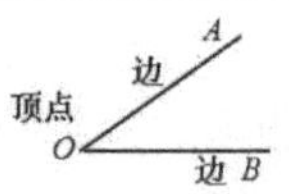 顶点 O 边 A 边 B	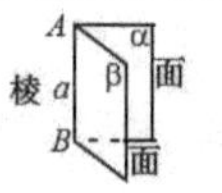 棱 a A β B 面 面
定义	从一点出发的两条射线所组成的图形叫做角	从一条直线出发的两个半平面所组成的图形叫做二面角
构成	边—点—边 （顶点）	面—直线—面 （棱）
表示法	$\angle AOB$	二面角 α—l—β 或二面角 α—AB—β

图 8-1　二面角与平面几何中"角"的联系与区别

点评:在学习某一数学知识点时,如果该知识点与其他知识存在比较密切的联系,常常应用主题表格的形式来归纳总结两个知识点的区别与联系。案例 8-4,先归纳总结出两个知识点的共性——角的图形、定义、构成和表示方法,然后一一比较,有助于突出重点、突破难点、形成知识结构。

案例 8-5　　　　　　　　"直线与平面垂直判定定理"

在"直线与平面垂直判定定理"的结尾时,当教师在分享了学生的归纳总结后,应用如图 8-2 所示鱼骨图呈现自己对本节课的内容小结。

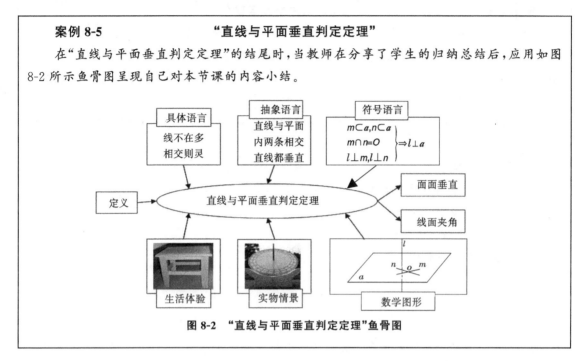

图 8-2　"直线与平面垂直判定定理"鱼骨图

点评:应用概念图或鱼骨图等方式归纳总结学习内容,既数形结合地再现学习本节课的要点,又凸显本节课的相对系统的知识结构,有助于学生巩固记忆和深刻理解。

三、交流分享型及其应用案例

交流分享型是指在数学课堂结尾时,教师组织和引导学生基于学习目标,围绕学习收获,进行相互交流与分享的一种教学技能。交流分享是充分彰显学生主体地位和发挥教师主导作用的课堂结束技能。师生通过对学习过程和学习结果的交流分享,不仅小结了本节课学习的主要收获,分享了对学习内容的多元理解,而且有助于反馈和评价学习过程,为完善学生数学认知结构提供多元参考。由于数学课堂结束的时间一般在 2~5 分钟,为了有效运用交流分享技能,教师需要把握交流分享的内容和方式。

一般而言,交流分享的内容是目标导向的,通过回答在本课中掌握了哪些重要的知识和技能,经历了哪些有意义的数学活动,领悟了哪些数学思想与方法等问题,归纳和总结学习收获,并提出学习困惑与反思。

交流分享的方式主要有两种:结构化交流和非结构化交流。在结构化交流中,教师首先给出一份结构化的话题或问题,如在知识、方法和思想上的收获,学习上的困惑和反思;接着要求学生围绕这些话题或问题开展交流和总结;然后,让学生或小组代表交流,教师根据学生交流情况进行小结、点评或拓展;最后,教师呈现自己的看法,与学生分享相对完整的收获。在非结构化交流中,教师首先围绕交流主题设计一系列的提问,接着引导学生回答,根据学生回答情况进行小结、点评或拓展,最后表达自己的想法。

案例 8-6　　　　　　　　**"三角形的内角和定理"**

师:到这里,本节课就要告一段落了,所谓"一分耕耘一分收获",通过本节课的探究学习,咱们最大的三点收获是什么呢?解决了哪两点最大的困惑呢?而最值得的反思又是什么地方呢?现在请大家围绕这些问题进行小组合作交流2分钟,待会儿我们将会请小组代表来分享你们小组的成果。

师:现在有请"同心圆"小组代表给我们分享他们小组交流的成果。你们有哪三点收获呢?

生:三角形内角和定理。

师:怎样表述呢?

生:三角形三个内角的和等于180°。

师:思想上有没有什么进步?

生:有,学会了转化的数学思想。

师:学会了什么方法吗?

生:几何证明的方法。

师:具体怎样证明呢?

生:添加辅助线,利用平行线的性质来证明,而且推理要有依据。

师:很好。哪个小组代表愿意来说说你们小组主要解决的两点困惑吗?"非常6+1"小组今天很积极哈!

生:从拼图中得到启发怎么作辅助线,解决的第一点困惑是解决了大小三角形的困惑。

师:那第二点呢?

生:知道了几何证明的方法的价值,比其他方法更严谨,更能说服人。

师:那最大的一点反思是什么呢?

生:虽然知道有证明的方法,但书写证明的过程很容易出现差错,要多写写。

师:好,现在请同学们根据老师的分享(呈现如下 PPT),做好笔记。

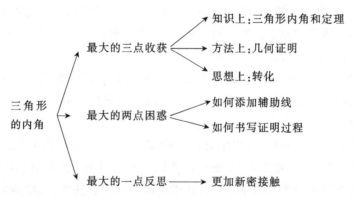

最值得大家反思的一点是:第一次利用几何证明的方法来证明三角形的内角和定理,对

于大家来说还是很陌生,今后要与它更加亲密地接触。

师:怎样更加亲密地接触呢?老师来给提供大家这样一个机会,大家可以通过这些作业与今天所学习的知识更加亲密地接触!

师:首先 A 题是必做题,B 题是选做题,C 题是挑战题,大家可以课后尝试着寻找其他添加辅助线的方法求出∠ACB 的大小,预知如何求解,请听下回分解。

点评:本案例教师应用结构化的交流分享方式,将小结话题结构化打包,先由学生交流、再经由教师点评和分享,一方面促进生生交流、小结与反思,另一方面,教师的点评与分享,如画龙点睛,既帮助学生解困,又凸显了本节课的知识结构,点出了本节课的最大意义与价值,让人回味无穷。

案例 8-7　　　　"指数函数的图像与性质"学习小结

师:快下课了,现在我们来小结今天的收获。通过本节课的学习,我们学到了哪些重要知识?

生:指数函数的定义、图像与性质。

师:在本节课中,我们学习了哪些学习数学的方法?

生 1:数形结合、分类讨论。

生 2:特殊到一般的归纳方法。

师:同学们对本节学习还存在哪些疑惑?

生:……

师:下面我想与大家分享下我的收获(依序呈现如下 PPT 文档)

➢ 知识上:指数函数的定义、图像与性质。

➢ 技能上:两数的大小比较。

➢ 方法上:图像法、图表法、对比分析。

➢ 思想上:分类讨论、数形结合、归纳推理。

➢ 学法上:自主阅读、归纳概括、总结与反思。

其实,我对本节学习还存在如下困惑,不知同学们是否有同感,研究指数函数的图像和性质时,为什么要根据 $a>1$ 或 $0<a<1$ 来讨论。

案例 8-8　　　　"椭圆及其标准方程"学习小结

师:……接下来进入我们的小结环节,先请大家闭目冥思一分钟,想想今天学到了什么?怎样学到的?(课堂非常安静,学生集中精神开始冥思)

师:时间到。哪位同学愿意来分享一下,你学到了什么?

生 1:椭圆的定义和它的标准方程。

师:你是怎么获得椭圆定义的?

生1：类比圆的定义。

师：那你怎样得到椭圆的标准方程的？

生1：类比圆的标准方程建立。

师：这位同学始终用类比学习的方法，很好。还有哪位同学愿意分享你的学习？

生2：我还学会了怎么画椭圆，用"建设现代化"帮助推导标准方程，很好。

师：哦，能画出椭圆了。"建设现代化"是建立曲线方程的一般步骤，很经典啊。

师：好的。我也与大家分享下本节课收获（呈现如下PPT幻灯片，并重点回顾了三个意识在学习过程中作用），希望大家拿笔记下。

小结归纳：一二三！

学到了什么？怎样学的？

1. 一个定义（椭圆的定义）
2. 二类方程（焦点分别在 x 轴、y 轴的标准方程）
3. 三个意识（数形结合、类比学习、求美意识）

点评：这两个案例教师应用非结构化的交流分享方式，将小结话题分散在对话中，通过提问和点评，引导学生回顾和总结，并用精练的语言概括自己的分享。结束过程，要言不烦、画龙点睛、结构凸显，一方面有助于巩固记忆、深化理解，另一方面潜移默化促进学生养成有效小结与反思的习惯。

四、拓展延伸型及其应用案例

叶圣陶先生说："结尾是文章完了的地方，但结尾最忌的却是真的完了。"课堂结束也是如此。课堂结束不是真的结束了，而应追求一种意犹未尽、余味无穷的效果，成为新的学习起点。拓展延伸型结束技能就能有此效果。

拓展延伸型是指在数学课堂结尾时，教师将本节课的学习收获，进一步拓展、迁移、延伸到下一节课或课后的一种教学技能。拓展延伸是一种重要的数学课堂结束技能，更是很多优秀教师惯用的结束技能。一方面，拓展延伸是学生对数学知识学以致用、迁移创新的重要方法；另一方面，数学知识的应用性特点决定了拓展延伸具有重要意义。再次，数学知识的结构性特点，即数学知识不仅具有内在联系性，也与日常生活和其他学科联系紧密，这为拓展延伸型的课堂结束技能提供学科知识基础。

根据数学学习的特点和数学知识本身的特点，在运用拓展延伸结课时，教师需要把握拓展延伸的内容、形式和方向。一般而言，拓展延伸的内容主要是本节课的重要的数学知识、重要的数学技能或数学思想方法；拓展延伸的方法主要有任务驱动、问题驱动、营造悬念等方法。拓展延伸的方向主要有三个取向：向数学学科内部作纵向拓展延伸、向各相关学科作横向拓展延伸、向生活大课堂作综合拓展延伸。

一般而言，有效运用拓展延伸式进行结课时，应该把握如下要领。首先，教师应该根据学生的认知规律,思考拓展延伸的难度,难度太大则挫伤学生的信心,难度太低则不能激起学生对拓展内容的挑战欲。其次,教师根据拓展内容的特点,在拓展延伸时,需要精心选择那些具有现实性的、挑战性的,与学生、社会、下节课相关联的知识或方法进行拓展延伸。最后,拓展延伸的任务应得到及时反馈,否则会降低时效性。

案例 8-9　　　　　"勾股定理"学习小结

在学习"勾股定理"结束时,某教师提出如下任务:今天我们与大家分享了证明勾股定理的两种基本方法:面积法和拼接法。其实,据统计,勾股定理的证明是全世界定理证明方法最多的,特别是我国古代数学家在证明勾股定理的方法独具匠心。因此,今天我给同学们布置这样一个任务:探究古人证明勾股定理的方法。同学们围绕这个任务采用小组合作探究的方式进行,可以通过网络或书籍等查找资源,归纳总结出古人证明勾股定理的方法,然后采用"数学报"的形式与大家分享。

案例 8-10　　　　"统计量的选择与应用"学习小结

师:本节课就要鸣锣收兵了,让我们来谈谈今天的学习收获吧。

生1:从例1中我懂得了平均数、中位数、众数的意义和不同,在选择统计量时要进行合理的选择和恰当的应用。

生2:在生活中,我们不仅要关注数据的集中程度,还要关注数据的离散程度。

生3:生活与数学密切,今天学到的数据能为我们描述生活现象,数学很重要。

师:是啊,生活中处处有数学,数学也能服务生活。但只有理解这些数据,并身体力行地学以致用,才能服务我们的生活。下面老师布置同学们一个社会实践活动,看看大家能否灵活应用这些数据。(呈现任务)请同学们采用小组学习形式,各个小组从本校八年级随机选择一个班,收集班里男、女同学的身高数据,并用今天学习的数据分析男、女生的身高情况,预习下节课并提出进一步思考的问题。

点评:在这两个案例中,教师先引导学生简单回顾和小结学习收获,接着基于学习内容的关联,采用任务驱动的方式,将学习内容拓展延伸到课外,一方面突出本节课重点知识的实际应用,促进深化理解,另一方面培养学生学以致用、迁移创新的思维习惯。

案例 8-11　　　　　"古典概型"学习小结

师:快下课了,我们回顾导入的问题情境(呈现 PPT 文档:飞行棋游戏)。请大家看看飞行棋游戏的规则问题。规则为参与者轮到掷骰子的时候,掷到6的时候"飞机"才能"起飞",请问能"起飞"的概率有多大?

生:1/6。

图 8-3　飞行棋示意图

师:好,现在我们改变下游戏规则。问题变式 1:如果同时掷了两枚骰子,两枚骰子的数同时为偶数时,"飞机"才能"起飞",那么能"起飞"的概率有多大?

生:……

师:我们再进一步改变下游戏规则。问题变式 2:如果用转盘做两个"起飞器",指针自由转动。规定当指针停下指向图 8-4、图 8-5 中的 B 区域时"飞机"才能"起飞",请你猜想用哪个转盘"起飞"的概率大,并解释你的猜想。

图 8-4　转盘"起飞器"示意图 1　　图 8-5　转盘"起飞器"示意图 2

生:……

师:对于问题变式 1,运用今天的学习成果是不难解决的。对于问题 2,我们也许能直觉猜想到,但如何解释猜想呢?且听下一节课分解。

案例 8-12　　　　　　　　"有理数的运算"学习小结

师(引导学生对本节课进行了回归与小结):好,最后大家来看一看这段话(呈现 PPT 幻灯片,带着一种讲故事的口吻)。

"实数学院"来了一位新同学叫"无理数",他在数轴上找到了自己的位置,很是高兴。接着他发现"有理数"同学装备很多,有"相反数""绝对值"等,非常羡慕,他也想有同样的装备,你能帮助他吗?

生:……

师:大家想帮助"无理数同学"吗?有点难度吧?不要紧,学习了下次课,我们自然会有办法。有什么办法呢?且听下节课学习。

点评:这两个案例有异曲同工之妙,前者首尾呼应,变式问题;后者运用卡通故事,营造悬念。它们都有一个鲜明的共性:注重联系,承前启后。让学生有种"且听下回分解"的期望,诱发学生的好奇心与求知欲,促进学生在回味中忆旧盼新。

本节主要通过鲜活的案例分析与点评,探讨了常见的数学课堂结束的类型与方法。需要说明的是,这些案例主要来自笔者观摩课堂的素材或指导本科生参加各类师范生教学技能比赛获奖的作品。当然,课堂结束技能是一项融"时间因素"与"技术因素"于一体的教学技能。熟练掌握这一技能,并发展为一种艺术,是需要遵循一定的原则和讲究策略的。这有待下节探讨。

第3节 数学课堂结束技能的应用策略及实训

课堂结束不仅是一种技能,也是一种艺术。完美的课堂教学,不仅要有扣人心弦的教学"序曲",引人入胜的"主旋律",还应有回味无穷的"尾声"。在数学教学现实中,很多教师都会精心设计"序曲"和拨弄"主旋律"的方法。然而,却有很多教师忽视课堂结束,常常出现"讲到哪里黑,就在哪里歇"的现状,这不仅给人一种"虎头蛇尾"的感觉,更重要的是让教师失去发挥课堂结束应有的效能。

本节首先概述数学课堂结束应遵循的原则,接着探讨优化数学课堂结束技能的策略,然后提出数学课堂结束技能的实训目标与要求。

一、数学课堂结束应遵循的原则

(一)及时性原则

及时性原则就是在课堂上一个相对独立的任务完成后,应该及时小结与反思。其实,教育心理学中的"近因效应"和"遗忘曲线"暗示课堂及时小结与反思的必要性。"近因效应"是指当人们识记一系列事物时对末尾部分项目的记忆效果优于中间部分项目的现象。"遗忘曲线"告诉我们:遗忘的进程很快,并且先快后慢。学过的知识,如果不复习和小结,过20分钟后,只会记住原来的58.2%,过60分钟后,只会记住原来的44.2%,一天以后就剩下33.7%了。[1]

研究表明,下课前的几分钟学生的注意力经过了发散期之后进入反弹期。因此,教师应抓住机会及时回顾、小结和反思,只有这样,才能有效促进记忆保持、理解深刻,促进良好认知结构的形成。

(二)精简性原则

精简性原则是指课堂结束无论在时间和空间上,还是内容和形式上,应该简洁而紧凑、精要而易懂。根据人脑信息加工特点,人脑在短暂时间内只能够处理7±2个有意义的信息组块,否则将增减人脑加工信息的负荷。[2]

向四十几分钟要效率和效果,课堂结束就必然不能忽视,而要精心设计。数学课堂结束,在

---

[1] 黄希庭.心理学导论[M].北京:人民教育出版社,2007:365-367.
[2] 唐剑岚,等.计算机辅助数学教学原理与实践[M].北京:清华大学出版社,2012:15.

时间上一般为2到5分钟,不能占太多时间。数学课堂结束,在空间上,努力做到过渡自然,承前启后,下课铃响课终结,杜绝拖堂。在内容上,数学课堂结束,不求面面俱到,但求切中要害。有效的课堂结束,在其内容上具有较高的概括性,既提纲挈领,又重点突出,还凸显结构。在形式上,呈现的小结,不宜过繁,而要直白明了。

(三) 多样性原则

多样性原则是指课堂结束所采用的方式和类型应该多种多样。这包括两层含义。其一在同一节课中,可以以一种结课方式为主、其他结课方式为辅进行。譬如,以交流分享式为主,可以配以归纳总结或拓展延伸的方法。

其二,根据不同课型、学生情况和教师自己的实际,在相对集中的时间内,教师应该放开思路采用不同的课堂结束方法或类型。譬如今天采用归纳总结式,明天则采用交流分享式,这样一方面避免千篇一律的课堂结束,另一方面可以增强学生学习兴趣和对课堂结束的期待感。①

二、优化数学课堂结束技能的策略

(一) 及时安排,要有紧凑性

无论是对某一教学活动或任务完成后的小结,还是整节课的结束,在教学设计时,做到有始有终,不仅重视开头,也应重视结尾,有目的、有计划和有意识地留出一定时间用于课堂结束。在结束时,应该做到目标明确、及时安排、时空紧凑,避免虎头蛇尾、拖延课堂。

(二) 简洁精炼,注重概括性

课堂结束要达到前面说的作用和效果,总结性和概括性是其标志。如何进行总结和概括,一方面教师应整体把握一节课的主线和框架,梳理重点和关键;另一方面,应用精练的语言、精致的图表或图形,简明扼要地加以呈现。譬如案例8-7等。

(三) 抓住核心,凸显结构性

在短短的几分钟内凸显学习内容的结构性,这是数学知识的结构性特点决定的。如何凸显结构性,找"点"、连"线"、构"面"是一种可用的策略。找点就是找准本节课的核心知识点,如重点与疑点、关键点与错漏点等;连"线"就是理清贯穿学习本节课的主线;构"面"就是关注数学知识内部的联系、数学知识与学生的联系、数学知识与社会生活的联系。这样建构的结构,既具有概括性,又具有较强的条理性和系统性。譬如案例8-5。

(四) 启迪引导,关照主体性

《义务教育数学课程标准(2011年版)》指出:"在数学教学活动中,学生是数学学习的主体,教师是学习的组织者、引导者与合作者。"②然而,当前课堂结束的行为主体基本上是教师。课堂结束是数学学习一个不可或缺的环节,只要作为数学学习主人翁的学生亲临这个环节,课堂结束的作用就会大为增色。因此,教师一方面应充分发挥自己的主导作用,启发和引导学生对本节课学习的过程与结果进行自我检查、小结与反思,另一方面应面向全体学生,尊重和赏识学生,激励

---

① 邵利,罗世敏.中学数学课堂教学技能实训教程[M].北京:科学出版社,2011:98.
② 教育部基础教育课程教材专家工作委员会.义务教育数学课程标准(2011年版)解读[M].北京:北京师范大学出版社,2012:2.

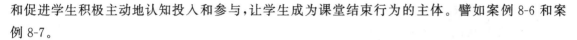

和促进学生积极主动地认知投入和参与,让学生成为课堂结束行为的主体。譬如案例 8-6 和案例 8-7。

(五)行后三思,突出反思性

如果说课前设计需要"三思而行",那么课堂结束则需要"行后三思"。前者重心在行前思考"怎样行",关系到课堂结束设计的质量;而后者则重点在行后的自我检查、自我评价与自我反思"怎样行更好",关系到实施和再设计的质量。

自我检查、自我评价与自我反思是元认知的基本要素,也是高效认知的重要品质。课堂结束时间虽然短暂,却是促进师生进行自我检查、自我评价与自我反思的环节。教师通过课堂结束,对教学目标的落实、教学方法的改善、教学效果的追问等进行自我检查和反思,不仅会发现问题或策略,也会促进教师发展教学元认知水平。学生通过课堂结束,养成归纳和小结、梳理和概括、反思与提升等行为习惯,不仅学会了这些行为,更是发展了学习中的元认知水平。譬如案例 8-6。

三、数学课堂结束技能的实训

(一)实训目标和评价

1. 实训目标

(1)理解数学课堂结束的作用和原则。

(2)熟练掌握数学课堂结束的基本类型和方法。

(3)应用优化课堂结束的策略,发展数学课堂结束的艺术,提升数学教学信心。

2. 实训评价

关于数学课堂结束技能实训的评价,可以采用定性和定量相结合的等级评价方法。基于前面的理论思考,形成如下的一个评价表 8-1。

表 8-1 数学课堂结束技能训练的评价表

讲课人		评课人		成绩	
课题				评价等级	
评价项目			分数	得分	说明
1.(紧凑性):目标明确、及时安排、时空紧凑			1		
2.(概括性):语言精练、图表精美、简明扼要			2		
3.(结构性):抓住核心、条理清晰、系统性强			2		
4.(主体性):面向全体、赏识激励、参与性强			2		
5.(反思性):自我检查、自我评价、自我反思			3		
总分			10		
1.最大的亮点是什么?为什么?					
2.最值得改善的地方是什么?为什么?如何改善?					

(二) 实训要求

1. 对照现状,学思统一

学习数学课堂结束的相关理论知识,结合自己试讲出现的问题或困惑,思考如何应用数学课堂结束的相关理论加以解释。

2. 学以致用,教学设计

请选择自己感兴趣的数学课,应用数学课堂结束原则、优化策略和评价表,对课堂结束进行教学设计,时间为2~5分钟。

3. 知行合一,微格实训

根据前面的结束设计,身体力行地进行微格实训,通过评议小结反思并提出进一步的优化设计,再次进行微格实训。

本章总结

本章重点探讨了数学课堂结束技能的基本类型与方法,优化数学课堂结束技能的基本原则与策略。通过本章的学习,相信读者能对第一节的案例片段有一个比较清晰的分析思路与评价标准。在这个片段中,教师采用交流分享型课堂结尾,组织和引导学生基于学习目标,围绕学习收获,进行相互交流与分享。从分享的内容来看,主要是围绕知识与技能目标而展开。交流分享的形式主要是师生对话。根据优化的原则与策略,本案例片段可以类似案例8-7或案例8-8进行优化,这留待读者思考。

思考与练习

1. 数学课堂结束的作用如何?
2. 数学课堂结束的基本类型有哪些?
3. 数学课堂结束应遵循的原则有哪些?
4. 根据如何优化数学课堂结束技能的策略,设计一个结束片段。
5. 选择一节课,设计课堂结束,并运用同课异构的方式设计、进行微格实训,然后通过评议、小结与反思,再次设计。

参 考 文 献

[1] 涂荣豹,王光明,宁连华.新编数学教学论[M].上海:华东师范大学出版社,2006.
[2] 邵利,罗世敏.中学数学课堂教学技能实训教程[M].北京:科学出版社,2011.
[3] 王秋海.数学课堂教学技能[M].上海:华东师范大学出版社,2008.
[4] 叶雪梅.数学微格教学[M].厦门:厦门大学出版社,2008.
[5] 教育部基础教育课程教材专家工作委员会.义务教育数学课程标准(2011年版)解读[M].北京:北京师范大学出版社,2012.

第9章　数学课堂听课评课技能

本章概要

本章基于新课程的主要特点,阐述了数学课堂教学的基本要素,介绍了听课、评课的含义、基本特点、目的与意义,还介绍了听课、评课的基本技能.最后,从案例出发,探究了评课技能的运用。

学习目标

通过本章的学习,你应该
1. 了解数学新课程的基本理念,了解数学课堂教学的基本要素;
2. 了解听课、评课的含义、目的与意义;
3. 会运用听课、评课的基本技能进行听课、评课。

关键术语

◆ 新课程　　◆ 数学教学　　◆ 听课　　◆ 评课

新课程背景下,数学课堂教学的理念和行为在发扬优秀传统的基础上,有了较多创新。"新课程的实施,核心区域在课堂教学,关键要素是教师。"[1]本章将在新课程改革的相关理念基础上,结合课堂教学改革的相关理论,阐述如何进行数学课堂的听课与评课。

第1节　数学课堂听课评课技能概述

新课程的基本价值取向是为了每一个学生的发展,这意味着我国基础教育课程体系必须走出目标单一、过程僵化、方式机械的"生产模式",让每一个学生的个性获得充分发展。这是我国素质教育课程体系的根本要求。[2] 数学课堂,是学生学习数学基础知识、基本技能和基本数学活动经验的主阵地。听课是教学研究的有效手段,也是教师日常教育教学活动的一部分。科学化的评课对提高学校的数学课堂教学质量、提升数学教师的专业发展水平、进一步加强和深化新一轮数学课程改革具有十分重要的现实意义。新课程对校本教研提出了明确要求。听课、评课是校本教研的重要组成部分。

---

[1] 周勇,赵宪宇.新课程说课、听课与评课[M].北京:教育科学出版社.2004:1.
[2] 周勇,赵宪宇.新课程说课、听课与评课[M].北京:教育科学出版社.2004:2.

本节首先简单介绍数学新课程的主要特点,然后介绍数学课堂教学的基本要素,最后对数学课堂的听课与评课进行概述。

一、新课程的主要特点

"数学与人类发展和社会进步息息相关,随着现代信息技术的飞速发展,数学更加广泛应用于社会生产和日常生活的各个方面。""数学是人类文化的重要组成部分,数学素养是现代社会每一个公民应该具备的基本素养。作为促进学生全面发展教育的重要组成部分,数学教育既要使学生掌握现代生活和学习中所需要的数学知识与技能,更要发挥数学在培养人的思维能力和创新能力方面的不可替代的作用。"[①]新课程有以下特点[②]:第一,新的知识观使课程目标走出了知识技能取向;第二,新的学生观使课程的根本目标成为促进学生个性发展,新的学生观更加关注学生发展的潜力,关注学生潜能的开发,关注学生个性的发展;第三,新的课程观使新课程回归生活世界。学校教育应当使学生广泛了解有关自然、社会和人类自身的丰富知识,比较全面地理解人与自然、人与社会和人与人之间的关系,了解数学在生活中的广泛应用,从而形成科学的世界观、人生观和数学知识观。

学习方式与教学方式的转变是新一轮课程改革(简称"新课改")的显著特征。"心理学研究表明,学生是学习的主体,所有的新知识只有通过学生自身的'再创造'活动,才能纳入其认知结构中,才可能成为下一个有效的知识","有意义的学习应是儿童以一种积极的心态,调动原有的知识和经验认识新问题,同化新知识,并构建他们自己的意义","这说明,在数学课程的设计或实施中,选择适当的学习方式,重视学生积极主动的参与学习过程,并根据他们已有的知识和经验进行理解、加工和构建自己的意义,是十分重要的。"[③]传统的学习方式以被动性、接受性为主要特征,学生的主体性丧失,导致了人的主体性、主动性不能得到充分发挥。需要指出的是,传统的学习方式需改变,但也要注重对优秀的传统学习方式进行继承和借鉴,而不是全盘否定。学生的学习方式受教师教学方式的制约。

新课改倡导自主学习、探究学习和合作学习这三种重要的学习方式。

自主学习关注学习者的主动性和能动性,是由学生自主而不是受他人支配的学习方式。首先,主动性是自主学习的基本品质,它在学生学习活动中表现为"我要学"。"我要学"主要是基于学生对学习的一种内在需要,其一方面表现为学习兴趣。学生有了学习兴趣,学习活动对他来说就不是一种负担,而是一种享受、一种愉快的体验,有兴趣的学习往往会事半功倍。另一方面表现为学习责任。学习是谁的事情,谁应当对学生的学习承担责任?教师当然应该对学生的学习负责。但是如果学生意识不到学习的责任,不能把学习跟自己的生活、生命、成长和发展有机联系起来,这种学习就不是自主学习。只有当学习的责任真正地从教师身上转移到学生身上,学生自觉地担负起学习的责任时,学生的学习才是真正的自主学习。其次,自主学习是一种元认知监

[①] 中华人民共和国教育部. 义务教育数学课程标准(2011年版)[M]. 北京:北京师范大学出版社. 2012:1.
[②] 周勇,赵宪宇. 新课程说课、听课与评课[M]. 北京:教育科学出版社. 2004:4.
[③] 叶尧城. 高中数学课程标准教师读本[M]. 武汉:华中师范大学出版社,2003:15.

控的学习。它突出表现在学生对学习的自我计划、自我调整、自我指导和自我强化上。也就是说,在学习活动之前,学生能够自己确定学习目标、制订学习计划、选择学习方法、做好学习准备;在学习活动之中,能够对自己的学习过程、学习状态、学习行为进行自我观察、自我审视、自我调节;在学习活动之后,能够对自己的学习结果进行自我检查、自我总结、自我评价和自我补救。培养学生对学习的自我意识和自我监控,并养成习惯,是促进学生自主学习的重要因素。

新课程要求学习方式的转变,就是要学生转变单一的被动接受式的学习,把学习过程之中的发现、探究等认识活动凸显出来,使学习过程更多地成为学生发现问题、提出问题、分析问题和解决问题的过程,倡导探究学习。① 余文森教授认为,探究学习也称为发现学习,其本质体现在以下三方面。② 第一是问题性。发现性学习是以问题为中心的学习,问题是这种学习方式的核心,能否提出对学生具有挑战性和吸引力的问题并使学生产生问题意识,是进行发现性学习的关键。第二是过程性。相对而言,接受性学习重结论,发现性学习重过程。发现性学习强调过程,强调学生探索新知的经历和获得新知的体验。第三是开放性。接受性学习是一种封闭性的学习,其特点是学习目标单一化,学习过程程序化,学习评价标准化;发现性学习则是一种开放性的学习,其特点是学习目标整体化,学习过程个性化,学习评价多元化。发现性学习注重知识,更注重能力,注重认知,更注重学习中的情感体验,其目标具有开放性;发现性学习强调富有个性的学习活动过程,关注学生在这一过程中获得的丰富多彩的学习体验和个性化的创造性表现,其过程具有开放性;发现性学习的评价强调多元价值取向,也具有开放性。倡导探究学习是新课程改革的一个基本要求。

合作学习是指学生以小组为单位进行学习的方式。③ 小组合作学习的主要活动是小组成员进行的合作学习活动,它首先要制定一个小组学习目标,然后通过合作学习活动对小组总体表现进行评价。合作学习的展开,往往是在自学的基础上进行小组合作学习和小组内讨论的,合作学习的另一种形式是在小组合作学习的基础上进行全班交流或全校交流。合作学习对学生的学习和认知有积极的意义。首先,合作学习能够激发创造力,有助于培养学生的合作意识和合作技能。其次,合作学习有利于学生之间的交流沟通,有利于培养团队精神,凝聚人心,增进认识与理解。最后,合作学习促使学生不断反省。学生通过外部的表述与交流会促进主体的自我意识与反省。合作学习过程中的交流与写作,能够让学生清楚地看到各种观念的优越性与不足之处,帮助学生对不同观念作出比较。

二、数学新课程课堂教学的基本要素

要较好地展开数学听课和评课活动,我们有必要清楚数学课堂教学的基本要素。要素是构成系统的成分,处在一定联系之中、与环境发生关系的各个组成部分的整体,即系统;组成系统的各个单元、部分、因子,即要素。教学系统是由教学要素按其内部联系、以一定结构组合而成的具

---

① 周勇,赵宪宇.新课程说课、听课与评课[M].北京:教育科学出版社.2004:10.
② 余文森.简论学生学习方式的转变[J].课程·教材·教法,2002,(1):25-26.
③ 周勇,赵宪宇.新课程说课、听课与评课[M].北京:教育科学出版社.2004:10-11.

有教学功能的有机整体。教师、学生、教学信息、教学媒体构成教学系统的基本要素。在构成教学系统的要素中,各个要素的基本功能表现为:教学信息是教学内容及相关要求的反映;教学媒体是教学信息的载体和学习的工具;教师既是教学过程的设计师,也是学习过程的指导者;学生是学习活动的主人。教学结构设计不是将这些要素简单和孤立地叠加,而是要对每一要素进行功能分配,规划由哪个要素实施哪些教学活动,同时还要对各要素之间彼此配合、相互联系、相互作用的结构功能进行整体设计。因此,它应当是依照一定教学思想和教与学的理论来组织教学活动的一体化设计过程。在不同的教育思想、教与学理论的指导下,这四个要素相互联系、相互作用而形成的教学活动过程,其结构形式是不同的。教学结构设计的根本任务是建构一种教师的主导作用得以充分发挥、学生学习的主体作用得以充分体现、多媒体的功能优势得以充分利用、教学内容得以完整和准确把握的新型教学模式。

三、关于数学课堂听课评课技能的概述

新课程要求重视校本教学研究,听课、评课是开展校本教学研究的重要方式。什么是听课呢?听课是一般教师或研究者凭借眼、耳、手等自身的感官及有关的辅助工具(记录本、调查表、录音录像设备等),直接地(也有间接地)从课堂情景中获取相关的信息资料,从感性到理性的一种学习、评价及研究的教育教学方法。听课也是一种技能和方法,需要一定的学习和培训,并不是什么人都能听懂课、听好课。因为听课者一方面应具备一定的教学修养和经验,另一方面应掌握一定的听课技术要领,需要以原有教育思想和类型经验参与为基础,以看、听、想、记、谈多种活动协调为保证的立体性综合技能[①]。

(一) 听课的基本特点

1. 目的性

听课者应该有明确的目的和任务,总是根据听课的目的来选择时间、地点和对象等,并有选择和有侧重地听一部分课或学习哪些内容。如新教师听课最主要的目的是观摩学习,主要看上课教师是怎样教的,重点和难点是如何突破的,板书是如何设计的,教学手段和教学媒体是如何运用的,课堂气氛是如何激活的等。

2. 主观性

虽然课堂教学是一种客观的实践活动,但听课活动中的主观因素很多。听课者和被听课者以及学生都是有主观意识的人,课堂教学的实际情况可能会因听课者的参与而发生变化。另外,听课者的听课行为受其教育思想、教学经验、对被听者的印象等的制约。

3. 选择性

有意识、有目的地听课就意味着选择。如,学校要对年轻教师培养和考核,就会选择听年轻教师的课。

4. 指导性

绝大多数听课活动在听课后要形成个人或集体的认识和意见,而且在全部听课活动中,上级

---

① 周勇,赵宪宇. 新课程说课、听课与评课[M]. 北京:教育科学出版社,2004:64.

对下级、领导对教师、专家对教师及学校内部的公开课、研讨课等的听课占大多数,形成的评价要以一定的方式反馈给学校或教师,要提出一定的指导性意见和要求及改进措施等。

5. 理论性

听课需要掌握一定的方法和技能,需要一定的教育教学理论做支撑。听课者即使听本专业外的课,也要听出一些成功的地方和不足之处,这本身就需要听课者有一定的教育学、心理学的理论基础及掌握一定的新课程教育教学理念、教学方法。在听课的过程中及听课后,听课者要进行一些思考分析,要对被听课者做一些定量或定性的评价,这都需要相关的理论指导。

6. 情境性

课堂是一种较为自然的情境,而听课又是在现场进行的一种活动。听课者和被听课者都处于一定的情境中,不同的时间、地点、条件就可能有不同的过程和结果,即使同一个教师在不同的学校上同一节课,也可能会得到不同的评价。所以,我们获得的听课资料及有关感觉都离不开一定情境,而且不可避免地带有不稳定性和偶然性。

(二)听课的目的和意义[①]

为什么要听课?听课者盲目地去听课和有计划、有目的地听课,其作用和效果大不一样。第一,有利于掌握和了解学校、教师贯彻落实教育教学法规、政策和要求等现状。第二,有利于了解学校和教师的教育教学质量及水平。课堂教学是学校教学工作的主阵地,是学校教学质量和教师教学水平最基本的体现形式,学校整体教学质量如何、教师的教学水平如何、教学中有什么经验和不足等,这些通过听课可以得到了解。第三,有利于良好的教学风气的形成,促进教学改革深入有效地进行。教师之间、学校之间、管理及研究人员与学校及教师之间、优秀教师与一般教师之间,通过听课,不仅可以了解自己或其他教师课堂教学的实际情况,做到相互学习和交流,取长补短,共同提高,而且可以融洽各方面的人际关系,增进相互信任,有助于集体合作、营造好的教研氛围,促进教学改革的深入和质量的提高。第四,有利于总结和推广吸纳先进的教学经验和方法,促进教师特别是青年教师的学习提高和成长。听课是教师专业化发展的重要途径,教师在课堂教学中往往意识不到自己的教学行为,通过听课不仅可以学习别人的经验,吸取别人失败的教训,用别人的方法指导自己的教学,更主要的是可以对自己的教学进行反思和研究,将一些听课得到的感性认识归纳为理性的认识,发现自己教学中的不足,通过取长补短,相互交流,改进自己的教学,就可以共同提高。通过听课还可以发现一部分教师优秀和先进的教学理念、教学方法和教学经验等,经过思考分析及论证总结,就可以组织观摩课等听课学习活动,推广其方法和经验等;其他教师可以通过听课活动学习那些优秀和先进的理念、方法和经验,结合自己的教学实际进行思考和吸收,促进自己的成长和提高。

(三)评课的含义

评课就是依据一定的教育教学理论基础,对照课堂教学目标,对执教教师和学生在课堂教学中的活动及由这些活动所引起的变化进行价值判断。新课程改革以来,数学教学更加关注学生在数学学习中的发展。因此,评课的重点也在关注学生在数学课堂学习中的变化。

[①] 周勇,赵宪宇.新课程说课、听课与评课[M].北京:教育科学出版社,2004:66-67.

(四) 评课的目的与意义

数学课堂教学是使学生获得数学知识与技能,了解数学知识发生、发展的过程,掌握基本的数学思想方法,培养良好的情感态度与价值观的最基本的途径。评课有以下意义。

1. 有利于全面推进素质教育

"课堂教学改革是全面实施素质教育的主攻方向","实施素质教育,就是要促进人的全面发展","教育是一种以促进人的发展、社会发展为目的,以传授知识、经验和文化为手段,培养人的社会活动"[①]。数学教学从属于学校课堂教学。因此,数学评课也有利于全面推进素质教育。

2. 有利于提高教师和学生的素质

正确、公平、客观的评课,一方面可以调动教师的工作积极性和主动性。通过评课,帮助和指导教师不断总结教学经验,提高数学教学水平,促进执教教师专业发展水平的提高。另一方面,通过评课,转变执教教师教育观念,把学生真正当做学习的主人,使得学生在执教教师的启发、引导下,通过观察、实验、阅读、讨论、合作交流等学习方式,不仅学到了数学知识,掌握了数学基本技能,还学会了数学思想方法,在数学学习中提高了思维能力、合作交往能力及个性品质。

3. 有利于执教教师形成教学风格

我们经常看到,同样的一个学科,同样的一节课或同样的教学内容,不同的教师表现出不同的教学风格,取得不同的教学效果。当前比较盛行的"同课异构"教研形式就是对两个不同的教师执教同一教学内容的课堂进行类比探究(评课),提高教师的评课水平,通过评课促进执教教师教学风格的形成与改善。当然,也提高教师的数学学科教学的专业素养。

评课是数学教研活动的一种形式。被评的这一节课只是评课(数学教研活动)的一个载体。通过评这一节课,不仅能促进执教者的专业水平,也能锻炼评课者的专业能力,还能促进参与评课的教师的个人专业反思和专业素养的提升。

第2节 如何听课评课

一、如何听课[②]

(一) 要明确听课的目的、计划和要求

无论是听何种类型的课,在听课前都应确定具体的目的和要求,听课者也必须明确这些目的和要求,否则,就可能得不到有效、真实的听课信息,就达不到听课的目的。

(二) 要了解教材、学校和教师的基本情况

教材、学校、教师、学生是具体的客观存在,而听课又是带有较多的主观因素的活动。熟悉教材可以在听课前突击看看相关的教学内容,也可以在听课初和听课过程中用简短的时间看一看有关内容,否则就不一定能听出教师是否抓住了教学重点、讲清了教学难点、完成了教学任务等。

---

① 蒋宗尧,汪玉珍,等.评课艺术[M].北京:中国林业出版社.2011:2.
② 周勇,赵宪宇.新课程说课、听课与评课[M].北京:教育科学出版社.2004:67-70.

不同的学校,不同的教师会有不同的教学传统、教学特色、教学基础、教学风格、不同的学生会有不同的学习习惯和认知水平等,听课者应尽可能通过各种方式进行一些了解,增加听课的针对性及评价的客观性和公正性。

(三)要处理好听课者与被听课者的关系

听课者应抱着向别人学习的态度去听课,适当地给教师讲一下为什么听他们课的有关情况,或了解和关心一些学校或教师的教学情况,或与教师说说家常话,转移和减轻教师的紧张或抵触情绪,尽最大可能迅速取得被听课者的信任、理解和配合。

进入课堂后,听课者要高度集中注意力,做到认真听、仔细看、勤记录、多思考,不要漫不经心,不要干扰学生学习,不要干扰教师上课,要最大限度地减少外来听课者对课堂教学的影响,尽量使得课堂教学以真实自然的面貌呈现出来。

(四)要不断地学习教育教学理论,了解数学的课改信息

新课程改革不断深入,新的思想、新的方法、新的经验、新的问题不断涌现。听课者应该不断地关注和学习有关学科的新的理论、方法和经验等,了解课程改革的新的政策形势、教学要求等。从而准确地发现教室课堂教学的优缺点,提高听课的针对性和有效性。

掌握先进的教育教学理论是听好课的前提,如当前新课程对教师的教学要求有如下转变:由单纯的知识传授向知识探究转变,树立问题意识;由重教师"教"向重学生"学"转变,树立主体意识;由重结果向重过程转变,树立训练意识;由"师道尊严"向"平等融洽"的师生关系转变,树立情感意识等。如果听课者不了解这些新的要求,就不可能用新的教学理念去审视课堂教学,就可能出现"听不懂"的现象,甚至有可能产生错误的判断。

(五)要做到听、看、记、思有机结合

听课不仅是复杂的脑力劳动,而且是一种方法和技能。

听什么?怎样听?主要应听:①教师是否体现新课程的理念、方法和要求;②是否重点突出,详略得当;③语言是否流畅、表达是否清楚;④是否有知识性等错误;⑤是否有创新的地方;⑥教师的思维是否宽泛,学生的发言是否准确。

看什么?怎样看?主要应看:①看教师主导作用的发挥,如教态是否亲切自然,板书是否规范合理,教具运用是否熟练,指导学生的学习是否得法,处理课堂偶发问题是否灵活巧妙;②看学生主体作用的发挥,如课堂气氛是否或缺,学生是否参与教学过程,全体学生的积极性是否得到调动,学生正确的学习习惯是否养成,学生分析问题和解决问题的能力是否得到培养。

记什么?怎样记?原则上听课记录应包括两个方面,一是教学实录,二是教学评价点。

思考什么?怎样思考?主要思考:①教师为什么要这样处理教材,换个角度行不行,好不好;②对教师成功的地方和不足或出现错误的地方,要思考原因,并预测对学生所产生的相关性影响;③如果是自己来上这节课,应该怎样上,进行换位思考;④如果我是学生,我是否掌握和理解了教学内容;⑤新课程的理念、方法、要求等应如何体现在日常课堂教学中,并内化为教师自觉的教学行为;⑥这节课是否反映教师正常的教学实际水平,如果没有听课者,教师是否也会这样上;

等等。

总之,应该根据听课的目的和要求,有所侧重地将听、看、记、思的内容有机、灵活地结合起来,如教师讲和学生发言时,就要以听为主,兼顾观察;教师在板书和学生在演练的时候,就应以看为主,兼顾其他;学生在练习时,就应以思考为主等。

(六) 要认真做好听课记录

做好听课记录是听课者基本素质的体现,它反映了听课者的品德、态度、能力、水平等各个方面的基本素质。

不同的教师、不同的课型所体现的教学思想、所采用的教学方法是不同的,有关听课的要求也是不同的。在实际的课堂教学的听课记录中,可能有所不同或有所侧重,但常规的听课记录一般由听课记录本和听课评价表两个方面组成,如表9-1所示。

表 9-1 通用型课堂教学评价表[①]

听课人:　　　时间:　　年　月　日星期　　第　　节课

学校:		班级:		学生人数:				科目:			
任课教师:		教龄:	职称:	男	女	老	中	青	普通话	方言	
课题:								课型:			
指标	评价标准					评价结果					
教学目标	1.符合课程标准和学生实际,明确、具体、可操作。					10		8	6		4
	2.对学生学习的导向作用得到较好体现,达成度较高。					10		8	6		4
教学内容	3.符合教学目标,具有较好的代表性,容量恰当,难度合适。					10		8	6		4
	4.经过精心组织,建立在学生已有知识和经验的基础之上,符合课型的基本特征,重点突出。					10		8	6		4

---

① 谭国华.三元整合导学教学模式的理论与构建[M].广州:广东教育出版社.2012:6.

续表

教学方法 教学管理	5.能根据学生的年龄特征和知识的不同类型设计合适的教学方式、方法或策略,实施效果好。	10	8	6	4
	6.能有效地激发和维持学生的学习动机,学生参与学习的积极性高。	10	8	6	4
	7.能根据实际情况采用不同的教学手段,各种媒体运用适时、适量、适度和有效。	10	8	6	4
	8.教学环节合理、紧凑,时间利用率高。	10	8	6	4
	9.师生关系融洽,课堂气氛活跃,形成民主、和谐、充满关爱的学习氛围。	10	8	6	4
	10.预设与生成的关系得到较好的处理,学生的课堂表现得到适时和恰当的评价,教学调控积极有效。	10	8	6	4
评定等级		综合得分 ( )	优秀 (100—88)	良好 (87—74)	合格 (73—60)	不合格 (59 分以下)

评语(肯定和可以改进的意见):

在做听课记录时要注意以下几点:①听、记要分清主次。听课应该以听为主,要把注意力集中在听和思考上。②记录要有重点。要详略得当,对内容要有选择,文字要精练。一般要记录教学过程、板书设计、教师的重点提问、学生的典型发言、师生的互动情况、有效的教学方法和手段、教学中的失误等。一般来说,教学过程可以简明扼要地记录,讲课中符合教学规律、有创新、有特色的好的做法或存在的问题和不足等可以详细地记录,对一些问题的思考或自己的见解也可以详细地记录下来,以免遗忘。③一段时间之后,对听课记录要进行整理,并进行理性的思考分析,归纳、总结出一些共性的东西,推广或提倡一些成功的经验和做法等,提出一些改进的意见和要求等。

(七)要积极参与评课,反馈要实事求是,以鼓励为主

评课时要积极参与,对教师的自评和听课教师的评价应认真地记录和思考,以便在自己的教学中进行调整按并提高自己的教学能力。听课后要尽可能地同被听者进行交流,要抱着虚心、诚恳的态度,热情主动地与教师交谈。例如,对经验不足的青年教师,不要把存在的问题讲得太多,应有重点地指出存在的突出问题,并以建议的形式提出,要尽可能挖掘他们教学中的闪光点,让他们多一些成功的感觉;对有经验的教师,要实事求是地指出存在的问题和需要改进的地方,提出更新更高的要求,使他们认识到还有改进的地方和提高的空间,让他们继续努力,向专家型教师的方向发展。听课的反馈更多的是与教师研讨和交换看法,虽然也需要指出成功和不足或改进的地方,但交换意见时要抓住重点,多谈优点和经验,明确的问题不含糊,存在的问题不回避,要尽可能以平等商量的语气,以鼓励为主,在通常情况下,一般不去做定性的分析和评价。

二、如何评课[①]

评课是一项十分有研究价值的课改研究课题,它也是一种具有艺术化的说服能力。科学化的评课对提高课堂教学质量、提升教师教育教学素养、进一步加强和深化新课程改革有着很强的现实意义。《基础教育课程改革纲要》(试行)指出:"要改变课程评价过分强调甄别与选拔的功能,发挥评价促进学生发展、教师提高和改进教学实践的功能。"

特级教师徐世贵先生认为:"评课,是指对课堂教学的成败得失及其原因做切实中肯的分析和评价,并且能够从教育理论的高度对一些现象做出正确的解释。"而在现实的评课中,存在以下不足,没有发挥评课的应有功能:一是听后不评。这是评课大忌,失去了听课的意义。二是不痛不痒。个别教师的评课较随意,别人听后觉得毫无价值。三是抓不住关键。虽然评起来头头是道,却没有深入关键与实质内容,不能解决根本问题。四是事无巨细,面面俱到,不分清主次。五是当"老好人"。害怕伤害执教者,就说一些"好话",听评双方都没有受益。六是语无伦次。七是"孔中观人"。只是听了一节课,就将执教者的上课水平"打入地狱",这与评课的目的是背道而驰的。八是追赶时髦。现在流行什么新的教育理论就赶紧用时髦的话题和理论去套,并没有给与会者与执教者多少收益。

(一)评课的功能

概括起来,评课有四大功能:一是促进学校教学质量的提高。二是促使教师专业素质的提高。三是带动学校教科研水平的提高。四是促使学生的素质得到较好的提高。最终实现八个优化,即:优化教师教育思想与理念、优化教学目标、优化教学内容、优化教学方法与手段、优化教学过程、优化作业设计、优化教学管理和优化教师教学基本功。[②]

(二)评课的内容

评课首先就要对课堂教学进行评价,也就是对课堂教学效果进行评价,以及对构成课堂教学过程各要素(教师、学生、教学内容、教学方法和教学环境等)作用的分析和评价。评课的内容重点是要评价课堂教学中的教与学、讲与练、主导与主体、学知识与学做人、学知识与提高能力、全面要求与因材施教、教学目标与绩效达成、教师专业发展等方面。

1. 评价教学目标[③]

教学目标不仅是教学活动的出发点和归宿,还是课堂教学评价的重要参照。在课堂教学前,教师如能根据学情制定符合基本要求的教学目标,将是取得教学成功的先决条件之一。教学目

[①] 周勇,赵宪宇.新课程说课、听课与评课[M].北京:教育科学出版社.2004:83-90.
[②] 徐世贵.怎样听课评课[M].沈阳:辽宁民族出版社.2000:4.
[③] 周勇,赵宪宇.新课程说课、听课与评课[M].北京:教育科学出版社.2004:90-94.

标应具有科学性、全面性、层次性。科学性是指教学目标的制定符合教学大纲及教材要求,切合学生实际,符合学生认识规律,符合知识的产生、形成、发展规律。全面性是指目标的多元化,既要有知识的传授、能力的培养、过程与方法、情感态度与价值观,又要有思想品质的教育。层次性:反映在了解、理解、掌握、灵活应用四个层次上。在传授基本数学思想程度上有渗透、介绍、突出之分。目标的表述总的要求是应尽量准确、科学合理、便于检测,把教学目标表述得更明确、更具体、更便于学生理解和把握。理想的教学目标具有以下特征:第一,教学目标陈述的是学生理想状态下的学习结果(包括知识、技能、智慧、情意、思想和品德等),而不是教师指令性地要求学生做什么,也不是教师对教学结果的一种假设与猜测。第二,教学目标的陈述应力求明确、具体,可以操作、观察和检测,尽量避免用含糊的和不切实际的语言陈述目标。要做到一般目标与具体目标的有机结合,集体目标和个人目标要体现差异性、共存性,实现目标的最佳个性化、人本化。第三,教学目标的陈述应反映学习结果的层次性,如认知领域的教学目标一般应反映记忆、理解和应用三个层次水平。第四,教学目标应该包括认知学习领域、情感学习领域、动作技能领域几大方面,并进行比较准确的表述。

教学目标对教学活动所起的作用,主要有指向作用、激励作用和标准作用三种。教学目标要起到激励作用,就必须与学生的内容需要相一致。只有教学目标符合学生的内部需要时,才能够激发学生的动机,引起学生的兴趣,转化为学生积极参与教学活动的动力。教学检测应以既定的教学目标为标准,一方面教学目标是检测教学效果的标准,另一方面教学效果也为评价教学目标的合理性提供反馈信息,以便在下一阶段的教学中对教学目标作出必要的调整。评课时可从以下四点加以评价:①能否对照课标,确定知识的要求;②对四种能力的要求是否符合教学实际;③是否含有数学思想、方法的渗透;④是否体现培养学生良好的个性品质和初步的辩证唯物主义观点。

2. 评价教学过程

基础教育课程改革的核心理念是"以学生的发展为本"。这一理念不仅体现在教学目标上,还体现在教学过程中,教师要认真地研究并有效实施课堂教学策略,激发学生的学习热情,体现学生主体,尊重学生个性和人格,鼓励学生大胆探索、主动发现与创新。"教学活动是师生积极参与、交往互动、共同发展的过程。有效的教学活动是学生学与教师教的统一,学生是学习的主体,教师是学习的组织者、引导者与合作者。""数学教学活动,特别是课堂教学应激发学生兴趣,调动学生积极性,引发学生的数学思考,鼓励学生的创造性思维;要注重培养学生良好的数学学习习惯,使学生掌握恰当的数学学习方法。""教师教学应该以学生的认知发展水平和已有的经验为基础,面向全体学生,注重启发式和因材施教。""教师要发挥主导作用,处理好讲授与学生自主学习的关系,引导学生独立思考、主动探索、合作交流,使学生理解和掌握基本的数学知识与技能,体会和运用数学思想方法,获得基本的数学活动经验。"

第一,学生的学习心境应该是愉快的。心理学家认为:学会保持最佳心境,就能自由自在地畅游于社会和生活的海洋中。学生在参与课堂学习的过程中应该是愉快的,这是学生能够学好知识的重要条件。如果学生始终以积极而愉快的心境对待学习,再难的问题也会觉得有乐趣。所以,教师要搭建平台,增强学生数学学习的成功感。

第二,学生的个性发展应该是健康的。评课时,我们要关注:①学生是否有学习欲望;②学生是否主动参与学习;③学生是否与人协作;④学生是否保持浓厚的学习兴趣;⑤学生的特长是否得到发展;⑥学生的气质特点对学习的影响有多大。

第三,学生的学习动机应该是端正的。中小学生的学习动机其实是不太明确的,需要教师激发和调动。但是评价学生的学习过程,必须关注学生的学习动机。教师在课堂上要培养学生的认知内驱力,正面引导学生自我提高内驱力。学生良好的学习动机主要表现在:①学生应该对所学内容感兴趣;②学生学习有目标性;③学生能够克服学习中的困难;④学生学习始终是有热情的。由于学生的学习动机不稳定,会随着情况的变化而发生变化,所以教师要正确评价学生的学习动机,并不断加以强化,要培养、激发、维持学生课堂学习的成就动机,使其获得数学学习的内在动力,让学生愿意学习,乐意学习。

第四,学生的数学学习应充满智力参与。数学学习与其说是学习数学知识,倒不如说是学习数学的思维活动,因而数学学习需要高水平的智力参与。"智力参与"是主体将自己的注意力、观察力、记忆力、想象力、思维力和语言能力都参与进去。数学学习中的智力动作按其功能可以分为智力元动作、一般智力动作和数学活动中获得知识的特殊智力动作。智力元动作实际就是元认知动作;一般智力动作是各种活动都要运用的智力操作动作,包括实验、观察、比较、分析、综合、类比、归纳、抽象、概括等;获得数学知识的特殊智力动作是用于获得数学知识意义的过程,表现为根据数学知识意义对信息有选择地编码、组合、比较,学习如何解决问题、学会如何选择解决问题的策略。智力参与可以分为三种类型:操作型、反思型和创造型。操作型智力参与是较低水平的参与,其表现为机械记忆、表面理解和程式化模仿,即学生凭借简单模仿进行的是重复的学习活动;反思型智力参与表现为学生不仅对知识作一般性了解和掌握,还要深究所涉及的知识、方法、思路和策略等,具有较强的科学研究的性质,关键是在"反思"中体现智力参与;创造型智力参与是更高水平的智力参与,其表现为思路开阔、思维敏捷和善于想象,常常产生新颖独特的见解。① 评课时,我们应关注执教者是否重视搭建平台、创设机会去促进学生在数学课堂学习活动中有更多的智力参与。值得注意的是:那种表面上学生在热热闹闹地动手操作与合作交流,太多低水平的参与的课堂,在新课程改革以来增加了,而充满反思型、创造型智力参与的数学课堂,稍有减少。我们认为,数学课堂需要学生尽量多地智力参与。

第五,学生的学习方式应多元。《基础教育课程改革纲要》(试行)明确指出:"要改变课程实施过于强调接受学习、死记硬背、机械训练的现状,倡导学生主动参与、乐于探究、勤于动手,培养学生搜集和处理信息的能力、获取新知识的能力、分析和解决问题的能力以及交流的能力。"新的学习方式主要有自主学习、合作学习和探究性学习。新课程强调,学生是学习的主体,提倡学生参与确定学习目标、学习进度和评价目标,在学习中积极思考,在解决问题中学习。为实现互动式、交流式的合作学习,新课程为不同层次的学生提供了参与学习、体验成功的机会,在合作学习中有明确的责任分工,促进学生之间有效地沟通。在探究性学习中,通过设置问题情境,让学生独立、自主地发现问题,通过实验、操作、调查、信息搜集与处理、交流等活动,经历探究过程,获得

---

① 涂荣豹.数学教学认识论[M].南京:南京师范大学出版社.2003:12.

知识与能力,掌握解决问题的方法,获得情感体验。

3. 评价教师的教学基本功

教学基本功是教师上好课的一个重要条件。评课必须对教师的教学基本功进行评价。如果一个教师的教学基本功过硬,那课堂教学质量也就有了一个基本的保证。评价教师的课堂教学基本功具体从以下几个方面来进行。[①]

第一,教学态度。教师的教学态度主要表现在:对教材等相关资料能进行深入研究,对学生的关注体现希望和爱心,对课堂教学的活动组织和开展有激情,对学生的探究过程极为重视,对自己的角色定位总是朋友式的,在教学的过程中始终关注学生的思想道德教育,等等。

第二,教学方法。教学方法是教师在课堂教学中所实施的教的方法和指导学生的方法。新课程数学教学重视改进教学方法,坚持启发式,反对注入式。数学教学不仅要教给学生数学知识,还要揭示获取知识的思维过程。教学中常用讲解法、谈话法、问答法、自学法、练习法、演示法等,每一种教学方法都有它的特点和适用范围。在教学中,要根据具体情况合理灵活地选用教学方法,充分调动学生积极性。可从以下五点加以评价:①教学方法是否有针对性、灵活性;②是否有启发性与激发性的教学表现;③师生合作与教学情境的营造情况如何;④如何使用教学先进手段(如幻灯、投影录音、录像、计算机等使用情况);⑤教的方法与学的方法是否有机和谐地统一;⑥教师的"讲"与学生的"练"是否恰当把握。

第三,教学组织安排。教学组织安排的基本要求是:能抓住知识主线,层次分明,思路清晰,重点突出,讲练结合,组织严密,能根据学生学习现状调整教学计划。我们评价教师的时候,关键要看教师对教学组织的时效性、自然融洽性和可调整性。所谓时效性,就是教师要在比较短的时间内组织最有效的探究活动;所谓自然融洽性就是在抓住知识主线的时候,必须使教学各个环节之间形成一个自然流畅的衔接链;所谓可调整性就是教师要能够根据教学实际状况适时进行调整、重组、优化设计教学计划,便于更好地组织下一层次的教学。教师必须善于组织教学活动,能够驾驭课堂教学。作为教学活动的组织者、指导者、协调者、参与者,教师必须能够在具有变化因素的课堂教学活动中"游刃有余",课堂教学组织才是最有效的。

第四,教学语言。教学语言的基本要求是:语言准确、清晰、逻辑性强、形象生动。教师的教学语言是教师传授知识、进行思想沟通的桥梁,运用得好,可使教学取得事半功倍的效果。首先,教师教学语言在知识传授上必须表达准确,逻辑性强,不可犯科学性错误。其次,教学语言要吐字清晰、形象生动,让学生易于接受和认可。第三,教学语言还要有一定的幽默,这样才能感染学生,使学生积极投入学习中来。教学语言是否得体直接影响着教学效果。第四,要有良好的语言表达技巧。教师要发挥自己的语言表达技巧,用自己特有的表达方式力求最好的教学效果。

第五,课堂板书。板书是一节课主要内容的浓缩,是对一节课的内容进行概括性的归纳呈现,其作用主要是使学生通过板书能对本节课的内容重点、难点和知识结构等有整体的把握,有助于学生对所学内容进行更好的梳理。板书的基本要求是简要工整、布局合理、脉络清楚。

第六,教态。教师的教态很重要,除了一般的形象要求,更重要的是教师的教态要符合教师的

[①] 赖配根. 新课程评价改革该如何进行——访北京师范大学副校长董奇[J]. 人民教育,2003,(17):28-29.

基本要求。得体的教态亲切、庄重、自然,有亲和力。教师要以不矫揉造作、不夸张,贴近学生的认可形象,用特有的魅力去感染学生。让学生感受到教师在课堂上充满活力、魅力与激情,催人奋进。

第七,教学内容的选择。"数学课程标准"指出,教学内容的安排,既要注意数学知识的系统性,又要符合学生的认识规律。不违背逻辑体系的前提下,尽可能按照数学知识的形成与发展的过程进行教学。另外现行"数学课程标准"规定的必学内容及其要求,是基本的教学要求。针对不同生源水平学生的数学教学,需要教师课前做针对性的教材处理。这里包含着教材的重新选择,例题的调配和学生练习题、作业题的分层选配。对此可从以下几方面加以评价:①对教材的处理是否符合实际;②是否突出重点,有效击破难点,抓住了关键;③内容安排是否符合学生的认知结构;④对例题、习题的选配是否有针对性和层次性;⑤教学内容是否渗透德育教育;等等。

第八,应变能力。教师要具有一定的应变能力,课堂上各种教学因素是多变的,特别是学习的主体——学生,每一个学生就是一个有个性的小世界。教师要很好地驾驭课堂教学,就必须具备一定的应变能力。具体体现在对突发事件的处理(主要是课堂生成与教师预设之间的矛盾)、教学事故的处理(主要指教学过程中的伤害事件和学生违规事件)、教学计划的调整和教学结构的重组。

第九,教学设计。教学设计是指为了实现一定阶段预期的课程目标,运用系统观点和方法,遵循教学过程的基本规律,对教学活动进行系统的规划和安排。

评价教学设计时,我们要思考以下几点:一是执教者准备教什么和学生准备学什么;二是教师将如何组织教学活动和学生如何进行探究性学习;三是为确保教学的高效,教师组织和指导的措施和策略有哪些,学生如何完成学习任务,采取了哪些学习方式和方法;四是教师准备如何评价学生的学习效果,如何对自己的教学效果进行自评和他评;五是教学设计的练是什么。

第十,教学评价方式。"学习评价的主要目的是为了全面了解学生数学学习的过程和结果,激励学生学习和改进教师教学,应建立多元、方法多样的评价体系。评价既要关注学生学习的结果,也要重视学习的过程;既要关注学生数学学习的水平,也要重视学生在数学活动中所表现出来的情感与态度,帮助学生认识自我、建立信心"。①

第十一,教学工具的使用。信息技术的发展对数学教育的价值、目标、内容以及教学方式产生了很大的影响。数学课程的设计与实施应根据实际情况合理地运用现代信息技术,要注意信息技术与课程内容的整合,注重实效。要充分考虑信息技术对数学学习内容和方式的影响,开发并向学生提供丰富的学习资源,把现代信息技术作为学生学习数学和解决问题的有力工具,有效地改进教与学的方式,使学生乐意并有可能投入现实的、探索性的数学活动中去。②

第十二,评价教学效果。教学效果是教学的最终归宿,评课人一方面在听课时要注意观察学生思维状况以及对知识的理解接受程序,另一方面可根据学生作业完成情况或课后测试结果评价教学效果。可从以下几方面加以评价:①是否完成教学要求,达到教学目标;②从知识传授、能力培养,过程与方法,情感态度与价值观三个方面衡量教学目标的达标程度;③学生思维训练的

---

① 中华人民共和国教育部.义务教育数学课程标准(2011年版)[M].北京:北京师范大学出版社.2012:1-3.
② 中华人民共和国教育部.义务教育数学课程标准(2011年版)[M].北京:北京师范大学出版社.2012:1-3.

程度;④学生完成练习、小结及自我评价;⑤学生听课情绪和发言的积极主动性程度;⑥学生主体作用发挥程度;⑦学生情意领域是否得到开发。

(三) 评课的原则

"原则是言论和行动所必须遵循的准则,它既是客观发展规律的反映,又是一种社会的约定俗成。评课的原则是进行评课活动时评价者必须遵循的基本准则和指导思想","在评课的过程中,只有很好地贯彻评课的原则,自觉地按评价的根本目的和客观规律开展评价工作,才能有效地实施科学、客观的评价,提高评课水平"。[①]

评课的原则主要有以下几个方面。

1. 实事求是原则

实事求是,对于评课者来说,是一种很重要的责任心问题。评课是执教者与其他与会者,特别是听课者学习借鉴的一个机会。只有本着客观公正、实事求是的精神,评课才有实在意义。评课要尊重客观现实,以正确的资料为依据,对数学教学活动进行科学的、有价值的判断。也就是,评课要从具体数学课堂教学实情出发,力求做到"评之有据,评之有理"。当然,评课的语言也要讲方法、策略与艺术。

2. 科学性原则

评课应符合教育规律,符合相关国家课程文件的理念要求,遵循数学课堂教学的逻辑规律,尽量以教育学、心理学、统计学、数学教学等相关理论为基础,使评课更加科学、可靠。那种主观臆断、违背科学的评课,对于数学课堂教学的改革,对于提高课堂教学效率,对于调动人们的积极性,都会起消极的作用。为了避免评课的盲目性和差错,我们应尽可能按量化的数据(如《课堂教学评价表》)去评价,将定性评价与定量评价有机结合。

3. 换位思考原则

评课者在表达自己对所听的课的意见时,要善于站在执教者的角度去分析考虑问题,给执教者一个中肯的指导意见,特别是要用诚恳的态度去评课。让评课活动参与者(特别是执教者)在一种融洽的氛围中,在充满"轻松"的心理状态下感受到评课者的善意,容易接受评课者的意见,这样才有助于执教者反思自己的教学,有助于教师专业素质的提高。评课不应被组织成"批斗会",这是值得注意的。

4. 针对性原则

评课不要"眉毛胡子一把抓",要抓住重点部分详细谈,理论联系实际,哪些地方需要改进,哪些地方很有特色,让人一听颇有"柳暗花明又一村"的感觉。对于之前的评课者已经详细评价过的环节、内容,后面的评课者就不必过于详细地再重复点评,应鲜明地表明自己的态度,然后补充之前评课者没有点评过的内容。这样,整个评课活动的效率才高,针对性才突出。

5. 激励性原则

评课要以肯定成绩为主,以帮助提高为主,以鼓励课改实验为主。评课的最终目的是要激励执教者(尤其是年轻教师)尽快成长,促进其成为课堂教学直至课堂教学改革的中坚力量,增强他

[①] 蒋宗尧,汪玉珍,等.评课艺术[M].北京:中国林业出版社.2011:2.

们的职业效能感。一般来说,我们评课应首先介绍自己认为该节课的成功之处和理由,然后再指出该节课需要改进的地方或努力方向。

6. 差异性原则

执教者不同,其执教的课堂教学形式就不同,评价的侧重点也应有所不同。同一个执教者,面对不同层次的学生执教不同内容的课,其教学效果也不尽相同。评课要有一定的区别和特色。评价骨干教师的课,我们的要求可以适当拔高,抓住个性特点,挖掘教学特长,激发个人教学风格的形成。评一个新教师的课与评一个高级教师的课的角度与标准相同,这是不科学的。还有,评课的目的不同,评课的情况又有所不同。对教学比赛课、新教师考核课、职前试教课、任职汇报课等,评课的角度和标准应有所不同。

7. 艺术性原则

评课需要讲究艺术,要掌握心理学理论,掌握"谈话"的策略,不以成败论英雄,而且要注意评议的尺度,从帮助、教育、促进的角度去考虑,把课评足,"对事不对人",少议论执教者本身。评课者应以虚心的态度、商量的口气与执教者共同分析研究,不要趾高气扬,不要居高临下,不能以检查者或老教师的身份自居,更不能将自己的观点强加在别人的头上。

第 3 节　评课技能的应用及案例

一节数学课的基本要素较多。评课人从不同视角对同一个教学片段会有不同的评价意见。基于上述评课的原则和内容,我们听完一节数学课或看完一节数学课的实录,总有一些自己的评价意见。本节将呈现一些数学教学案例,然后从一定的视角进行评析。

一、对一节高中数学讲评课的案例评析[①]

案例 9-1　　　　　　高二数学试卷讲评

在一次高二数学试卷讲评课上遇到了一次难忘的风波。那数学试卷上有如此一题:数列 $\{a_n\}$ 中,$a_n=(-1)^{n+1}(4n-3)$,记其前 n 项的和为 S_n,则 $S_{22}-S_{11}$ 等于(　　　　)。

A．-85　　　　B．85　　　　C．-65　　　　D．65

教师 T 给学生的解法如下：

由 $a_n=(-1)^{n+1}(4n-3)$ 可得：$a_1=1, a_2=-5, a_3=9, a_4=-13, a_5=17, \cdots$

由此可知,$a_1=1, a_3=9, a_5=17, a_7=25, \cdots$ 构成以 8 为公差的等差数列 $\{a_n'\}$；$a_2=-5, a_4=-13, a_6=-21, \cdots$ 构成以 -8 为公差的等差数列 $\{a_n''\}$。$S_{22}=(a_1+a_3+\cdots+a_{21})+(a_2+a_4+\cdots+a_{22})=-44$,$S_{11}=(a_1+a_3)+(a_2+a_4)+\cdots+(a_{10})+\cdots+a_{11}=21$。故 $S_{22}-S_{11}=-44-21=-65$。(以上解法主要是通过将奇数项和偶数项分开,利用等差数列求和公式解答)。

[①] 钟进均."老师,我的解法比你的更好!"——记数学试卷讲评课上的一次风波[J].数学通讯,2011,(5):13-14.

正当教师 T 将上述解答过程板书完毕时，一个男生大声说："老师，我的解法比你的更好！"T 转头一看，原来是学生 H 在提出"意见"。学生 H 平时不大爱说话，性格有点内向，很少主动回答问题，成绩中等。他的如此"反应"让 T 十分惊讶。看到如此情景，T 觉得大力鼓励他的时机来了，马上微笑地说："同学们，让我们以热烈的掌声邀请学生 H 同学上台介绍他的解法。"学生 H 在掌声中勇敢地走上讲台，边说边写下了如下解答：

由题易知，$a_1=1, a_2=-5, a_3=9, a_4=-13, a_5=17, a_6=-21, \cdots$

$\because a_1+a_2=-4, a_3+a_4=-4, a_5+a_6=-4, \cdots$

$\therefore a_1+a_2=a_3+a_4=a_5+a_6\cdots$

$\because S_{22}=a_1+a_2+a_3+\cdots+a_{22}, S_{11}=a_1+a_2+\cdots+a_{11}$

$\therefore S_{22}=11\times(-4)=-44, S_{11}=5\times(-4)+a_{11}$

$\because a_{11}=(-1)^{11+1}(4\times11-3)=41$

$\therefore S_{11}=5\times(-4)+41=21, S_{22}-S_{11}=-44-21=-65.$

学生 H 的解法十分好！他不用等差数列的知识也能求到结果，并且浅显易懂。这种解法表明了学生 H 有很强的数学观察和探究能力，出乎 T 的意料。学生 H 介绍完毕后，带着十分自豪的神情回到自己的座位。此时，学生看到学生 H 的解法很惊讶，议论纷纷，情绪高涨。正在 T 评价、表扬完学生 H 的解法的时候，男生 L 小声地说："老师，学生 S 也有很好的解法！"大部分学生的目光移向学生 S，T 马上说："好！我们再请学生 S 同学上来介绍他的解法。"学生主动鼓掌。学生 S 上到讲台边板书边解说，其具体解法如下：

$\because a_n=(-1)^{n+1}\times(4n-3)$，

又 $\because S_{22}=a_1+a_2+\cdots+a_{22}, S_{11}=a_1+a_2+\cdots+a_{11}$

$\therefore S_{22}-S_{11}=a_{12}+a_{13}+\cdots+a_{22}$

$\because a_{12}=-45, a_{13}=49, a_{22}=-85$

$\therefore a_{12}+a_{13}=a_{14}+a_{15}=\cdots=4$

$\therefore S_{22}-S_{11}=5\times4-85=-65$

这两位学生的解法略有不同，并和 T 的解法明显不同。他们的解法很灵活，学生更容易理解、接受，T 的解法可复习等差数列的基本知识。这道题的讲评花了不少课堂时间，前后至少 15 分钟。

在一周之后，学生 S 在周记上写了完成这道题的解题体会："这一题中数列 $\{a_n\}$ 并不是等差数列也不是等比数列，所以在求 $S_{22}-S_{11}$ 值时就不能用等差、等比数列的前 n 项和公式来求，此时就应用到另一条求前 n 项和的公式，即 $S_n=a_1+a_2+a_3+a_4+\cdots+a_n$，此公式不仅能用于求等比、等差数列的前 n 项和，一般的数列也适用。由这一题我们能知道，在求一般数列的前 n 项和时可用 $S_n=a_1+a_2+a_3+\cdots+a_n$ 来求，并且要善于观察，一般这类数列我觉得它们每项之间都是存在一些规律的。"

学生 H 在周记中写道："在写这一篇周记前，我的心异常地兴奋。这是我高中第一次主动

> 去回答数学问题,去发表自己的见解!这使我找到了一点'童真'。小学的时候我的数学最棒,因为每天都举手发言回答问题。如果当天没举手,那天就觉得很不舒服……又想到初中开学时,数学成绩也是名列前茅。当时我是全班上课的积极分子,但……我想起来:随着年龄的增大,性格慢慢地沉淀,举手越来越少,甚至已经磨灭。此后我的数学就一直没什么起色。但在那一天,我看到老师的解题过程,又看了看自己的试卷,心底不禁有一丝的兴奋,手在颤抖,一直等老师的解题完毕。但我没有什么成就感,我总觉得老师是故意给我们机会,加上有许多同学都应该想到的。相反,我觉得自己'造作'!但我认为活着就是要快乐!对待什么,学习什么都应有一种乐观的态度!无论成绩的好坏,曾经都有过学习数学的轨迹和快乐的时光,就不会太在意成绩而感到后悔,有时还会很有动力,很执著于数学!"

以上讲述了在一次试卷讲评课上,两个学生针对一道选择题在老师提供了解答过程后,大胆及时地提出了自己的不同看法。作为任课教师,T 及时抓住契机,给学生搭建了数学交流的平台。两个学生的"异见"出乎 T 的数学教学预见。从两个学生课后周记内容看,此次数学交流机会给学生留下了非常深刻的印象,收获很多。值得我们反思:为什么学生在课上如此积极?那是因为 T 在自己的任教班上展开了一段时间的数学交流活动实验,学生的数学交流意识得到了一定培养,数学学习的自我效能感得到激发,敢于表达自己的不同理解。

纵观上述教学过程,我们从以下几个方面展开评析:

第一,如何在数学课堂上渗透学科德育教育值得我们进一步深入研究。"数学教学中体现德育的前提是'让学生喜欢数学',衡量一个数学教师实施德育是否成功的基本标准是'学生是否热爱数学',可以说,让学生热爱数学是数学学科德育的基点。如果学生只是奉命学习数学,为功利学习数学,甚至讨厌数学,那就什么都谈不上了。"留给学生阐述自己不同解法的一次机会,让我们想不到学生对数学学习会有如此深刻的感受,也使学生对数学多了一份热爱和执著,值得!

第二,教师要创设机会给学生"说数学",善于"聆听"学生的"声音"。学生 H 的周记内容让我们吃惊:一个学生主动发表自己的不同解法的前后有复杂的思想"斗争"和深刻的解题体会,也增强了学好数学的信心。给学生"说数学"、师生共享学生的不同解法的确"耗费"不少时间。但这是教师尊重、肯定学生的重要表现,也是让学生品尝数学学习成功感的举措。"课程标准"指出:相对于结果,过程更能反映每一个学生的发展变化,体现出学生成长的历程。留课堂的几分钟给一个学生"说数学",也许能唤起一批学生的佩服、羡慕和努力学习数学的觉悟,也许能改变这个学生的数学学习观,甚至改变这学生的命运,值得!

第三,教师要学会向学生学习,构建和谐的师生关系。"数学教学过程是教师引导学生进行学习活动的过程,是教师和学生之间互动的过程,是师生共同发展的过程。""在数学教学过程中,教师与学生是人格平等的主体,教学过程是师生进行平等对话和交流的过程。"对于上述数列题,我们教师常注重通法,而学生能发现数列本身的特征——相邻两项的和依次为常数,新数列是常数列则求和更方便,同样也用到了等差数列的性质,如果项数更大,可能计算更方便。通过学生自己解题、讲题和师生分享，我们可在了解学生的认知结构的基础上来组织教学，提高学习效率。学生提出的不同解法体现了学生思维的灵活性和数学学习的积极性。有时，学生的解法比教师的更简单，更符合学生的认知情况，教师就应虚心向学生学习，并诚恳地表示对学生的敬意。这样，师生关系会更和谐。

二、基于教学生成视角的数学教学案例评析[①]

（一）背景

1981年英国的《柯克克洛夫特(Cockcroft)报告》提出了"数学交流"。报告指出，教数学的主要理由在于"数学提供了有力的、简洁的和准确无误的交流信息的手段"。1992年国家教委人事司、华东高师师资培训中心举办的数学教育高级研讨班提出了"中国公民的数学素质包括数学意识、问题解决、逻辑推理、信息交流"的观点。《普通高中数学课程标准（实验）》明确指出，要重视学生的数学交流能力的培养。[②] 可见，数学交流引起了国际数学教育界的重视。

数学交流的形式有多种，其中"说数学"是数学交流的重要形式之一。[③] "说数学"[④]是指个体用口头表达自己对数学问题的具体认识、理解，解决数学问题的思路、思想和方法以及数学学习情感、体会等的数学学习活动。它包括"说知识""说过程""说异见"和"说体会"。它们分别指口头表达具体的数学知识，个体解决某数学问题的过程，口头表达个体对数学问题的结果的不同看法，个体探究某数学问题后的情感体会。在"说数学"实践中，教师引导学生回答提问不仅给出解答结果，还要说出结果是如何得到的；注重引导学生自主总结当节课的主要内容、重点、难点和主要数学思想方法；创设机会给学生介绍解题思路、解题时需注意的地方和解题体会；创设尽量多的机会让学生大胆发表自己对数学问题的不同见解，有时还叫学生上讲台边板书边讲解自己对数学问题的不同看法等。教师对学生的"说"给予及时的激励性评价，评价的内容有：所说的数学知识是否正确，数学语言运用是否正确、熟练，数学学习情感（体会）和一般的口头语言表达能力情况等。

数学课堂充满预设和生成。教师如何处理这些预设与生成，关系到课堂教学的效率。以下基于教学生成视角，对"说数学"的典型案例展开探究。

（二）案例描述

所谓案例，即一个包含主题的、典型的真实事件及其描述。教学案例是根据教学的需要，为服务于某个特殊的教学目的而做的，对真实事件的一种创造性描述。[⑤] 以下将对三个"说数学"课堂教学案例展开描述。

[①] 钟进均.从教学生成视角探究"说数学"[J].数学通讯,2013,(1):3-7.
[②] 李祎.课堂数学交流研究综述[J].中学数学教学参考,2005,(8):48.
[③] 钟进均,朱维宗.例谈说数学的教育功能[J].中学数学研究(粤),2009,(8).
[④] 钟进均,朱维宗.从默会知识例析说数学[J].中学数学研究(赣),2009,(9).
[⑤] 姚静.关于数学教育案例研究的探讨（Ⅰ）——相关概念与选题[J].中学数学研究(粤),2008,(1):14.

案例 9-2　　　　　　　"正弦定理"练习题

在教师 T 任教的高一必修模块"正弦定理"的新授课中有一道练习题:(题目 1)已知 $\triangle ABC$ 中,$\angle A=60°$,$a=\sqrt{3}$,求 $\dfrac{a+b+c}{\sin A+\sin B+\sin C}$。

在讲评此题时,教师 T 邀请学生 L 和 K 同时上黑板板书其解答。学生 L 的解答如下(简称"方法一"):

由 $\dfrac{a}{\sin A}=\dfrac{b}{\sin B}=\dfrac{c}{\sin C}=2R$,得 $a=2R\sin A$,$b=2R\sin B$,$c=2R\sin C$。所以 $\dfrac{a+b+c}{\sin A+\sin B+\sin C}=\dfrac{2R\sin A+2R\sin B+2R\sin C}{\sin A+\sin B+\sin C}=\dfrac{2R(\sin A+\sin B+\sin C)}{\sin A+\sin B+\sin C}=2R$。由 $\angle A=60°$,$a=\sqrt{3}$ 得 $2R=\dfrac{a}{\sin A}=\dfrac{\sqrt{3}}{\frac{\sqrt{3}}{2}}=2$。故 $\dfrac{a+b+c}{\sin A+\sin B+\sin C}=2$。

学生 K 的解答如下(简称"方法二"):由 $\dfrac{a}{\sin A}=\dfrac{b}{\sin B}=\dfrac{c}{\sin C}=2R$ 得 $\sin A=\dfrac{a}{2R}$,$\sin B=\dfrac{b}{2R}$,$\sin C=\dfrac{c}{2R}$,所以 $\dfrac{a+b+c}{\sin A+\sin B+\sin C}=\dfrac{a+b+c}{\frac{a+b+c}{2R}}=2R$。求 R 的方法同方法一。

在两个学生板书完书面解答之后,教师 T 请学生 L"说知识":"这题目考查什么知识点?"他说:"我认为,这题目考查了正弦定理,需要用正弦定理去解答。不用正弦定理,我就不会做了。"学生 K 接着"说过程":"我看到这题目就觉得 $\dfrac{a+b+c}{\sin A+\sin B+\sin C}$ 比较烦琐,就想着先对此进行转化,利用正弦定理,将 $\sin A$,$\sin B$,$\sin C$ 分别用 a,b,c 和 $2R$ 去替代,结果发现 $\dfrac{a+b+c}{\sin A+\sin B+\sin C}$ 等于 $2R$,这就非常简单了!如果能求出 R 的值,那么此题的结果就出来了。所以再用条件 $\angle A=60°$,$a=\sqrt{3}$ 代入正弦定理就容易求得 $2R$ 了。这题目用了两次正弦定理,不算难!"教师 T 在他们"说"完了之后,首先点评了他们的书面解答很好,很准确,其次对他们的"说"进行评价:"两个同学'说知识'和'说过程'都很不错,准确且很有条理!"突然,学生 Y 把手举起来:"我要'说异见'。"教师 T 马上邀请他上讲台。他在讲台上指出:"老师,我一见到 $60°$,就想到直角三角形。如这个图(在此省略),$a=\sqrt{3}$,设 $\angle C=90°$,很容易就可以求出 $\angle B=30°$ 和 a,b,c 的大小。这样,我把以上数据代入 $\dfrac{a+b+c}{\sin A+\sin B+\sin C}$,很快就可以得出本题的最终结果,也就是 2。"学生 Y 的讲解、板书以及姿态都十分自信、自豪。其余同学看到这解答,感到十分惊讶,主动鼓掌!教师 T 及时表扬了学生 Y 的"说异见",并明确指出,他的解法对于选择题和填空题是非常便捷的,体现了特殊化思想,但是该题是解答题,如此方法就不是很适合。

案例 9-3　　　　　　　　高一数学复习课练习题

在一节高一数学复习课上,有一道练习题:

(题目 2)在 $\triangle ABC$ 中,若 $\overrightarrow{AB}=(x,y)$,$\overrightarrow{AC}=(u,v)$,则 $S_{\triangle ABC}=\dfrac{1}{2}|xv-yu|$。请你给予证明。

教师 T 在讲评之前查看了全班学生的解答情况,发现不理想,能做出解答的学生不多,于是,运用启发诱导的方法,从求 $S_{\triangle ABC}$ 的公式 $S=\dfrac{1}{2}ab\sin C$ 出发,引导学生利用题目已知条件逐步得出了结论。具体过程如下:

$\because \overrightarrow{AB}=(x,y),\overrightarrow{AC}=(u,v),$

$\therefore \cos\angle BAC=\dfrac{ux+vy}{\sqrt{x^2+y^2}\cdot\sqrt{u^2+v^2}}$

$\therefore \sin^2\angle BAC=1-\cos^2\angle BAC=\dfrac{(x^2+y^2)(u^2+v^2)-[(ux)^2+(vy)^2+2uvxy]}{(x^2+y^2)(u^2+v^2)}=\dfrac{x^2v^2+u^2y^2-2uxvy}{(x^2+y^2)(u^2+v^2)}=\dfrac{(xv-uy)^2}{(x^2+y^2)(u^2+v^2)}$

$\therefore \sin\angle BAC=\sqrt{\dfrac{(xv-uy)^2}{(x^2+y^2)(u^2+v^2)}}$

$\therefore S_{\triangle ABC}=\dfrac{1}{2}|\overrightarrow{AB}|\cdot|\overrightarrow{AC}|\sin\angle BAC=\dfrac{1}{2}\sqrt{x^2+y^2}\sqrt{u^2+v^2}\cdot\sqrt{\dfrac{(xv-uy)^2}{(x^2+y^2)(u^2+v^2)}}=\dfrac{1}{2}\sqrt{(xv-yu)^2}=\dfrac{1}{2}|xv-yu|$

在教师 T 经历一番板书运算之后,得出了需要证明的结论,还没来得及总结。此时,平时最爱上台"说数学"的学生 C 举手说:"老师,我有一种很容易的方法。"他走上讲台,在黑板上建立坐标系,如图 9-1 所示。学生 C 说:"由于 $\overrightarrow{AB}=(x,y),\overrightarrow{AC}=(u,v)$,所以我可以将 A 与坐标原点重合,那 C,B 的坐标就分别为 (u,v),(x,y)。因为 $\triangle ABC$ 是一般的三角形,所以我们可把不规则的图形转化为规则的图形去探究,即把 $\triangle ABC$ 放在一个矩形里去讨论。如图 9-1 所示,我们很容易得到 $S_{\triangle AVC}$,$S_{\triangle BCG}$,$S_{\triangle AXB}$ 和 S_{VGXA}。接着就容易得出结论了。"

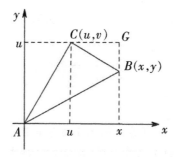

图 9-1　题目 2 图

他的具体解答如下：

$$\because S_{\triangle AXB}=\frac{1}{2}xy, S_{\triangle AVC}=\frac{1}{2}uv, S_{\triangle BCG}=\frac{1}{2}(v-y)(x-u)$$

$$\therefore S_{\triangle ABC}=S_{VGXA}-S_{\triangle AVC}-S_{\triangle AXB}-S_{\triangle BCG}=xv-\frac{1}{2}[xy+uv+(v-y)(x-u)]=xv-\frac{1}{2}(xy+uv+vx-uv-xy+uy)=xv-\frac{1}{2}xv-\frac{1}{2}uy=\frac{1}{2}xv-\frac{1}{2}uy$$

$$\therefore S_{\triangle ABC}=\frac{1}{2}|xv-uy|$$

学生们对学生C的解答非常惊讶，也很佩服，主动鼓掌。不少学生指出，他们很难想到作出坐标系去探究，认为教师T提供的解答相对容易想得到。

案例9-4　　　　　　　　高一数学等比数列练习题

在高一数学等比数列复习课中，教师T给出了以下练习题：

在等比数列$\{a_n\}$中，$a_5-a_1=15$，$a_4-a_2=6$，求a_3。

对于此题，教师T在讲评之前查看了大多数学生的解答情况，发现较多学生的解答几乎相同，具体如下（简称"解法一"）：

由$a_5-a_1=15$，$a_4-a_2=6$得$a_1q^4-a_1=15$，$a_1q^3-a_1q=6$，所以$q_1=\frac{1}{2}$，$q_2=2$。当$q_1=\frac{1}{2}$时，$a_1=-16$；当$q_2=2$时，$a_1=1$。所以$a_3=-4$或4。

教师T挑选一个书写较工整的解答，利用实物投影仪投影出来进行讲评，本想着该题难度不大，让学生校对一下解答就算了，就直接讲评了。谁知，学生Y在教师进入下一道题的讲评时大胆地举起手来，说："老师，我对上一道题有不同的解答方法。"虽然已开始另一道题的讲评，但考虑到学生Y的数学学习积极性特高，教师T就暂停另一道题的讲评，邀请该生上讲台板书并讲解自己的解答，具体如下（简称"解法二"）：

$$a_3(a_5-a_1)=a_3\cdot a_5-a_3\cdot a_1=a_4^2-a_2^2=(a_4+a_2)(a_4-a_2)=6(a_4+a_2)$$
$$=6\sqrt{(a_4-a_2)^2+4a_4a_2}=6\sqrt{(a_4-a_2)^2+4a_3^2}=6\sqrt{36+4a_3^2}=15a_3$$

学生Y很自信地、流畅地将自己的解答清晰地板书出来，并辅以适当讲解，还稍停下来，问同学们对其解答有何疑问。学生M起立，走上讲台指出上述解答存在不足，应改为：

$$a_3(a_5-a_1)=a_3\cdot a_5-a_3\cdot a_1=a_4^2-a_2^2=(a_4+a_2)(a_4-a_2)=6(a_4+a_2)$$

$$\because a_5-a_1=15, a_4-a_2=6$$

$$\therefore a_3(a_5-a_1)=\pm 6\sqrt{(a_4-a_2)^2+4a_4a_2}=\pm 6\sqrt{(a_4-a_2)^2+4a_3^2}=\pm 6\sqrt{36+4a_3^2}=15a_3$$

所以$a_3=\pm 4$。

我们容易看出，学生M在Y的解答基础上完善了解法二。解法二是完全正确的。其余学生对解法二很佩服，赞赏。个别学生甚至说：解法二比解法一更好，更快捷。

(三) 案例分析

课堂上可能发生的一切,不是都能在备课时预测得到的,教学过程的真实推进及最终结果,更多地是由课的具体行进状态,以及教师当时处理状态的方式决定的,所以要使丰富性发挥积极效应,则必须改变课堂教学关注教案的片面观念。[①] 叶澜教授指出:"学生的发展应是一个开放性的动态生成过程,教学过程应通过师生对话与合作、以动态生成的方式推进","学生在课堂活动中的状态,包括他们的学习兴趣、积极性、注意力、学习方法与思维方式、合作能力与质量,发表的意义、建议、观点,提出的问题与争论乃至错误的回答等,无论是以言语,还是以行为、情绪方式的表达,都是教学过程中的生成性资源"[②]。所谓教学的生成性[③],是指在教学活动中会涌现出许多意想不到的信息和问题,教师不能机械地按原计划确定的一种思路进行教学,而是应凭借自身的素质,根据学生学习的情况,把教学中人的、物的、精神的诸多因素有机地结合起来,对之灵活地调控,积极引导教学活动不断更新,生成新的超出原计划的教学流程。

1. 合理处理教学生成,彰显学生在数学课堂中的主体地位

教师在学生知识生长、形成的过程中,不能用既定的教学方案或拟定的教学程序一味地去控制和约束学生的思维活动,而是应尽量顺应学生思维的自然进程,精心呵护学生学习的"天赋"生机,及时捕捉学生学习中产生的生成性资源,相机对预设的教学方案不断做出动态性的变革,以此来促进学生个体知识的生成。[④]

在上述案例 9-1 中,教师搭建平台给学生呈现自己的解答,而不是自己包办、直接给出解答,还让学生 L 和 K 结合其解答"说数学"。学生 Y 抓住契机,顺应"说数学"的教学环节,及时"说异见"。这是教师所没有预设到的,属于生成性资源。教师没控制和约束学生 Y 的"说",而是大方鼓励其上讲台"说"清楚,顺应学生数学学习的自然进程,及时对预设的教学方案做出变更,促进全体学生认真学习和欣赏了学生 Y 的难得的"特殊化"解题思想。在案例 9-2 中,教师暂停自己的"总结",及时把握住学生 C"说异见"的动机,让"台"给学生,给他足够时间去展示来之不易的"异见"。这让师生都有机会及时分享到学生 C 对题目 2 的妙解。类似地,在案例 9-3 中,教师依然搭建平台,让学生 Y 展示了其非常巧妙的、让师生耳目一新的解答。上述三个案例中的"说异见"都不是教师预设的,但教师合理处理了这些生成性资源,使得数学课堂充满了"惊喜",充分体现了学生在数学课堂中的主体地位,改变了传统教学中的教师的"满堂灌"或"一言堂"。

2. 恰当利用教学生成资源能有效增强学生的数学学习自我效能感

"教学中教师所面对的是拥有自己的主观意志和自然意志的生命体,教学必须适应他们合理的主观意志和自然意志,这样的教学才可能更富有成效。"[⑤] 在数学教学中,我们需重视学生的主观意志和自然意志,积极搭建"说数学"平台,让学生的自我效能感得到最大的激发。自我效能感指人们对自己是否能够成功地进行某一成就行为的主观判断。人的行为受结果因素和先前因素

[①] 李㮋. 数学教学生成论[M]. 北京:高等教育出版社,2008:12,13,28.
[②] 叶澜. 重建课堂教学过程观[J]. 教育研究,2002,(10):24-50.
[③] 李㮋. 数学教学生成论[M]. 北京:高等教育出版社,2008:12,13,28.
[④] 李㮋. 数学教学生成论[M]. 北京:高等教育出版社,2008:12,13,28.
[⑤] 李㮋. 数学教学生成论[M]. 北京:高等教育出版社,2008:12,13,28.

影响。结果因素就是"强化",但行为的出现不是由于随后的强化,而是由于人认识了行为与强化之间的依赖关系后对下一步强化的期望。①期望不仅指对结果的期望,还有一种效能期望。结果期望指人对自己某种行为会导致某一结果的推测。效能期望指人对自己能否进行某种活动的实施能力的推测或判断。自我效能水平的高低影响个体对任务的选择、付出的努力以及在困难条件下对活动的坚持性。一般而言,成功经验提高效能期望,反复的失败降低效能期望。

在上述三个案例中,由于教师平时实践"说数学",所以学生多能主动"说异见",也能熟练地"说知识""说过程"。教师不仅重视传统数学教学中的书面解答数学问题,还舍得腾出课堂教学时间给学生发表自己的见解,促进了生成性资源的形成(如学生的"异见")。教师没有因为课堂时间的限制而打断"说者"的主观意志,反而鼓励学生边板书、边讲解自己的数学解答,及时对学生的"说"给予激励性评价。如此处理课堂教学生成,增强了学生的数学学习自我效能感,特别是效能期望,也就是学生在这样的"说"之中积累了成功经验,增强数学学习的自信心。传统教学中,教师较多按照自己在备课时的计划,将自己对数学问题的分析、解答非常顺畅地传授给学生,较少师生之间的互动,生怕学生"打岔",更担心学生的"说"干扰了授课计划,影响正常的教学进度。但是,学生对数学问题的认识不应被老师的精彩讲解而替代、覆盖。学生之间的数学认知差异客观存在。无视这些差异的数学教学不是"因材施教"。教师应鼓励学生将自己对数学问题的认识(哪怕是微不足道的)尽量呈现出来,恰当利用学生的"所思""所说"去增强学生数学学习的自信心。总之,自我效能水平高的学生更倾向于数学学习任务的选择、付出以及在困难条件下对数学学习的持久性。教师应想尽办法去增强学生的数学学习效能感。

3. 借助教学生成资源拓展学生的数学思维水平

上述三个案例中的"异见"很精彩,出乎师生的意料(生成性资源)。从问题解决的方法而言,案例9-1中的学生Y运用了特殊化思想,案例9-2中的学生C运用了数形结合思想和化归思想,案例9-3中的学生Y灵活运用了等比数列的性质,把转化思想运用得淋漓尽致。如果没有教师搭建"说数学"的平台,这些精彩无疑会被埋没,学生们就无法欣赏到"说者"所引进的数学之美与妙。往往连教师在备课时都没想过这些"异见",学生们也较多掌握常规解法。因此,"异见"拓展了学生们的数学思维,更提高了"说者"的思维能力。②

三、盲目追求数学课堂教学任务的完成不可取

(一)背景

教育家布卢姆认为:"人们无法预料教学所产生的成果的全部范围。没有预料不到的成果,教学也就不成为一种艺术了。"苏霍姆林斯基也说过:"教育的技巧并不在于能预见到课堂的所有细节,而是在于根据当时的具体情况,巧妙地在学生不知不觉中做出相应的变动。"③"美国当代著名课程论专家小威廉姆·多尔(W. Doll)对后现代课程的描述是:"它是生成的,而非预先界定

---

① 喻平.数学教育心理学[M].南宁:广西教育出版社,2004:139-140.
② 钟进均,朱维宗.例谈说数学的教育功能[J].中学数学研究(粤).2009.(8)
③ [苏联]苏霍姆林斯基.给教师的建议[M].杜殿坤,译.北京:教育科学出版社,1984.

的。"①叶澜教授认为:"要从生命的高度、用动态生成的观点看课堂教学。"②较好地完成课堂教学任务是传统的一节好的数学课的标准之一。当前,许多教师在践行"以学生为主体"的理念的同时,也追求着数学课堂教学内容的系统性和完整性,力求每一节课都能顺利完成预设的教学任务。但是,教师往往在刻意关注学生在数学课堂中的主体性时,很难顺利完成预设好的教学任务。如何看待数学课堂中学生的主体性发挥和按时完成教学任务的关系?以下拟从生成性教学和自我效能感理论出发,对一个数学课堂教学案例进行评析。

(二)案例描述

这是某重点中学的开放日活动中的一节高二数学推荐课,课题为"利用空间向量证明平行、垂直关系",属于"立体几何中向量方法"的第二课时。大约25位校外教师参加了听课。在此课之前学生学习了方向向量和法向量,并且掌握了利用它们判定空间平行、垂直(线线、线面和面面)关系的原理。本节课的课前设计是,首先复习高一传统方法以及以空间向量为工具判定直线、平面间位置关系的方法,然后以3道例题,在新旧两种证明方法的对比应用中,学生体验空间向量的优势与不足,最后教师作课堂小结和布置作业。教师在学案上设计了3道例题,例题2和例题3还分别配上了一道变式题。具体如下。

例题1 如图9-2所示,在正方体 $ABCD\text{-}A_1B_1C_1D_1$ 中,$AC \cap BD = O$,G 为 CC_1 的中点,证明:$A_1O \perp$ 面 GBD。

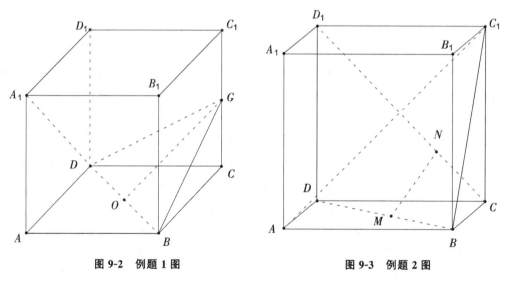

图9-2 例题1图　　　　图9-3 例题2图

例题2 如图9-3所示,在正方体 $ABCD\text{-}A_1B_1C_1D_1$ 中,$\overrightarrow{DM}=\frac{1}{2}\overrightarrow{MB}$,$\overrightarrow{D_1N}=2\overrightarrow{NC}$。证明:$MN/\!/$ 面 BC_1A。

变式:将例题2中的"正方体"改为"一般平行六面体",其余不变。

例题3(人教A版教材选修2-1第109页例4)如图9-4所示,在四棱锥 $P\text{-}ABCD$ 中,底面

---

① [美]小威廉姆·多尔.后现代课程观[M].王红宇,译.北京:教育科学出版社,2000.
② 叶澜.让课堂焕发生命的活力[J].教育研究,1997,(9):3-8.

$ABCD$ 是正方形,侧棱 $PD\perp$ 底面 $ABCD$,$PD=CD$,$DE=EC$。作 $EF\perp PB$,垂足为 F。(1)证明 $PA/\!/$ 面 EDB;(2)证明 $PB\perp$ 面 $ABCD$。

变式:如图 9-5 所示,在四棱锥 $P-ABCD$ 中,侧棱 $PD\perp$ 底面 $ABCD$。$AB=\sqrt{3}$,$BC=1$,$PD=2$,G 为 PA 的中点,在面 PCD 上找一点 H,使得 $GH\perp$ 面 PBD,并求出 H 到 PD,CD 的距离。

教学过程大致如下:

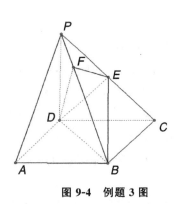 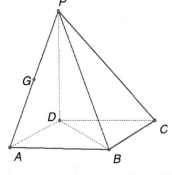

图 9-4 例题 3 图　　　　　　　　图 9-5 例题 3 变式图

教师首先和学生一起回顾知识点:一是高一学过的证明立体几何中的平行和垂直的传统方法;二是高二刚学的向量工具。这些均是由学生直接在学案上填空完成,教师给予适当讲评,引出了"证明立体几何问题的两种方法到底谁更有优势"这个课题。其次是例题选讲环节。

对于例题 1,教师先让全体学生独立审题,然后将全班分成两个小组,分别用传统方法和向量方法进行证明,写出证明过程。教师特邀两个学生到讲台,在黑板上分别用传统方法和向量法进行证明,最后教师对黑板上的解答进行了点评,提出了向量法的特点是"算得多,想得少",传统方法的特点是"想得多,算得少"。

有了例题 1 的两种方法的对比运用,学生普遍感到向量法易做。面对例题 2 的正方体图形,教师在黑板上直接建立坐标系,写出相关向量的坐标表示,然后请两个女生介绍了自己的解题思路。第一个女生未能顺利说出自己的想法。在教师的追问下,第二个女生勉强得出了解题思路。教师没有安排学生即时写下详尽的解题过程,而是直接问:试想一下,如果不以向量为工具,证明方便吗?教师分析了一下图形,得出的结论是:在面 BC_1A 上找一条直线与 MN 平行很艰难,所以向量法较好。对于例题 2 的变式题,教师基本包办了解题过程,在黑板上板演分析思路,大致如下:设 $\overrightarrow{DA}=\vec{a}$,$\overrightarrow{DC}=\vec{b}$,$\overrightarrow{DD_1}=\vec{c}$,以这三个向量为基底可以得出 $\overrightarrow{MN}=\cdots=\frac{1}{3}(\overrightarrow{DC_1}-\overrightarrow{DA})=\frac{1}{3}\overrightarrow{AC_1}$,易得 $MN/\!/$ 面 BC_1A。其实,学生对此方法十分陌生,对坐标法较熟练。完成了该变式题之后,距离下课时间还有 15 分钟。

教师组织学生马上转到例题 3 的分析与解答。教师在没有作任何分析的情况下,选了两位男生到黑板前,特意说明由这两个男生合作完成该例题的解答,写出具体的解答过程。这两个学生在黑板前很认真地低声讨论着,其余学生在专心地独立解答。大约过了 3 分钟,这两个男生在黑板上写下了三行字的证明过程。此时,教师看到距离下课还有 10 分钟,就叫这两个学生回到座位上,接着要求全班学生停止作答。教师逐步分析题目,以很快速度介绍完了该题目的解答过程。最后,教师面对全班同学提出一个问题:通过此题,你们觉得证明平行与垂直关系,向量法是最优方法吗?此时,下课铃响了,校园广播响起来了。教师草率地做了课堂总结就正式下课。教学设计中的例题3的变式题、课堂小结、作业布置均因时间不足而未能完成。

(三) 分析与思考

1. 教师需高度关注学生数学学习的自我效能感

如此一节对外开放的数学课,气氛严肃,学生难免紧张。课堂上的每一次发言、习题解答的呈现、教师的每一次鼓励都会给学生留下十分深刻的印象,甚至影响学生在未来数学学习上的发展。案例中教师在没有作任何分析的情况下邀请两个男生到黑板上合作解答例题3,这对两个学生而言,压力巨大。尽管他们在这么多老师和同学的面前认真讨论、合作交流,但最终未能顺利完成解答。其实,对这两个学生来说,如此"表现"的机会十分难得。从解答结果上看,两个学生是失败的,其重要原因是教师为了顺利完成本节课的教学任务而缩短了答题时间。如果这两个学生在讨论中已经有了明确的解题思路,就差书写解题过程出来,那么他们对老师的如此处理必然有成见,甚至,他们今后再也不上黑板解题了。总之,如此处理严重打击了学生的数学学习自信心,降低了他们的数学学习效能期望,不可取!

2. 教师需正确处理好预设与生成的关系

新课程高度重视学生的发展,明确提出课堂教学要重视生成性。对过程的关注甚于对结果的关注是生成的主要特征之一。生成性教学是教师根据课堂中的互动状态及时调整教学思路和教学行为的一种教学形态。它认为教学设计仅仅是对教学过程的一种宏观规划,在具体的教学过程中,教师应根据境遇的不同对教学思路作适应性修改。相对结果而言,它更为关注教学过程,它认为教学的核心不是目标的达成而是学生的发展,而学生的发展是在具体教学过程中实现的。传统教学将教学过程变成了教学计划的刻板展示过程,教学过程丰富的意义生成和价值延展被遮蔽甚至被压制[1],其关注的是教学结果,也即教学目标的达成状况或学习任务的完成情况,而对教学目标是如何达成的,则略去不管。

(1) 课堂教学内容可合理调整

从教案看,教师的课前预设很认真:教学内容难度符合学生的水平,习题典型且难度有层次性,结构完整,条理清晰。从学生的实际解答和师生互动情况看,例题1和2能较好地完成。因为课堂教学时间的关系,教师想准时完成本节课的预设教学任务,所以例题3的解答和讲解过程显得十分仓促,学生解题时间明显不足,教师快速、草率地作了课堂总结。

假如教师临时决定删除例题3及其变式题的教学任务,而将例题2的变式题的教师直接讲解改为学生先思考、讨论和解答,教师再讲解,未尝不可。从题目内容上看,例题1和例题2是以正方体为研究背景,例题3及其变式题是以三棱锥作为研究背景,但是这些题目的问题都是证明线面平行、线面垂直或计算点到面的距离,都是为了让学生体会传统方法与空间向量法在立体几何证明中的优劣。例题3是本节课唯一一道选自教材的题目。难道课本的例题就一定要完成吗?教师根据

---

[1] 罗祖兵. 生成性教学及其基本理念[J]. 课程·教材·教法. 2006,(10):28-33.

教学目标需要选取其他题目代替课本例题当然可以！据笔者的课堂观察,多数学生能找到解答例题3的思路,写到一半解题过程时就被老师叫停了。可见,学生是有能力完成该题目的,只是时间不足而已。显而易见,学生经历了例题1和例题2的学习,本节课的教学目标基本达成。

生成性教学的教学过程是不能提前完全预设的。预设的只能是一个大概思路。在新课程数学教学中,如何处理好课堂教学的生成性就是对教师的教学智慧的考验,需要教师更扎实的教学基本功、对教学内容的深刻理解及较高的组织教学能力。

(2) 课堂教学的结构未必总需完整

预设制约着生成,生成反作用于预设,二者是相互对立统一的;预设是对生成的规约,生成是对预设的超越;生成的动态性和随机性要求预设必须具有一定的包容度和自由度,预设的计划性和目的性要求生成必须具有一定的灵活性和开放性;教学过程应该基于预设,但又能突破预设的樊笼,从"预设"走向"生成",在生成中超越预设。"教师在教学中以'完成教学任务、重点突出、难点突破、条例清楚'为目标,但学生在整个教学过程中并未真正地参与到实际数学课堂教学活动中去,或者根本就没有听懂教师所讲的内容。数学课堂,让人感到神圣与威严的同时,也让人感到巨大的压抑与束缚。"[1]

我们认为,教师并不需要每一节课都要完成"总结"这一环节。知识总结是数学学习的重要组成部分。数学教学充满了生成性和随机性,非预设性的生成往往让教师难以准时完成课堂预设教学任务,也就是课堂教学的结构欠完整。但草率、马虎的总结就是走形式,是片面追求课堂教学结构的完整。如果课堂教学时间不允许,只要学生能积极参与课堂教学,那么没有"总结"的课堂不一定就是无效的。课堂总结需学生参与,有时可先让学生作课堂自我总结,教师再补充、提升,而不是教师包办。让总结成为学生数学学习的良好习惯是数学教学的重要任务之一。就本节课来说,教师不作课堂总结而是布置学生课后自我总结、反思课堂学习的内容,在下一节课再结合学案上的内容详细总结归纳,如此处理也未尝不可。总之,课堂教学结构应服务于学生的主体性发展,不应形式化,根据课堂教学生成可作适当调整。

新一轮数学课程改革已进行了多年,我们一线教师在具体课堂教学实践中不断学习和践行课改理念。但是,在高考评价制度没有发生质的变化情况下,我们对本轮课程改革仍存在不少疑惑,需要从理论和实践两个方面进一步学习和提高。改革是必然。传统的数学教学有很多东西值得我们继续发扬,现代的(含西方的)做法和理念也并不都符合我们的实际。总之,坚持和把握住"以学生的发展为本"这一主线去组织、开展和反思我们的数学教学,应不会出现偏差。

四、从一节高中数学试教课谈职前教师教育[2]

世界各地的教育改革一再印证教师仍是学与教的核心,教师之素质尤为重要。"新课程要求教师应该是教育教学的研究者,所蕴涵的新理念、新方法,以及新课程实施过程中所出现的各种新问题,都是过去的经验和理论难以解释和应付的,教师不能被动地等待着别人把研究成果和教

---

[1] 曹一鸣.中国数学课堂教学模式及其发展研究[M].北京:北京师范大学出版社,2007:9-10.
[2] 钟进均.从一节高中数学试教课谈职前教师教育[J].中学数学月刊,2012,(9):13-16.

学经验送上门来,不假思索地应用到教学中去。""新课程要求教师应该是课程的建设者和开发者","必须在课程改革中发挥主体性作用"。[①] 新课程改革以来,为了促进教师教育教学观念的更新和变革,教师教育问题受到了各级教育行政主管部门和教育研究界的高度重视。

以下,我们就一节数学试教课展开评析。

T 为某重点非师范院校的女硕士研究生,曾在本科毕业后任教中学一年,所讲课题为"数列"单元第一节新授课;课前没准备具体教学设计给评委老师;授课班级是高一年级某重点班,平时课堂气氛十分活跃,质疑意识很强。T 使用 PPT 课件教学,课件底色为红色,页面充满喜庆气氛,教学内容的文字较小且少,不显眼。T 仅用刚上课的 8 分钟就将数列的概念、通项公式、数列的项等全部介绍完(此时,黑板上只板书有课题,其余内容不作任何板书,用课件展示),接着开始让学生做练习。第一道练习题是:求数列 7,77,777,7777,…(记作"数列 1")的通项公式(该题非教材配置的练习题)。看到此题,平时上课十分活跃、善于讨论的学生们变得十分安静。T 在教室里来回走动,但没有认真观看过一个学生的解答(对学生的关注有形无实)。大多学生看着屏幕发呆,无从下手。大约 5 分钟后,T 开始讲评,先让学生求数列 9,99,999,9999,…(记作"数列 2")的通项公式。给了 2 分钟让学生讨论,但没人能得出该问题的结果。经 T 启发诱导,得出数列 2 的通项公式 $a_n = 10^n - 1$。T 问学生:数列 2 和数列 1 有何联系? 此时,多数学生开始讨论。学生 S_1(平时回答问题非常积极,很活跃,反应较快)高高地举起手,大声地说:"老师,我知道了,它们的形式很类似。"T 不吭声,等待其他同学有无其他结果。S_2 突然大声地说:"$a_n = \dfrac{10^n - 1}{9}$。"其余学生接着大声说:"不对!"平时最活跃的几个学生大声地讨论着此问题,不时向老师大胆提出自己的见解,但都得不到 T 的及时评价,T 站在讲台上极严肃地观看着学生讨论。1 分钟后,S_1 再一次大声说:"$a_n = \dfrac{10^n - 1}{7}$。"T 把 $a_n = \dfrac{10^n - 1}{7}$ 写在黑板上(对 S_1 不作任何评价),所有学生都安静地看着这结果。T 接着在黑板上引导学生检验 $a_n = \dfrac{10^n - 1}{7}$ 是否正确。在检验结果就要出来时,S_1 再次发话:"老师,我知道了,我知道了,$a_n = \dfrac{10^n - 1}{9}$。"$S_1$ 的声音盖过了 T 的声音,打断了 T 的讲解。此时,相当部分学生对 S_1 不满(认为他搅乱了老师的教学),课室内一片嘈杂声。看到如此情形,T 十分严肃、大声地说:"别吵了,我们一起来看看……"T 包办了求数列 1 通项公式的全过程,顺利得出结果 $a_n = \dfrac{10^n - 1}{9}$。此时,离下课还有 10 分钟,T 布置学生完成课本练习。期间,她站在讲台旁不动,没关注过任一学生的解题情况(T 在等待时间过去,对学生的表现好像很不满意)。离下课还有 5 分钟时,在多数学生还没完成练习的情况下,T 独自在黑板边板书边快速地讲解完了所有课本练习,准时下课。

以下分析主要从该试教课的教学设计、任课教师的教学观和评价观三个方面展开。

[①] 叶尧城.高中数学课程标准教师读本[M].武汉:华中师范大学出版社,2003:98-99,106.

（一）教学设计方面

教学设计是以获得优化的教学效果为目的，以学习理论、教学理论及传播理论为理论基础，运用系统方法分析教学问题，确定教学目标，建立解决教学问题的策略方案、试行解决方案、评价试行结果和修改方案的过程。① 教学设计反映出执教者的教育理论学习情况，并表现出他的教学观念。在激起认知动因、安排认知方法、组织认知内容和利用认知结果等方面所采用的策略，能较好地表现出教师对基本教学定理的掌握情况。通过试教课教学设计，评委可了解试教者对课堂教学目标定位是否科学、合理，教学环节设计是否符合学科知识内在联系和学生认知心理特点，以及教材内容处理是否合适等。T教师没有提供试教课教学设计给评委，忽略了一个反映自身教育教学素质的重要渠道，导致评委难以了解执教者对授课内容的教学目标如何确定，如知识与技能、过程与方法、情感态度与价值观目标分别是什么，也难以清楚某些教学环节的设计意图。显然，从实际教学看，T对该节课的教学重点和难点把握不当；习题处理未遵循学生的认知规律：难度过大，未能分层次，未能准确把握学生数学学习的"最近发展区"；课件设计"喧宾夺主"。

总而言之，T对本节课"备课"不充分，在"备教材""备学生"和"备教法"等方面有待加强。

（二）教学观方面

教学观就是教师对教学的认识或对教学的主张，具体地说，就是教师对教学目标、教学过程、教学对象等基本问题的认识②。教学观支配着教师的教学实践活动，决定着教师在教学活动中采取的态度和方法。新课程提出，教师要改善教与学的方式；加强师生相互沟通和交流是教学过程的核心要素；数学教学过程应是"师生互动，共同参与"③。学生在讨论或做练习的过程中，T教师未注意与学生的沟通与交流，未能关注学生的"学"；在短时间内将数列的概念、通项公式等新知识单向传授给学生，没有让学生参与到新知识的学习活动中来，未体现学生的主体地位。

数学教学预见是指教师以特定数学内容为出发点，以优化教学结构、提高教学效率为目的，借助已有的或通过其他方式（听课、查阅资料等）获取的经验，对教学过程做出预判，并进行合理教学预案设计的活动。过分依赖教学预见，教案成了唯一的、不可改变的课堂教学框架，课堂教学也就必然是师生在一种几乎静态的环境中完成早已被教师列入教学计划的必须完成的教学内容，这样的教学状态对师生的成长都有害。④ T的教学环节设计未能做到因材施教；不关注学生的具体学情而赶着准时下课，盲目追求教学内容的完整性和系统性，也就是课堂教学过分受自己的数学教学预见所约束，忽略了数学课堂的有效生成。

可见，T教师的教学观与新课程的要求有较大距离，很可能从未了解过新课程改革的理念。

（三）评价观方面

"新课标"明确指出，数学教学应重视对学生数学学习过程的评价，重视对学生能力的评价。上文中的学生在数学学习中很活跃，敢于表达，敢于质疑，但T教师对学生的"积极回答"未能给予及时激励性评价，对学生积极参与数学学习过程（如回答问题，质疑问题结果等）不给予肯定，

---

① 天津市中小学教育教学研究室.什么是教学设计？[EB/OL]. http://www.tjjy.com.cn/2009/readarticle.asp?id=6140.
② http://www.yczxx.com/Article_Show.asp?ArticleID=200632981046.
③ 叶尧城.高中数学课程标准教师读本[M].武汉：华中师范大学出版社，2003：98-99.
④ 王阳.制约青年数学教师教学能力提高的归因分析[J].数学教育学报，2008，17(1)：85.

反而用教师的"架子"压制学生,显然不符合"新课标"所倡导的评价观,严重挫伤了学生的数学学习积极性。

综上所述,T教师作为一名非师范类硕士毕业生,尽管还当过一年教师,但其教育理论学习和对新课程标准的理解十分有限。该试教课结束后,几个学生就马上找到笔者说:"老师,你要把今天早上的课重新上一次!"这从某种程度上反映了试教者的教学效果。

五、基于过程性评价视角的数学评课案例分析

《普通高中数学课程标准》(实验稿)明确提出了新课程实施的具体评价建议,应将评价贯穿数学学习的全过程,既要发挥评价的甄别与选拔功能,更要突出评价的激励与发展功能。① 在高中数学新课程改革中,如何实施过程性评价,值得广大数学教育工作者深入探讨。

在一次课题为"正弦定理"的高一数学校级公开课(新授课)上,听课老师有12人。执教教师T在新课内容讲授结束后,布置了几道课堂练习题,其中一题如下:在△ABC中,已知∠$A=60°$,$a=\sqrt{3}$,$b=1$,求角B,C和边c的大小。T请女生S上黑板板书自己的解答,其余学生在草稿纸上独自完成。大约5分钟后,T开始讲解A的解答。因A的解答完全正确,故T的讲解比较粗糙。所有学生都很认真地参与课堂,专心听课。看到S的顺利解答和全体学生的安静、认真,T以为所有学生都很容易得到了正确的解答,掌握得很好。突然,女生J大声地说:"由$\sin B=\frac{1}{2}$还可得到$B=150°$,不仅是$30°$。"其余学生此时不说话,等待老师的点评。对于这一"意外",T马上引导学生一起探讨并得出结果:$B=150°$不可取。T接着让学生独立完成下一道练习,没有给予J同学任何评价。

与上述案例相类似的情形在一线数学课堂教学中并不罕见。下面的分析立足于建构主义、自我效能感和新课程评价理论等,最后提出我们的几点思考。

(一)基于建构主义理论

"学习不是由教师把知识简单地传递给学生,而是由学生自己建构知识的过程。学习不是被动接收信息刺激,而是主动地建构意义,是学生根据自己的经验背景,对外部信息进行主动地选择、加工和处理,从而获得自己的意义。学习意义的获得,是每个学习者以自己原有的知识经验为基础,对新信息重新认识和编码,建构自己的理解。"②"学生所学到的往往并非是教师所教的,我们更不能以主观的分析或解释去代替学生真实的思维活动。""教师应当努力调动学生的学习积极性,很好地发挥教学活动组织者的作用,发挥重要的'导向'作用。"郑毓信等指出,从建构主义的立场出发,教师深入了解学生真实的思维活动,善于引导学生观念上的不平衡等有着特别重要的意义。③

女生J大胆说出了自己对问题的不同观点,就是呈现了她根据自己的经验背景对外部信息

---

① 严士健,张奠宙,等.普通高中数学课程标准(实验稿)解读[M].南京:江苏教育出版社,2004:451-453.
② 张奠宙,宋乃庆.数学教育概论[M].北京:高等教育出版社.2004:181.
③ 郑毓信,梁贯成.认知科学建构主义与数学教育[M].上海:上海教育出版社,1997:171-182.

(练习题)主动选择、加工和处理的结果,呈现了她的真实思维活动,表明了她与大多数学生对练习题的认识存在特殊性。J的解答尽管是错误的(因角 B 是 $\triangle ABC$ 的一个内角,$\angle A=60°$,若 $\angle B=150°$,则 $\angle A+\angle B>180°$),但这些对于数学课堂教学无疑有很大帮助,起码让教师知道学生在该课题的学习会存在如此的"问题"。

(二) 基于自我效能感理论

女生J大胆表达自己对问题的不同看法,特别是在后面坐着十几位老师听课的场合下,需非一般的勇气。得到老师的肯定是她"大胆表达"的结果期望。T老师仅就其结果是否正确做出判断,没有给予J一丝肯定。由此,J容易认为自己在数学学习上的质疑或见解多是错误的,难以确信自己有能力在数学学习上提出质疑。也就是说,J没有从"大胆表达"中获得成功经验,也许会降低她的数学学习的效能期望,降低数学学习兴趣。

(三) 基于新课程评价理论

《普通高中数学课程标准》(实验稿)明确提出了新课程实施的具体评价建议。"数学学习评价,既要重视学生知识、技能的掌握和能力的提高,又要重视其情感态度与价值观的变化;既要重视学生学习水平的甄别,又要重视其数学学习过程中主观能动性的发挥。""相对于结果,过程更能反映每个学生的发展变化,体现出学生成长的历程。因此,数学学习的评价既要重视结果,也要重视过程。""学习过程的评价,应关注学生是否积极主动地参与数学学习活动。""在评价中,教师要注意肯定学生在数学学习中的发展、进步、特点和优点。""总之,应将评价贯穿于数学学习的全过程,既要发挥评价的甄别与选拔功能,更要突出评价的激励与发展功能。"①

在上述案例中,纯粹从数学知识的角度看,J"大胆表达"的结果是错误的。但从数学学习过程看,J的回答充分体现了她的数学学习的主观能动性,体现了她对数学学习的积极态度,体现了她具有不迷信权威、敢于质疑的理性精神。笔者认为,J的"主观能动性""积极态度"和"理性精神"比"正确的回答"更加重要,值得教师表扬,值得所有学生学习;具体的数学知识很容易被学生遗忘,但教师的激励也许会让学生终生难忘。许多数学家多是因在中学阶段有教师的鼓励而对数学产生浓厚兴趣,毕生研究数学。数学知识当然很美,但是对数学不感兴趣的人又怎能体会数学之美呢?

当前数学教学实践表明,能大胆提出自己的不同见解的学生不多。其原因之一为:不少数学教师以数学知识的严谨性来追求学生对数学知识的准确性;对学生的评价较多地关注知识的准确性,而忽视了评价的发展性(激励性)和启发性。其实,在三角函数的教学中,由 $\sin B=\dfrac{1}{2}$ 求 B 的大小,学生往往只熟练求出30°,而忘记了其他象限的情况。所以,J的思维十分难得。"多一把衡量的尺子,就多出几批人才",不无道理。如教师T能在那课堂上,在J回答的结果错误的情况下,抓住契机,及时肯定J的"大胆表达"的勇气和数学学习的积极性,那J就获得了数学学习的成功感,有更加强烈的效果期望,其数学学习的兴趣必会提高,甚至让J一生爱上数学。

---

① 严士健,张奠宙,等.普通高中数学课程标准(实验稿)解读[M].南京:江苏教育出版社,2004:451-453.

本章总结

本章首先介绍了数学新课程的主要特点和新课程数学课堂教学的基本要素,介绍了听课和评课的含义、目的和意义。其次,介绍了如何进行听课、评课。最后,给出了五个数学教学案例,并对这些案例基于一定视角利用评课技能进行了评析。

思考与练习

1. 请用自己的语言阐述新课程的主要特征。
2. 请列举数学新课程课堂教学的基本要素。
3. 请用自己的语言阐述如何听课。
4. 请列举评课的原则。

参考文献

[1] 周勇,赵宪宇.新课程说课、听课与评课[M].北京:教育科学出版社,2004.
[2] 中华人民共和国教育部.义务教育数学课程标准(2011年版)[M].北京:北京师范大学出版社,2012.
[3] 叶尧城.高中数学课程标准教师读本[M].武汉:华中师范大学出版社,2003.
[4] 余文森.简论学生学习方式的转变[J].课程·教材·教法,2002,(1):25-26.
[5] 蒋宗尧,汪玉珍,等.评课艺术[M].北京:中国林业出版社,2011.
[6] 谭国华.三元整合导学教学模式的理论与构建[M].广州:广东教育出版社,2012.
[7] 徐世贵.怎样听课评课[M].沈阳:辽宁民族出版社,2000.
[8] 涂荣豹.数学教学认识论[M].南京:南京师范大学出版社,2003.
[9] 赖配根.新课程评价改革该如何进行——访北京师范大学副校长董奇[J].人民教育,2003,(17):28-29.
[10] 钟进均."老师,我的解法比你的更好!"—记数学试卷讲评课上的一次风波[J].数学通讯,2011,(5):13-14.
[11] 钟进均.从教学生成视角探究"说数学"[J].数学通讯,2013,(1):3-7.
[12] 李祎.课堂数学交流研究综述[J].中学数学教学参考,2005,(8):48.
[13] 钟进均,朱维宗.例谈说数学的教育功能[J].中学数学研究(粤),2009,(8).
[14] 钟进均,朱维宗.从默会知识例析说数学[J].中学数学研究(赣),2009,(9).
[15] 姚静.关于数学教育案例研究的探讨(Ⅰ)—相关概念与选题[J].中学数学研究(粤),2008,(1):14.
[16] 李祎.数学教学生成论[M].北京:高等教育出版社,2008.
[17] 叶澜.重建课堂教学过程观[J].教育研究,2002,(10):24-50.
[18] 喻平.数学教育心理学[M].南宁:广西教育出版社,2004.
[19] [苏联]苏霍姆林斯基.给教师的建议[M].杜殿坤,译.北京:教育科学出版社,1984.
[20] [美]小威廉姆·多尔.后现代课程观[M].王红宇,译.北京:教育科学出版社,2000.
[21] 叶澜.让课堂焕发生命的活力[J].教育研究,1997,(9):3-8.
[22] 罗祖兵.生成性教学及其基本理念[J].课程·教材·教法,2006,(10):28-33.
[23] 曹一鸣.中国数学课堂教学模式及其发展研究[M].北京:北京师范大学出版社,2007.

[24] 钟进均.从一节高中数学试教课谈职前教师教育[J].中学数学月刊.2012,(9):13-16.
[25] 王阳.制约青年数学教师教学能力提高的归因分析[J].数学教育学报,2008,17(1):85.
[26] 严士健,张奠宙,等.普通高中数学课程标准(实验稿)解读[M].南京:江苏教育出版社,2004.
[27] 张奠宙,宋乃庆.数学教育概论[M].北京:高等教育出版社,2004.
[28] 郑毓信,梁贯成.认知科学建构主义与数学教育[M].上海:上海教育出版社,1997.

第 10 章　组织数学活动的技能

本章概要

本章主要介绍了数学活动、数学活动课、数学活动经验等概念的内涵、外延和主要特征,以及如何组织数学活动,组织数学活动的教学形式,数学活动教学的基本模式和教学策略;最后,通过数学建模课、数学探究课和数学实践课的教学实训典型范例,来展示如何在实际课堂教学中上好数学活动课。

学习目标

通过本章学习,你应该
1. 理解数学活动的概念,知道数学活动课的类型和特征;
2. 了解组织数学活动的方法与策略,并能在实际数学教学中灵活运用这些方法和策略;
2. 掌握组织数学活动课的基本技能;
3. 体会数学活动带给数学课堂的变化,树立新型教学观念。

关键术语

◆ 数学活动　　◆ 数学活动课　　◆ 数学活动经验

第 1 节　数学活动概述

传统的课堂教学大都是教师直接地将知识传授给学生,强调教师的主导作用,强调系统知识的传授,重视课堂教学的规范化、形式化。但忽视了学生学习的主动性、探究性、合作交流性。这样的教学不利于学生智力、创造力和思维的发展,也不利于学生视野的拓展,以及解决问题的能力和实践应用能力的发展。而数学新课程加入的"数学活动"内容的目的就是为了改变上述弊端,转变教师的教学理念。数学活动的教学目的是为了促使学生主动地、富有个性地学习,不断提高发现问题和提出问题的能力、分析问题和解决问题的能力,教师要当好数学活动的组织者、引导者、合作者;鼓励学生大胆创新与实践,激发学生的学习潜能,发展学生的多元智能。

《义务教育数学课程标准(2011 年版)》[①]在"课程目标"以及"实施建议"中对于"数学活动"是这样规定的,如下面的知识小卡片所示。

---

① 中华人民共和国教育部. 义务教育数学课程标准(2011 年版)[M]. 北京:北京师范大学出版社,2012.

知识小卡片

第二部分　课程目标

• 总目标

通过义务教育阶段的数学学习,学生能:获得适应社会生活和进一步发展所必需的数学的基础知识、基本技能、基本思想、基本活动经验。

第四部分　实施建议

• 教学建议:

在数学教学活动中,教师要把基本理念转化为自己的教学行为,处理好教师讲授与学生自主学习的关系,注重启发学生积极思考;发扬教学民主,当好学生数学活动的组织者、引导者、合作者。

• 评价建议:

可以设计下面的评价表,记录、整理和分析学生参与数学活动的情况。这样的评价表每个学期至少记录1次;既要关注学生数学学习的水平,也要重视学生在数学活动中所表现出来的情感与态度,帮助学生认识自我、建立信心。

• 教材编写建议:

设计必要的数学活动,让学生通过观察、实验、猜测、推理、交流、反思等,感悟知识的形成和应用。恰当地让学生经历这样的过程,对于他们理解数学知识与方法,形成良好的数学思维习惯和应用意识、提高解决问题的能力有着重要的作用。

(摘自:中华人民共和国教育部. 义务教育数学课程标准(2011年版)[M]. 北京:北京师范大学出版社,2012.)

《义务教育数学课程标准(2011年版)》将基本活动经验列入数学课程总目标的四项基本要求之一,再连同新加入的基本思想,从而把原有的"双基(基础知识、基本技能)"发展为"四基",这是数学教育指导思想的一次新的飞跃。同时,《普通高中数学课程标准(实验稿)》当中也有关于数学活动的要求。数学课程改革对于"数学活动"的重视程度,及其在我国中小学数学教学以及数学课程改革中所起到的重要作用可见一斑。因此,在学习如何有效地组织、开展数学活动课之前,我们将先了解一下数学活动、数学活动经验的基本内涵,以及数学活动课的类型等基本理论知识。

一、数学活动

随堂讨论

请同学们独立思考后小组讨论以下哪些属于数学活动,哪些不是,并阐述你的理由。

1. 证明 π 是无理数;

2. 拼图、叠纸游戏；

3. 中学生美术课上画立体图形的素描训练；

4. 用投影法画世界地图或工程制图；

5. 将灯泡浸入水中量出排开的水量。

我们首先要了解到底什么是"数学活动"，"数学活动"有哪些特征，"数学活动"与其他活动之间有何不同，在中小学数学教学中组织"数学活动"有哪些教育价值和重要意义。带着这些问题继续下面的学习。

（一）数学活动及相关概念

1. 数学活动

广义上的数学活动，是指人们从事学习数学、讲授数学、研究数学和应用数学的活动。既包括教师在数学课堂教学中特意设计的教学活动，以及学生在课堂上学习数学时进行的探究性活动，当然也包括日常生活、生产实践中与数学相联系的实际进行的活动。

2. 数学活动课

所谓数学活动课，是指学生通过数学实践活动获得数学活动的经验，了解和掌握数学在日常生活中的应用，使学生学会与他人进行数学合作与交流，从而实现新课程改革情感目标的课程。[①] 数学活动课首先关注学生积极参与的过程，激发学生对数学的好奇心和求知欲；然后引导学生去积极地思考，增强学生之间的合作与交流，提高学生合情推理与演绎推理的能力，以及学生运用数学解决问题的能力。

3. 学生的数学活动

狭义上的数学活动，也就是我们经常说的学生的数学活动。[②] 我国《数学课程标准（实验稿）解读》指出"数学活动就是学生学习数学，探索、掌握和应用数学知识的活动，是经历数学化过程的活动，是学生与教材，以及教师产生交互作用建构数学知识的活动"[③]。

4. 概念辨析与示例

关于学生在数学课堂上所进行的数学活动，有以下几点需要注意。

（1）数学活动是"数学化"的活动

有些课堂上搞的活动表面上看非常热闹，然而是"有活动而无数学"。所以，需要注意的第一点即是：数学活动必须有明确的数学内涵和数学目的，体现数学的本质，才能称得上是"数学活动"，它们是数学教学的有机组成部分。

（2）学生进行"数学活动"有多种方式

学生的自主学习、探索研究、独立思考、小组合作、讨论交流、参观实践等都是进行"数学活动"的方式。

[①] 何小亚，姚静.中学数学教学设计[M].北京：科学出版社，2008：167.
[②] 本章下文中，若无特殊说明，所提到的"数学活动"均指狭义的学生的数学活动。
[③] 数学课程标准研制组.数学课程标准解读[M].北京：北京师范大学出版社，2002.

(3)数学活动中的"动",不仅是指"手动""口动""眼动"等行为上的活动,而且,数学思维的活动——"脑动"也是数学活动

学生独立进行推理、证明等活动,虽然学生之间没有互动,学生个人也没有真正"动"起来,但学生所进行的数学思维的活动依然属于数学活动。

(4)"数学活动"是一个过程,因此不但学习结果是课程目标,学习过程也是课程目标

数学活动的教育意义在于,学生主体通过亲身经历数学活动过程,能够获得具有个性特征的感性认识、情感体验以及数学意识、数学能力和数学素养。[①]

下面通过正反两例来进一步解释数学活动的概念,这正反两例是对同一个问题所采取的两种不同活动方案。

案例 10-1　　数学活动:切蛋糕与分数[②]

正例

师:把一块蛋糕平均切成 3 份和平均切成 4 份,哪种切法所得的"1 份"更大?

生:分成 3 份的更大。

师:如果用数学式子,如何表示?

生:$\frac{1}{3} > \frac{1}{4}$

师:请同学们对 $\frac{1}{3} > \frac{1}{4}$ 从分子、分母、分数值的大小上进行观察和思考。

生:……(独立思考或讨论)

【评析:学生已学过"分数的表示",再根据生活经验不难写出 $\frac{1}{3} > \frac{1}{4}$,通过教师引导思考不难得出"分子都是 1 时,分母大的分数值反而小"这一数学结论。进一步引出下个活动。】

师:同样两块大小的蛋糕"平均切成 3 份,取其中的 2 份"和"平均切成 4 份,取其中的 3 份",哪种方案获得更多?

【评析:这个活动促使学生首先要把文字语言表示成 $\frac{2}{3}$ 和 $\frac{3}{4}$ 这种数学形式,再进行 $\frac{2}{3}$ 和 $\frac{3}{4}$ 的比较,这就是真正的数学活动了。教学过程中,可以引导学生采用几种方法,比如:先比较剩下的那块,就是先比较 $\frac{1}{3}$ 和 $\frac{1}{4}$ 的大小,问题变得很简单了,同时还蕴涵了"化归意识";或者是假设将两块蛋糕先分别切成均等的 12 份,然后再去比较,也就是后面要学习的通分。整个活动中,虽然没有裁纸、拼图等动手活动,但是学生一直在用数学的语言和方法进行着数学思维的活动,从始至终都体现了"数学化",故这是一个很好的数学活动。】

[①] 顾沛.数学基础教育中的"双基"如何发展为"四基"[J].数学教育学报,2012,(1):14-16.
[②] 屠桂芳,孙四周.什么样的活动是"数学活动"[J].数学教育学报,2012,(5):98-100.

> **反例**
> 师：把一块蛋糕平均切成 3 份和平均切成 4 份，哪种切法所得的"1 份"更大？
> 生：分成 3 份所得的 1 份更大。
> 师（组织活动）：请同学们用纸裁一下看看，哪种更大？
> 【评析：这是为"异分母分数的大小比较"设计的一个教学活动，意在引导学生探究比较 $\frac{1}{3}$ 和 $\frac{1}{4}$ 的大小的方法。优点：老师所选择的起点问题是数学化的，活动也贴近学生的生活经验，是一个很好的教学切入口。不足：当老师让学生进行"裁纸活动"时，活动的指向发生了根本的变化。首先，在课堂有限的时间内把纸张剪成圆形是很困难的；其次，即便已准备好圆形纸片，将一个圆三等分也是该学段学生很难完成的；另外，还要做两张相同的圆形纸片（三等分和四等分各一张）同样也有难度。在这个紧张忙碌的活动中，学生没有把问题"数学化"，没有进入"数学的观察和思考"，也没有带来"数学活动经验"，学生不是在"做数学"，而是在"做手工"。活动的方法与过程是"去数学化"的。因此，这个活动不是"数学活动"。】
> （摘自：屠桂芳，孙四周. 什么样的活动是"数学活动"[J]. 数学教育学报，2012，(5)：98-100. 引用时有改动。）

看了正反两个例子之后，相信同学们对数学活动一定有了更深的理解。接下来，我们再来回顾本节一开始所引出的"随堂讨论"中的问题：

第 1 题：证明 π 是无理数是数学活动。无论从内容还是过程、方法乃至所得结果以及在活动过程中所经历的体验和获得的能力都是数学化的，故这个活动是数学活动。

第 2 题：拼图、叠纸游戏。对于这个活动，不能一概而论是或不是数学活动。必须根据具体问题，视具体学习内容、目标和方法是否是数学化的而定。若只是用到裁剪、拼接、绘图等手工方法，则不属于数学活动；而在进行撕纸、拼图活动时，除了用到手工方法，还用到了数学知识或方法，或得到了某些数学结论，则为数学活动。

正例：在探究"三角形内角和等于 180°"这个定理时，将三角形的三个内角撕下来反复进行拼接，可以拼出一个平角，进而验证结论的活动，就属于数学活动。

反例：如上"切蛋糕与分数"中的裁纸活动，就不是数学活动。

第 3 题：中学生美术课上画立体图形的素描训练，虽然画图的对象是几何体，但采用的是用素描方法进行的绘画训练，故不是数学活动。

与第 2 题中各种手工活动、各种游戏相类似的，若画图时用到了数学知识或绘图方法是数学方法，比如第 4 题——用投影法画世界地图或工程制图，则属于数学活动。

第 5 题：将灯泡浸入水中量出排开的水量，因为只是测量出水量，没有用到计算、推理等数学方法，故不是数学活动。

总之，衡量一项活动是否是数学活动的三个基本因素：①是否含有能激发学生数学学习的动机或需要的情境；②在这个情境中是否含有对学生来说具有挑战性的数学任务，通常表现为数学问题;③学生是否用数学的语言和数学的方式为载体进行了活动。①

(二)数学活动课的类型

在学习了数学活动课的内涵之后,我们还有必要了解一下数学活动课的外延。

根据数学教学的内容与教学的目标要求的不同,数学活动课可以分为三种类型,分别是数学探究课、数学建模课和数学实践课。②《普通高中数学课程标准(实验)》[以下简称《高中课标(实验)》]要求:数学探究、数学建模、数学文化是贯穿整个高中数学课程的重要内容,这些内容不单独设置,渗透在每个模块或专题中。③ 这足以表明数学活动课在数学课程中的地位和重要性。

1. 数学探究课

数学探究课即指数学探究性课题学习,是指学生围绕某个数学问题自主探究、学习数学知识的过程。这个过程包括:观察分析数学的事实,提出有意义的数学问题,猜测、探求适当的数学结论或规律,给出解释或证明。为了与数学建模区别,这里的数学探究对象主要是面向课内的学习内容。数学活动课三类型课中,对学生学法影响最大的部分将是这部分课程。

2. 数学建模课

数学建模课是从现实问题中建立数学模型,运用数学思想、方法和知识来解决实际问题的过程。数学建模可以看成是问题解决的一部分。当今,数学建模已发展成为不同层次数学教育的重要内容。数学建模可以通过图 10-1 体现。

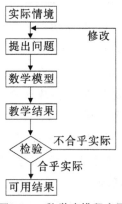

图 10-1 数学建模程序图

《高中课标(实验)》明确规定:高中阶段至少安排一次较为完整的数学探究和数学建模活动。还应将课内与课外有机地结合起来,将数学探究、数学建模活动与综合实践活动有机地结合起来。《高中课标(实验)》没有对数学探究和数学建模的课时和内容做具体安排。教师可根据实际情况,统筹安排活动内容和时间。例如,可以结合统计、线性规划、数列内容安排数学建模活动。

3. 数学实践课

数学实践课是在教师有目的、有计划的指导下,通过有关数学知识的多种实践,调动学生的

---

① 仲秀英.数学活动的内涵与特征及其对教学的启示[J].数学教育学报,2009,(4):23-26.
② 何小亚,姚静.中学数学教学设计[M].北京:科学出版社,2008,169.
③ 中华人民共和国教育部.普通高中数学课程标准(实验)[M].北京:人民教育出版社,2003:98.

所有感官,以获取数学知识,体会数学的乐趣。①《义务教育数学课程标准(2011年版)》中也专门规定了数学"综合与实践"这一学习领域。进一步明确了"综合与实践"的内涵和要求,明确"综合与实践"是一类以问题为载体、以学生自主参与为主的学习活动。"综合与实践"的教学目标是帮助学生积累数学活动经验,培养学生应用意识和创新意识。这类课是根据实践操作得出的结果、提供的数据进行观察归纳、分析演算、逻辑推证,从而形成结论。

(三)数学活动的特征

通过前面关于数学活动、数学活动课相关概念的解释、辨析与举例,我们可以归纳出数学活动的主要特征分别如下。

1. 活动的数学性

根据费赖登塔尔的建议,数学化是指用数学的思想方法不断对"实际材料进行组织"的过程。数学化的活动,一方面可以是将数学世界与外部世界紧密联系起来的的活动;另一方面也包括数学内部的数学化,即对数学本身不断进行再组织,把数学数学化。② 正如前面概念辨析中所阐述的,开展的数学活动可以是:对象内容是数学的,也即对数学内容进行改造、进行数学化;或者是对象是现实问题,方法是数学化的,应用数学语言(符号、图形等)、数学思想方法、数学技能解决实际问题的活动。

2. 活动的整体性

数学活动具有整体性,体现在以下几方面。

(1) 学科内部、跨学科乃至跨文化都是一个彼此交融的有机整体:数学知识的交融不仅表现为数学内部各分支(如几何、代数、统计)之间的整合,还体现在数学与其他学科的综合、数学与学生日常生活实际的综合;数学方法的整合表现为解决问题的过程要求学生的各种能力、各种方法、各种工具的综合。

(2) 课内与课外的有机结合:数学的特点之一即是其应用的广泛性,数学无处不在,正如已故著名数学家华罗庚先生所说的"宇宙之大,粒子之微,火箭之速,化工之巧,地球之变,生物之谜,日用之繁,数学无处不在……"研究量的学问、量的变化、量的关系等都少不了数学。课堂内的数学活动与课堂外的实践活动可以很好地有机结合起来。

(3) 人的个性发展也具有整体性:人的个性发展不是多个独立分裂的学科知识杂烩在一起的结果,而是通过对整合交融的知识进行综合运用而不断探究现实世界的结果。在数学活动的过程中,学生除了可以进一步理解数学知识,应用数学思想方法,熟悉数学技能,更重要的是,在整个活动过程中可以体验积累丰富的经验和情感。总之,数学活动的过程是一个学生个体知、情、意、信、行,全身心融入的完整统一的过程。

3. 有指导的建构性

学生数学活动"本质上是学习数学化的过程"决定了数学活动的建构性。但这种建构不是让学生重复数学家发现数学、创造数学的历程,而是受到前人经验约束和教师指导约束的有限制的

---

① 何小亚,姚静.中学数学教学设计[M].北京:科学出版社,2008:189.
② 课程教材研究所,数学课程教材研究开发中心.数学文化[M].北京:人民教育出版社,2003:96.

发现和创造。这种限制尤其突出教师的指导作用,"学生应该再创造数学化而不是数学"。因此,学生数学活动的建构是有条件、有指导的,是教师教的活动与学生学的活动的协调统一。[①]

二、数学活动经验

(一) 数学活动经验的提出

2001年,《全日制义务教育数学课程标准(实验稿)》第一次明确地将"数学活动经验"列入义务教育数学课程的目标:获得适应未来社会生活和进一步发展所必需的重要数学知识(包括数学事实、数学活动经验)以及基本的数学思想方法和必要的应用技能。[②] 数学活动经验首次进入我国的数学课程,并很快受到数学教师与数学教育研究者的广泛关注,成为近年来数学课程改革的热点问题。

十年之后,《义务教育数学课程标准(2011年版)》又进一步在数学课程目标中明确提出了"四基",即:获得适应社会生活和进一步发展所必需的基础知识、基本技能、基本思想、基本活动经验。自此,获得数学活动经验与理解数学知识、掌握数学技能、感悟数学思想方法并列成为我国义务教育阶段数学教育的一个课程目标,也使得数学活动经验成为数学课程与教学的核心概念之一。数学活动经验与数学基础知识、数学基本技能、数学思想方法一起构成数学课程目标的核心和主干,反映了我国数学课程体现的进一步完善。

(二) 数学活动经验的内涵

数学活动经验的概念是建立在数学活动概念的基础之上的。

首先,"数学活动经验"与"数学活动"密不可分。如前所述,所说的"动"包括手动、口动和脑动。这些活动既包括学生在课堂上学习数学时的探究性学习活动,也包括数学课程相联系的学生实践活动;既包括生活、生产中实际进行的数学活动,也包括数学课程教学中特意设计的活动。"活动"是一个过程,不但学习结果是课程目标,而且学习过程也是课程目标。

其次,"活动经验"还与"经验"密不可分,当然就与"人"密不可分。学生本人要把在活动中的经历、体会总结上升为"经验"。这既可以是活动当时的经验,也可以是延时反思的经验;既可以是学生自己摸索出的经验,也可以是受别人启发得出的经验。既可以是从一次活动中得到的经验,也可以是从多次活动中互相比较得到的经验。这些"经验"必须转化和建构为属于学生本人的东西,才可以认为学生获得了"活动经验"。

基于上述分析,数学基本活动经验是指学习主体通过亲身经历数学活动过程所获得的具有个性特征的经验。[③]

(三) 数学活动经验的类型

基本的数学活动经验可分为以下四种:直接的活动经验、间接的活动经验、设计的活动经验和思考的活动经验。

[①] 仲秀英. 数学活动的内涵与特征及其对教学的启示[J]. 数学教育学报,2009,(4):23-26.
[②] 中华人民共和国教育部. 全日制义务教育数学课程标准(实验稿)[M]. 北京:北京师范大学出版社,2001:61.
[③] 教育部基础教育课程教材专家工作委员会. 义务教育数学课程标准解读(2011年版)[M]. 北京:北京师范大学出版社,2012:120.

直接的活动经验是与学生日常生活直接联系的数学活动中所获得的经验,如购买物品、校园设计等。

间接的活动经验是学生在教师创设的情境、构建的模型中所获得的数学经验,如鸡兔同笼、顺水行舟等。

设计的活动经验是学生从教师特意设计的数学活动中所获得的经验,如随机摸球、地面拼图等。

思考的活动经验是通过分析、归纳等思考获得的数学经验,如预测结果、探究成因等。

《义务教育数学课程标准(2011年版)》中还专门设计了"综合与实践"数学课程领域,"综合与实践"课程强调以问题为载体,让学生在解决问题的实践中获得数学活动经验。这类课程设置的目的就是为了让学生积累数学活动经验。

第2节 组织数学活动的方法与策略

在学习本节课内容之前,先请同学们来看这样一个发生在小学数学课堂上的真实案例,并进行小组讨论。

随堂讨论

关于一次"失败"的"摸球"数学活动

背景:一节小学数学公开课,讲授内容为"统计与概率"领域的"可能性的大小"一课。

活动设计:"摸球"活动,袋中有8个红球和2个白球。只告诉学生袋中球的颜色为红色和白色,不告诉他们红球数目和白球数目及各自所占比例,让学生有放回(每次摸出球后又放回袋中地)进行多次摸球活动,由此估计袋中红球和白球数目的情况。

设计意图:由于概率知识的抽象性,教师特意安排了"摸球"这样一个让学生亲身体验的数学活动。为了让学生体会数学的随机性和规律性,对袋中球的情况进行估计。

实际活动过程:教师请一位学生上台摸球,结果为白球,学生放回球后,紧接着,教师又让一名学生上台摸球,结果也为白球(显然,没有达到这个活动的预设结果)。由于是公开课,老师这时也有些慌了,情急之下,老师亲自上阵,竟然仍为白球!老师真的无奈了,只能跳过这个活动。

结果:"摸球"数学活动"失败"了,没有达到预设的效果,未能使学生有好的数学活动体验。

思考、讨论:请同学们针对上述现象,来思考、讨论这样几个问题:

(1) 为什么摸球活动失败了?

(2) 教师如何有效地组织数学活动?需要注意哪些问题?

(3) 当前,一些教师组织数学活动容易存在哪些误区?

分析：课后，教师们一同分析，"摸球"活动"失败"的主要原因是抽出来的球放回时没有摇匀；其次，由于是公开课，学生上台摸球会比较紧张、拘谨，估计摸球时没有任意选择，而是伸手进去摸到了最上面的球就拿出，放回时也不敢随意扔，又放回了最上面。最根本的的原因就是教师没有很好地指导学生正确地进行摸球活动。

如何改进：(1)在活动过程中，必须反复多次提醒学生摸球规则：摸完后将球放回袋中，尽可能摇晃均匀后再摸。(2)本活动让学生上台摸球，固然可以起到在全班演示的效果，但一旦出现状况，则全班受影响，而且不能够使所有学生都能够亲身经历活动过程。所以，教师在设计这个活动时，完全可以分小组活动，既可以使所有学生都有参与活动的机会，而且还大大增加了全班总共的试验次数。故教师还要指导学生记录下每次摸到球的颜色，最后，活动结束时将所有小组的数据汇总，再启发学生进行估计。这样一来，活动的范围、效率以及准确率也随之大大提高了。

在这个案例中，数学活动只是流于形式，为了在公开课上搞活动而"活动"，结果适得其反，该活动并没有真正起到启发学生思考、促进学生理解数学知识、积累数学活动经验的目的。可见，关于数学活动的话题，诸如如何组织好数学活动，具体方法有哪些，基本教学模式是怎样的，在活动中教师需要注意哪些细节问题，以及组织数学活动存在哪些误区等，迫切需要每一位数学教师认真思考和学习。

一、组织数学活动教学的几种形式

(一)组织学生讨论

讨论活动是教师提出问题或者在教学过程中引导学生发现问题，教师并不直接给出明确答案，而是组织学生自主思考、讨论，达成一致结果，直至问题被解决。一般当问题的结构比较复杂，解决问题的途径比较多，问题的结论不单一时，宜采用组织学生讨论的活动形式。讨论活动的作用是可以使每位学生都参与到活动中去，集思广益，相互启发，求得问题的解决方案比较全面，有利于培养学生独立思考、分享、交流、质疑、辩论、互助、协同完成任务的能力。教师选择的主题要有讨论的必要和价值，同时，教师也能参与到学生的讨论中去，在适时、恰当的时候进行启发和指导。

根据学生参加讨论的规模和参与程度，组织学生讨论又可分为组织全班讨论、组织小组讨论或组织学生辩论。

1. 组织全班讨论

全班讨论以教师为引导者，多由教师轮流请多个学生发言，各抒己见，而教师不急于给出结论，主要是启发学生深入思考，使讨论趋向预期的目标，待学生充分发表意见后再作总结。全班讨论还可以采用专题报告的形式，即选定若干学生分成小组，经过课前准备在课上向全体同学以报告的形式汇报讨论结果,其他学生可就报告提出支持或反对意见。

2. 组织小组讨论

小组讨论这种形式,教师主要是活动进程的组织者,将更多的权力下放给学生。小组讨论多以学生座次划分小组,每组还可指定一名学生担任组长,由该组长来引导组内学生轮流发言,组长承担维持组内秩序、分配任务和小结的责任。各小组就相同的问题进行讨论,教师在教室内巡回辅导。经过一段时间讨论之后,请各小组发言人报告本组讨论结果,教师进行总结评议。

3. 组织学生辩论

辩论这种形式,适合那种没有固定、标准答案的开放式问题,无论是正方还是反方,都有课前由教师提出要讨论的问题,指定正方或反方,然后让学生分头查找资料,准备论据,在课堂上提出论述理由,正方和反方进行辩论,最后由教师加以总结归纳。

以上三种讨论形式,各有千秋:全班讨论由教师组织、调控,在时间上有保证,宜于讨论简洁的有明确结论的问题;分组讨论能够使每个学生都积极参与,但教师不易辅导,适宜讨论综合性较强的问题;辩论最能鼓励学生,激发学生的学习热情,但比较费时间,适宜讨论没有标准答案,但能启迪学生的发散性思维。① 教师要在教学中,根据具体问题和课时、学生特征等情况,选择恰当的方式,适时地组织讨论。

(二) 组织学生探究

数学探究学习是指学生自己或合作共同体针对要学习的概念、原理、法则或要解决的数学问题主动地思考、探索的学习活动,强调的是一种主动参与的学习方式,对于展开的途径、问题的过程和类别则不作过多限定。数学探究学习的典型活动是数学推理,这是数学学科的探究学习区别于其他学科探究学习的根本所在。数学推理的几种基本形式——经验(归纳推理)、联想(类比推理)、假设(演绎推理),都要依赖于思维活动,而思维活动是数学学习的基本特征。② 探究学习不仅是学习方式的改变,而且是通过转变学习方式以促进每一个学生全面发展,使每一个学生成为数学问题的发现者、探索者和研究者。

组织数学探究学习的实施步骤主要有选择问题、实施探究、成果展示三个过程。

1. 选择问题

可探究的问题有很多,但全部探究既没有必要,也没有可能。因此,要对问题进行遴选,选择问题时要注意:选择那些既有一定的探究价值,与课本知识有联系,而且贴近学生的认知水平和生活、学习经验,同时又能对学生形成一定的挑战性的难易程度适中的问题。另外,还要注意探究活动可操作性强,便于学生实施。

2. 实施探究

实施探究的过程是数学探究性学习的中心环节。实施探究的过程主要由学生自主完成,学生自己确定分工和安排活动计划方案,查阅文献和搜集、筛选信息,实施调查或实验,计算机编程,进行推理、论证,做学习笔记或研究笔记,撰写研究报告和数学小论文等活动。在学生探究的

---

① 叶雪梅.数学微格教学[M].厦门:厦门大学出版社,2008:243-244.
② 宁连华.数学探究学习论[M].北京:高等教育出版社,2008:42.

过程中,教师也要参与到学生的活动中去,给予及时的帮助和指导。

3. 成果展示

学习成果可以以多种方式呈现,例如,可以组织成果汇报展示,数学小论文宣讲等。学生的学习成果应当记入学习档案,教师应对学生的成绩给予鼓励和奖励,有价值的成果应积极争取在有关的报刊上发表。[①]

案例 10-2   数学探究的教学案例——欧拉公式的发现[②]**(适合高中)**

(1)确定探究问题

教师向学生提出问题:"不同的凸多面体中的顶点数 V、棱数 E、面数 F 之间是否存在稳定的数量关系?"并提出解决问题的方法建议:先对常见的多面体(活动前已准备好正多面体、棱柱、棱锥、棱台的模型)进行实验观察、计数归纳,并建议用表格的形式记录探究结果,如表 10-1 所示。

表 10-1   凸多面体的顶点数、棱数、面数及猜想

所选多面体	顶点数 V	棱数 E	面数 F	形成猜想
正四面体				
正方体				
正八面体				
正十二面体				
四棱柱				
五棱柱				
六棱台				

(2)实施探究

教师引导:你通过观察不同的凸多面体的模型,发现了什么?形成的猜想有哪些?你能否证明你的猜想?另一方面,也可以试探寻找相应的参考资料,把它读懂,形成对这个问题的一个结论性的结果。

试探究与本问题相关的开放性的子课题,例如:是否有 E、V、F 之间的不等关系?每一种棱数的多面体都存在吗?你上面发现的规律总是对的吗?能不能构造出"反例",或者找出更一般的规律,或者找到使你发现的规律成立的更严格的条件?

学生进行实验观察、计数、归纳、猜想、证明、形成结论、完成研究报告的系列活动。

---

① 刘兼,曹一鸣.学科知识与教学能力[M].北京:高等教育出版社,2011:243.
② 数学课程标准研制组.普通高中数学课题标准(实验)解读[M].南京:江苏教育出版社,2004:265.引用时有改动。

（3）成果展示

学生课题研究报告展示如表10-2所示。

表10-2 凸多面体的顶点数、棱数、面数及其关系

课题名称	多面体中顶点数、棱数、面数之间的关系			
学生姓名	SFR			
研究方法	实验观察、计数、归纳			
初步结论	所选多面体	顶点数 V	棱数 E	面数 F	$V+F-E$
	正四面体	4	6	4	2
	正方体	8	12	6	2
	正八面体	6	12	8	2
	正十二面体	20	30	12	2
	正二十面体	12	30	20	2
	n 棱柱	$2n$	$3n$	$n+2$	2
	n 棱锥	$n+1$	$2n$	$n+1$	2
	n 棱台	$2n$	$3n$	$n+2$	2
初步猜想	对正多面体和 n 棱柱、n 棱锥、n 棱台，有 $F-E+V=2$，自己尝试证明失败。			
我的发现、猜想和问题	我发现正多面体的各棱数是6的倍数，顶点数和面数是偶数，进而除了两个例外都是4的倍数。 $V_{棱柱}=V_{棱台}=2(V_{棱锥}-1)$ $E_{棱柱}=E_{棱台}=\frac{3}{2}E_{棱锥}$ $F_{棱柱}=F_{棱台}=F_{棱锥}+1$			

该生能顺利地发现规律，而不能证明发现的欧拉公式，但顺便还能发现一些简单易证的结论。这个素材是高一学生做的，对于刚上高中的学生来说，让学生独立证明欧拉公式是有一定困难的，可以通过后续的主题阅读来拓展知识并解决。

（三）组织学生合作学习

数学合作学习是数学教学中的一种教学组织形式，是指学生在教师组织下的，为了完成共同的数学任务，有明确的责任分工的互助性学习。通常以小组合作学习为主要形式。

合作学习的过程与探究学习的过程类似，也可分为确定主题、实施活动、展示成果三个步骤。二者不同的是，探究学习可以是个人的自主探究活动，也可以分小组探究，重在"探索、研究"这个本质特征上；而合作学习，重在"合作"，更加强调学生之间的互助、协作，是一种社会型学习模式，

故是全班合作或小组合作完成的学习活动。

例如,在人教版七年级上册第二章"整式的加减"一章,最后的数学活动课中,第一个数学活动如图10-2所示。

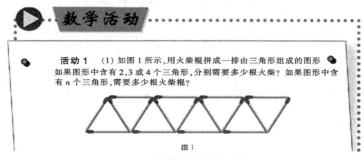

图10-2　数学活动"摆火柴棍"

该数学活动就可以通过合作学习的方式让学生在摆火柴棍的过程中探索数学规律。具体活动如下。

案例10-3　　　　　　数学活动"摆火柴棍"[①](适合初中)

教师组织学生小组合作学习:

(1)教师将学生分成小组。(2)学生利用已准备好的火柴棍动手摆放图形进行合作学习。

在合作学习的过程中,每位同学都要积极发言,提出方案和意见,有的同学负责拼摆火柴棍,有的同学负责计算,还有同学负责整理、记录数据等,同学们都各司其职,共同参与到合作学习中去。

不同的学生会从不同的角度观察图形,会用不同的表达形式呈现规律。教师引导学生从"数"和"形"两个方面进行研究,借助于"形"思考和推理,加强对图形变化的感受,体会数量变化,探索数学规律。

学生展示小组合作的过程、所采用的方法与结果,教师重点关注学生解决问题的步骤和方法。

小组1:在拼摆的过程中,我们发现一个三角形需要3根火柴,之后每增加一个三角形就相应增加2根火柴。所以,n个三角形就需增加$2(n-1)$根火柴,可以列出表达式为$3+2(n-1)$,去括号合并同类项,得到拼n个三角形需$(2n+1)$根火柴,如图10-3所示。

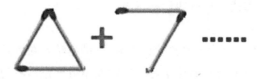

图10-3　小组1方法示意图

---

① 课程教材研究所,中学数学课程教材研究开发中心.义务教育课程标准实验教科书数学七年级上册教师用书[M].北京:人民教育出版社,2012:118.

三角形个数	1	2	3	4	……	n
火柴棍根数	3	3+2	3+2+2 =3+2×2	3+2+2+2 =3+2×3	……	$3+\underbrace{2+2+\cdots+2}_{(n-1)\text{个}2}$ $=3+2(n-1)$ $=2n+1$

小组 2：我们和第一组的方法类似，只不过是以 1 根火柴为基础，每拼成 1 个三角形，就增加 2 根火柴，那么 n 个三角形就需增加 $2n$ 根火柴，总共需要 $(2n+1)$ 根火柴，如图 10-4 所示。

图 10-4 小组 2 方法示意图

三角形个数	1	2	3	4	……	n
火柴棍根数	1+2	1+2 +2	1+2+2 +2	1+2+2+2 +2	……	$1+\underbrace{2+2+\cdots+2}_{n\text{个}2}$ $=1+2n$

小组 3：前面两组的方法，我们也想到了。我们在写表达式时，还想到了另外一种计算方法。拼 1 个三角形需要 3 根火柴，本来拼 2 个三角形需要 6 根火柴，但两个三角形连在一起时，有 1 根火柴棍是重合的，所以只需要 (6-1) 根火柴；同理，拼 n 个三角形，原本需要 $3n$ 根火柴，但有 $(n-1)$ 根火柴重合，故只需要 $3n-(n-1)$ 根火柴，去括号合并同类项得，拼 n 个三角形需要 $(2n+1)$ 根火柴，如图 10-5 所示。

图 10-5 小组 3 方法示意图

三角形个数	1	2	3	4	……	n
火柴棍根数	3×1	3×2-1	3×3-2	3×4-3	……	$3\times n-(n-1)$ $=2n+1$

小组 4：前几种方法我们也想到了，我们组还想到了另外一种思路。将组成图形的火柴棍分为"横"放和"斜"放两类分类统计计数。1 个三角形时，有 1 根横放、2 根斜放，……可推出 n 个三角形时，有 n 根横放，$(n+1)$ 根斜放，同样可以得出 n 个三角形，总共需要 $(2n+1)$ 根火柴，如图 10-6 所示。

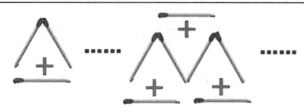

图 10-6　小组 4 方法示意图

三角形个数	1	2	3	4	……	n
火柴棍根数	1+2	2+3	3+4	4+5	……	$n+(n+1)$ $=2n+1$

教师总结：同学们应用列表法，以及综合运用整式的加减运算，最终可以用整式来表示三角形个数和火柴棍的根数的对应关系。在这个活动中我们首先观察1个三角形的拼摆特征，1个三角形与火棍根数的对应关系，然后再整体地观察、分析和推理问题，这种方法也就是数学当中由特殊到一般的方法。

上述案例中，问题的本质是变化与对应。由于观察图形的角度不同，得到的表达形式不同，但经过整式的加减运算后所得到的结论是唯一确定的。这个活动的解决方案不止一种，故适合组织学生进行小组合作，学生合作交流，互相启发，互相补充，可以体验解决问题的方法的多元化，并且能够大大提高学生的兴趣和参与度。

各个小组合作学习的任务可以是相同的，如上述"摆火柴棍"的案例；也可以是不同的，例如，可以在习题课中将不同类型的习题分配给几个小组分别去完成，最后再全班进行交流。

合作学习的教学组织形式，不仅转变了学生的学习方式，而且提高了学生的学习效率。但是，需要注意的是，并不是所有的课，或所有的数学活动都要用、都适合用合作学习的方式。教学的组织形式应该是灵活多样的，必须根据教学内容、教学目的、学生的具体情况而定。

（四）组织学生实践操作

数学实践操作活动是指学生在教师的指导下，通过运用数学知识，调动学生的所有感官，动脑、动口、动手操作的多种实践活动。数学实践操作是数学活动的一种表现形式，也是现代数学教学的重要组织形式。例如，在小学数学五年级学习完长方体的表面积计算之后，安排了"包装中的学问"这样一个数学活动，该活动就可以引导学生进行摆糖果盒，尝试包装糖果盒的实践操作活动（下文有详细活动案例）；再比如，初中的测量问题，测量不规则土地的面积，应用倾角器测量建筑物的高度等，都可以组织学生在户外展开实地测量活动；还有很多关于画图的内容，比如画平面曲线、设计广告图案、绘制学校平面图等数学活动，都适合进行实践画图的活动。

案例10-4　　包粽子与求体积[①]（适合高中，上海市黄东兴中学数学组，1996）

教学目标：通过制作六面体小粽子，计算六面体的表面积和体积，加强学生动手、动口、动脑的能力。

教学用具：6cm宽纸带，彩笔，六面体模型，水，量杯若干只，盆。

教学过程：

(1) 确定主题

教师介绍端午节来历，以及包粽子的传统；教师提出模拟操作包粽子的要求，必须是六面体。

(2) 实践操作活动

① 学生用纸带制作六面体，研究小粽子的表面积；

② 应用六面体模型、量杯、水和盆等用具研究六面体的体积。

(3) 讨论六面体表面积的求法

在前面用纸带实际制作六面体的基础上，讨论六面体表面积的求法，并计算、收集数据。

① 6个等腰直角三角形面积之和；

② 3个正方形面积之和；

③ 展开后，1个长方形的面积。

(4) 讨论六面体体积的求法

① 阿基米德法（排水法）；

② 灌水法；

③ 其他方法。

(5) 讨论误差

① 造成误差的原因；

② 误差在什么范围内波动；

③ 介绍三棱锥公式 $V=Sh/3$，由学生猜测小粽子的体积的准确值。

(6) 实践活动的总结

二、数学活动教学的基本模式

《义务教育数学课程标准(2011年版)》提出目标："……积累综合运用数学知识、技能和方法等解决简单问题的数学活动经验……在参与观察、实验、猜想、证明、综合实践等数学活动中，发展合情推理和演绎推理能力，清晰地表达自己的想法……增强应用意识，提高实践能力，发展创新意识……"的指导下，给出数学活动课的基本教学模式主要包括以下6个环节，如图10-7所示。

[①] 何小亚，姚静.中学数学教学设计[M].北京：科学出版社，2008：191.引用时有改动。

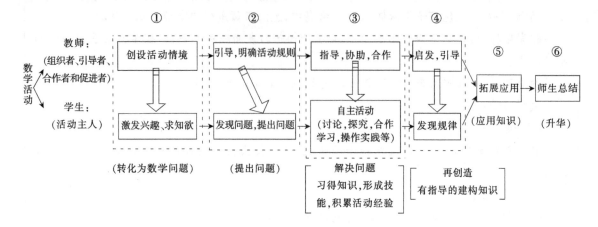

图 10-7　数学活动课的基本教学模式

（一）创设情境

教师创设活动情境，首先能有效地将教学内容从抽象变为具体，枯燥变为生动，使得学习内容具有现实意义和挑战性，从而有利于激发学生的好奇心、学习兴趣和求知欲，也有利于学生对新知识的理解。其次，将实际问题转化成数学问题，有利于培养学生的应用意识，使学生体会到数学的广泛应用性。

（二）提出问题，明确活动规则

在创设活动情境的基础上，教师启发学生，最好能由学生发现问题、提出问题或者直接由教师提出问题。同时，在学生真正开始活动之前，教师还要向学生明确具体的活动规则和注意事项。

（三）学生自主活动，教师指导

可以开展学生自由讨论、分组合作、探究学习等活动来促使全班学生参与到活动中去；学生可以通过观察、实验、实践操作、归纳、比较等方法来完成活动任务；在学生自主活动的同时，教师要进行活动指导。这是整个活动当中最关键的一个环节，在此过程中，学生通过解决问题，不仅可以习得数学知识，形成数学技能，而且还可以积累数学活动经验，感悟数学思想。

（四）发现规律

学生展示活动结果，共同归纳、提炼，教师引导学生发现数学规律。这个过程是在教师的指导下，学生将活动的具体结果抽象、归纳出一般性数学规律，是学生知识再建构、再创造的过程。

（五）拓展应用

在发现规律之后，教师引导学生应用规律，将所发现的数学规律再应用到实践中去，也就是理论回归实践的过程。在此，通过对知识的应用，学生的思想和技能将进一步得到拓展和提升。

（六）师生总结

由教师和学生共同总结活动的整个过程，也可以评价学生在活动中的表现，评价时可以采取教师评价，或者组内评价、学生自评等多种方式。

需要注意的是，我们提出此数学活动教学的基本模式，是为教师组织数学活动提供一个可借鉴、可实施操作的流程模式。然而,数学活动的教学过程不是单一、固定不变的,活动的过程是开放的、生成性的。故教师在实际开展数学活动教学时,可以探索性地应用该模式,但不要严格拘泥于某一个特定模式,可以根据学生的年龄及认知特征以及教学内容的具体情况进行恰当的调整。模式的建构并不是最终目的,而是帮助教师最终达到教学超越模式化的一种手段。

三、数学活动教学的实施策略

在数学活动的实施过程中,还要注意以下几个方面。[①]

(一)教师角色的新定位

在数学活动教学的课堂上,教师和学生都要重新进行角色的定位。教师要改变过去只注重单一的、接受式的教学模式,而要采用自主学习、探索研究、合作交流等新型学习方式。建立新型的师生关系,即教师是数学活动的组织者、引导者、合作者和促进者,学生才是数学活动中真正的主人。在组织数学活动时,教师不能直接将数学知识和数学思想方法灌输给学生,而应该引导学生通过发现问题、动手操作、实践探究、独立思考获取知识,形成技能,发展思维;通过充分收集和利用、开发学习资源,提高学习的积极性,并有机会分享自己和他人的想法。

(二)精心设计,确定适合学生年龄特征和学习能力的数学活动内容

教师在备课时,要从学生的知识和能力实际出发,确定适合学生年龄特征和学习能力的数学活动内容和目的,让学生通过活动探索获取新知成为可能。如以"梯形的面积"为例,本节课的教学内容,是在学生学完平行四边形和三角形的面积计算公式的基础上,应用知识迁移,让学生把梯形转化为平行四边形,计算出面积,再推导出梯形的面积计算公式。由于学生之前在学习三角形面积时,已经学过把三角形转化为平行四边形,从而计算出三角形面积,并推导出三角形面积计算公式的内容,有一定的实践经验,因此从学生的知识基础和年龄特征以及学习能力来看,让学生通过数学活动,自主探索推导出梯形面积计算公式是可行的,学生完全具备这个能力。

(三)明确要求,数学活动的要求一定要明确、具体、全面、操作性强

教师在设计数学活动时,要深入理解教学内容,细化教学目标,充分考虑数学活动过程中的各种因素,细致安排好活动的每一个细节,对学生的每一个活动环节都提出明确具体的要求,才能确保数学活动有序开展,活动取得实效,实现数学活动的目标。如在"梯形的面积"教学活动中,教师为每组学生提供两个画在方格纸上的形状大小相同的梯形,并设计了这样的一张导学卡片。

(1)四人位一组,先讨论,再动手做一做,看看能把梯形转化为我们学过的哪一种图形?

(2)观察转化后的图形的边与原来梯形的边有何关系?转化后的图形面积与梯形面积又有什么关系?

(3)想一想,梯形的面积与它的上下底和高有什么关系?你发现了什么规律?

(4)写下小组讨论本次活动的收获。

(5)在方格纸上画一个梯形,用你们发现的规律或收获计算出面积并验证。

(6)每组选出一名同学,汇报小组活动的过程与结果。

---

① 林野. 精心组织 提高数学活动实效[J]. 现代阅读,2012,(1):170.

让学生根据导学卡片逐步开展数学活动,自主尝试探索新知,循序渐进,实现教学目标。

(四)加强指导,体现教师的主导作用,优化活动过程

学生知识水平和思维能力的差异,导致他们在活动过程中会出现种种的差异和意外,而在课堂上开展的数学活动,学生又必须在有限的时间内完成,实现活动目标,因此数学活动要取得实效,离不开教师的指导。在学生活动过程中,教师必须充分发挥主导作用,加强巡查,及时指导,为学生解惑释疑,确保学生在规定的时间里,沿着正确的方向去探索,逐步实现活动目标,提高数学活动的实效。如在上面的"梯形的面积"活动中,教师虽然没有明确要求学生把梯形转化为平行四边形,来推导出梯形的面积,但为学生提供了两个完全相同的梯形,让学生通过活动去探索发现规律,归纳出梯形面积计算公式,因此多数学生也会按照导学卡片的要求,把这两个梯形拼成平行四边形,从而推导出梯形的面积计算公式。但也不排除有一些学生根据导学卡片的第一个要求,把一个梯形切成两个三角形,用三角形来推导出梯形的面积,采用这种做法的学生要观察出规律相对而言难一些,因此教师在巡查中不能否定这部分学生的思路,而是要加以引导启发,让他们通过在方格纸上进行比较,发现这两个三角形一边(梯形原上下底)的高相等,沿着这个思路去观察,去推导,总结出梯形的面积计算公式。这样在活动中,既能体现教师的主导作用,活动有主线,又能够充分发挥学生的主体作用,让学生积极思考,培养学生思维的灵活性。

(五)注重交流,重视活动成果的交流与总结,提高数学活动的实效

课程标准强调:"数学学习的方式应当是一个充满生命力的过程:动手实践、自主探索、合作交流。"因此在数学活动中,教师必须注重学生活动成果交流总结,以提高数学活动的实效性。如在"梯形的面积"活动中,教师在导学卡片中要求学生把活动的收获写下来,并要求各组指定同学汇报交流。这样的活动设计,让学生在动手实践、自主探索的基础上,通过交流与总结,一方面对自己的活动进行梳理、重现,检查活动成果的正确性,加深对活动过程的印象,深化对数学结论的理解。同时也可以让学生从倾听其他同学的活动过程中受益,取长补短,弥补自己思维和实践能力的不足,让全班同学共享学习成果。

总而言之,教师在设计数学活动时,要做到在活动内容,活动目标的确定上切合学生实际,活动要求明确具体,要加强活动过程的指导,注重活动成果的交流与总结,才能取得活动实效,才能让已经被教师认可和采用的数学活动,成为激发学生兴趣、调动学生学习积极性、引发学生思考、培养学生思维和能力的有效途径。

第3节 数学活动课的教学技能实训

按照《高等师范学校学生的教师职业技能训练大纲(试行)》(简称《技能训练大纲》)的要求,"师范生要轮流在班级进行锻炼,学生至少完成2个活动课程的方案设计并准备在实习中进行训练"。下面,我们给出一个"组织数学活动技能"教学实训活动的范例。

案例 10-5   "测量物体的高度"教学案例[①]

授课类型：数学活动课——数学实践课

一、教学背景分析

（一）课题来源

节选自义务教育课程标准实验教科书（北师大版）数学九年级第一章第五节"测量物体的高度"。

（二）教材地位及作用

测量物体高度对学生来说是生活中较为熟悉的事情。本章在学习了特殊的三角函数值后，安排了本节内容，是学生学习的数学知识的实际应用，本课题分为室内讨论课以及课外活动课两课时。本节课是第二课时。

（三）教学目标及目标解析

【知识与技能】

1. 能根据实际问题设计活动方案，自制仪器或运用仪器进行实地测量、记录数据并撰写活动报告。

2. 能综合运用直角三角形的边角关系解决实际问题。

【过程与方法】

经历设计活动方案、实地测量和撰写报告的过程，学会对所得的数据进行分析，对仪器进行调整，对测量的结果进行矫正，从而得出符合实际的结果。

【情感态度与价值观】

培养学生不怕困难的品质，发展合作意识和科学精神。让学生在实际活动过程中体会数学的工具性和应用性，培养学生用数学知识解决实际问题的能力和意识。

（四）活动内容

本节课的教学内容是测量物体的高度的课外活动的实际操作。本次活动首先在校园内选择不同建筑物作为被测量对象，针对建筑物的不同特点确定不同的测量仪器和测量方法，各小组负责一类建筑物的测量方法，过程中记录数据并进行分析，最终各小组将自己的测量过程及结果进行展示。

（五）活动重点、难点

重点：在实际测量物体前选择恰当的测量方式，准确操作并记录数据。

难点：避免或尽量减小测量方法中的误差。

（六）学情分析

知识基础：本活动中的学生已学习了比例关系、相似三角形、解直角三角形以及物理中速度与时间、路程的关系和自由落体运动原理等内容，具备了相应知识基础。

[①] 本案例由天津师范大学教师教育学院佘文娟、康玥媛撰写。

能力基础:本活动中的学生(是初三年级学生)具有一定的动手能力,可自己动手制作简单的测量用具,同时可按测量原理方法进行实际操作,能力基础扎实。

心理基础:学生对于常规的数学课堂已非常熟悉,因此对这样的数学活动课具有极大的参与热情,并且分小组测量,可以让学生自主分配组内人员,把课堂主动权交给学生,学生具有更大的兴趣。

二、活动过程

本次活动将用四种测量原理去测量三种类型的建筑物,每种建筑物将采用不同的测量方法来测量,并根据测量结果进行数据分析,比较不同测量方法的优劣性。

由于测量地点多,为保证每位同学在活动课中充分发挥自己的主体性,也为更好地实施测量方案及测量过程的记录,将全班同学分为 3 个小组,分别在不同的地点用不同的测量方法进行测量。

(一)教师提出问题,布置任务

1. 教师引入实际问题

测量物体高度问题与建筑、工程技术、物理、日常生活等紧密联系,与很多学科领域交叉联系,应用极其广泛。

在解决测量问题中,需用到很多紧密联系的数学知识,例如三角形、比例、图形的相似、直角三角形中的边角关系、三角函数等知识。同时,测量问题还需与很多物理学科中的知识与方法相互交叉,综合性很强。

2. 教师启发,师生初步讨论测量物体高度的几种可行方法

由于测量问题的解决方法有很多,为了学生能够在教师有目的、有组织的指导下活动,达到本节课的教学目标,故在学生活动前,教师先启发学生几种常见的测量方法,但不给出具体的操作和计算方法,给学生划定一个范围,同时又留有一定的自由发挥空间。

(1) 较矮物体可以利用米尺直接测量。

(2) 利用影长,原理:三角形的相似性。

(3) 拍照,原理:三角形的相似性。

(4) 利用倾角器测仰角,原理:解直角三角形。

(5) 利用秒表测坠物落地时间,间接计算物体高度,原理:自由落体运动。

(6) 利用平面镜,间接计算物体高度,原理:平面镜的反射(与物理相联系)。

(7) 若是摩天建筑物或是高山、高塔等极高建筑物还可利用气压计测气压差,间接计算物体高度,原理:$\Delta h = h_1 - h_2 = \rho g h_1 - \rho g h_2$(与物理相联系)。

……

3. 教师布置实践操作活动任务

教师向学生明确本次实践活动需要完成的几项任务。

(1) 实践测量,收集数据

不同的小组可以根据兴趣及实践条件,自主选择测量物体以及所用到的方法,并且鼓励

解决方法的多样性以及开放性,不限于上述已讨论的方法。

小组需做好任务分工及活动计划,在活动过程中,经历观察、分析、发现问题、分析问题、解决问题、动手操作、小组合作交流、自主探索、推理证明、运算等能力。

(2) 数据处理,得出结果

(3) 反思结果,讨论误差

① 引起结果存在误差的最大可能因素是什么?

② 如何最大程度减小误差?

③ 该方法测量的优势和局限性有哪些?

(4) 评价

① 对此次实践活动所采用的各种方法及整个活动过程进行评价。

② 组内成员之间互相评价。

4. 明确活动规则

(1) 测量较高物体的高度,不包括桌椅等较矮物体。

(2) 测量方法多样,所利用测量及计算工具不限,可以利用三角板、圆规、平面镜、倾角器、图形计算器、电脑、各种数学软件等。

5. 教师提醒注意事项

(1) 教师提醒学生,在户外活动首要注意安全。

(2) 提醒学生在测量过程中要尽量避免误差,例如用"平面镜法"需测量人眼到地面的垂直距离,而非人的身高等。

(3) 每个同学都要全身心投入活动中去,献计献策。

(4) 组长尽量调动组内成员的积极性并发挥其优势。

(5) 合作探究过程中,要相互帮助、团结一致,最终完成活动目标。

(二) 学生实践测量,教师指导

1. 测量地点1——学校旗杆

(1) 测量方法1:利用太阳光下的影子

实验原理:利用太阳光是平行光,得到 $\triangle ABC \backsim \triangle DCE$。

具体操作:小组选一名同学直立于旗杆影子的顶端处,并使人影与旗杆影子保持在同一直线上,进而用皮尺进行测量。

需测量的数据:观测者的身高 CD、观测者的影长 CE、同一时刻旗杆的影长 BC。

所需工具:皮尺。

计算方法:旗杆高度 $AB = \dfrac{BC}{CE} \cdot CD$。

记录表格如表10-3所示。

表 10-3 测量旗杆高度方法 1 数据记录表

地点 1:学校旗杆			
数据	观测者的身高 CD	观测者的影长 CE	同一时刻旗杆的影长 BC
数据 1			
数据 2			
数据 3			
数据 4			
数据 5			

可能存在的测量误差:

在这一测量方法中可能存在的误差是人影与旗杆的影子不在同一直线上。

如何减小误差:

为减小这一误差可进行多次测量,同时由其他小组成员用激光笔找到这一直线。

(2) 测量方法 2:利用等腰直角三角板,构造相似三角形

实验原理:利用太阳光是平行光,得到 $\triangle AEG \sim \triangle CEH$。

具体操作:选一名同学作为观测者,拿着等腰直角三角板,使三角板的一条直角边与地面平行,人前后移动,并从三角板的斜边看过去,当正好看到旗杆的顶端时停止。

需测量的数据:观测者的脚到旗杆底部的距离 FB 和观测者的眼睛到地面的距离 EF。如图 10-8 所示。

所需工具:教学用三角板。

计算方法:旗杆高度 $AB = FB + EF$。

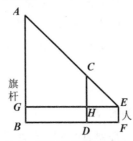

图 10-8 利用三角板测量示意图

记录表格如表 10-4 所示。

表 10-4 测量旗杆高度方法 2 数据记录表

地点 1:学校旗杆		
数据	观测者的脚到旗杆底部的距离 FB	观测者的眼睛到地面的距离 EF
数据 1		
数据 2		
数据 3		
数据 4		
数据 5		

可能存在的测量误差:

在这一测量方法中可能存在的误差是测量距离中的误差。

如何减小误差:

为减小这一误差可进行多次测量。

2. 测量地点2——篮球场中的篮球架

(1)测量方法1:利用测倾器测量(1)

实验原理:用测倾器测量角度,皮尺测量距离,进而用三角函数以及解三角形的知识求出建筑物的高度。

具体操作:选小组一位成员在测点A处手持测倾器,使支杆的中心线、铅垂线和度盘的0刻度线重合,转动度盘,使度盘的直径对准目标M。记下此时铅垂线所指的度数。

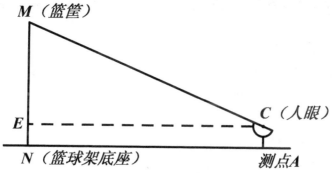

图10-9 利用测倾器测量示意图

所需工具:测倾器,米尺。

需要测量的数据:测得仰角∠MCE=α,量出测点A到篮球架底部N的水平距离AN=l,量出人眼到地面的高度AC=a。如图10-9所示。

计算方法:

$MN=ME+EN$

$=CE \cdot \tan\alpha + AC$

$=l \cdot \tan\alpha + a$

记录表格如表10-5所示。

表10-5 测量篮球架高度方法1数据记录表

地点2:篮球场中的篮球架			
数据	仰角∠MCE=α	测点A到篮球架底部N的水平距离AN=l	人眼到地面的高度AC=a
数据1			
数据2			
数据3			
数据4			
数据5			

可能存在的测量误差：

在这一测量方法中可能存在的误差，除制作测倾器时存在的误差外，还有就是对 N 点的选取，若 M 与 N 不能保证在铅垂线上，则会产生误差。

如何减小误差：

由组内一位同学站在篮球架侧面，手持铅垂线，以确定 N 点位置。

（2）测量方法 2：利用测倾器测量(2)

实验原理：用测倾器测量角度，皮尺测量距离，进而用解直角三角形的知识求出建筑物的高度。

具体操作：选小组中一位成员先后分别在测点 A 处和 B 处手持测倾器，使支杆的中心线、铅垂线和度盘的 0 刻度线重合，转动度盘，使度盘的直径对准目标 M。记下两个时刻铅垂线所指的度数。

所需工具：测倾器，米尺。

需要测量的数据：测得仰角 $\angle MCE=\alpha$，$\angle MDE=\beta$，量出测点 A 到测点 B 的水平距离 $AB=b$，量出人眼到地面的高度 $AC=a$。

计算方法：

$$AB=CD=CE-DE$$

$$b=\frac{ME}{\tan\alpha}-\frac{ME}{\tan\beta}$$

$$ME=\frac{b\tan\alpha\tan\beta}{\tan\beta-\tan\alpha}$$

$$MN=ME+EN=\frac{b\tan\alpha\tan\beta}{\tan\beta-\tan\alpha}+a$$

记录表格如表 10-6 所示。

表 10-6 测量篮球架高度方法 2 数据记录表

地点 2：篮球场中的篮球架				
数据	仰角 $\angle MCE=\alpha$	仰角 $\angle MDE=\beta$	测点 A 到测点 B 的水平距离 $AB=b$	人眼到地面的高度 $AC=a$
数据 1				
数据 2				
数据 3				
数据 4				
数据 5				

可能存在的测量误差：

在这一测量方法中可能存在的误差,除制作测倾器时存在的误差外,还有就是对测点 B 的选取,若 A 与 B 不能保证在垂直于篮球架的同一水平线上,则会产生误差。

如何减小误差：

在测点 A 的同学手持激光笔射向篮球架,以确定 B 点位置。

(3) 测量方法 3：利用照相机测量

实验原理：利用照相机的原理把照片内的物体按照相同比例缩小,根据比例求出旗杆高度。

具体操作：选一位同学,在篮球架的篮筐正下方站立好,用相机照出篮球架和同学的照片,照片中需要容纳人和篮球架的整体,如图 10-10 所示。照片照好后,将其输入到计算机内进行处理,以观察照片内的同学高度和篮筐到地面的高度为多少,并记录数据。

所需工具：直尺、照相机(手机)、计算机。

需测量的数据：同学的身高 $h_{人}$、照片上同学的身高 $h'_{人}$ 和篮球架上的篮筐到地面的高度 $h'_{篮筐}$。

计算方法：篮球架高度 $h_{篮筐} = \dfrac{h'_{篮筐}}{h'_{人}} h_{人}$。

图 10-10　用照相机拍摄人与篮球架

记录表格如表 10-7 所示。

表 10-7　测量篮球架高度方法 3 数据记录表

地点 2：篮球场中的篮球架		
数据	同学的身高 $h_{人}$	照片上同学的身高 $h'_{人}$	照片上篮筐到地面的高度 $h'_{篮筐}$
数据 1			
数据 2			
数据 3			
数据 4			
数据 5			

可能存在的测量误差：

在这一测量方法中可能存在的误差，除测用直尺测量的数据的误差外，还有就是照相时可能由于篮球架较高造成学生照相时会产生一些角度，不能十分精确地测量照片内的两组数据。

如何减小误差：

由组内一位同学选择不同距离（焦距）进行测量，取多次数据的平均值以保证数据的准确性。

（4）测量方法4：利用平面镜的反射

实验原理：根据光线的入射角等于反射角，得到 $\triangle AEG \backsim \triangle CEH$。

具体操作：小组选一名同学作为观测者，在观测者与篮球架之间的地面上平放一面镜子，即点 C 所处位置，在镜子上做一个标记。观测者看着镜子来回移动，直至看到篮球框边框在镜子中的像与镜子上的标记重合。

所需工具：平面镜，皮尺。

需测量的数据：观测者的身高 DE、观测者的脚到镜子的距离 EC 和镜子到篮球架底部的距离 CB，如图 10-11、10-12 所示。

计算方法：篮球架高度 $AB = \dfrac{BC}{CE} \cdot DE$。

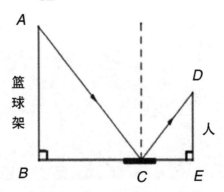

图 10-11　利用平面镜反射测量示意图

图 10-12　利用平面镜反射测量篮球架高度

记录表格如表10-8。

表10-8 测量篮球架高度方法4数据记录表

地点2:篮球架			
数据	观测者的身高 DE	观测者的脚到镜子的距离 CE	镜子到篮球架底部的距离 BC
数据1			
数据2			
数据3			
数据4			
数据5			

可能存在的测量误差:

在这一测量方法中可能存在的误差是人移动的路径与平面镜及旗杆底部不在同一直线上。

如何减小误差:

为减小这一误差可进行多次测量,同时由其他小组成员用激光笔找到这一直线。

3. 测量地点3——教学楼

(1) 测量方法1:利用长绳直接测量

实验原理:由于教学楼的每一层(顶层除外)的高度基本都是一定的,因此可从某层窗户位置悬一长绳测量几层楼的高度,进而得到一层楼的高度,最后再估算一下顶层高出部分的高度,即可得到教学楼高度。

具体操作:用长度足够且没有弹性的绳子,在绳子尾部坠一重物(可为小石块),从四层窗户处悬下,直至地面,在绳子上标注好,将绳子收起后,对折若干次用皮尺测量其长度。

所需工具:长绳、米尺、石块。

需要测量的数据:测得绳长 a。

计算方法:楼高 $b = \dfrac{a}{4} \cdot 6 + 0.25$。

记录表格如表10-9所示。

表10-9 测量教学楼高度方法1数据记录表

地点3:教学楼		
数据	绳长 a	教学楼高度 b
数据1		
数据2		
数据3		
数据4		
数据5		

可能存在的测量误差：

在这一测量方法中可能存在的误差是估算顶层部分的高度以及风对绳子的影响。

如何减小误差：

由组内一位同学站在楼外，用手机拍照，只需拍出五六两层完整的图像即可，就可以结合照片的比例来进行更加精确的估算。

(2) 测量方法2：利用自由落体运动公式

实验原理：在自由落体运动公式 $h=\frac{1}{2}gt^2$ 中，仅有时间是未知量，因此从六楼窗台处扔下一枚1元硬币，用秒表计时，进而计算楼高。

具体操作：选小组中一位成员在六楼窗台处扔下一枚1元硬币，另两位小组成员在宿舍楼外用秒表记下硬币落地时间。

所需工具：秒表、1元硬币。

需要测量的数据：测得硬币落地时间 t。

计算方法：$h=\frac{1}{2}gt^2$。

记录表格如表10-10所示。

表10-10 测量教学楼高度方法2数据记录表

地点3：教学楼		
数据	硬币落地时间 t（小组成员一）	硬币落地时间 t（小组成员二）
数据1		
数据2		
数据3		
数据4		
数据5		

可能存在的测量误差：

在这一测量方法中可能存在的误差是对时间的记录。由于人本身有一定的反应时间，同时用手动操作秒表时也会有一定的误差，又知硬币落地时间不长，因此这些误差对数据的测量还是有较大影响的。

如何减小误差：

为减小这一误差可进行多次测量，同时由两位同学在楼外计时。

(3) 测量方法3：利用测倾器测量

实验原理：用测倾器测量角度，皮尺测量距离，进而用解三角形的知识求出建筑物的高度。

具体操作：选小组中一位成员先后分别在测点 A 处和 B 处手持测倾器，使支杆的中心线、铅垂线和度盘的0刻度线重合，转动度盘，使度盘的直径对准目标 M。记下两个时刻铅垂线所指的度数。

所需工具：侧倾器，米尺。

需要测量的数据：测得仰角$\angle MCE=\alpha$，$\angle MDE=\beta$，量出测点 A 到测点 B 的水平距离 $AB=b$，量出人眼到地面的高度 $AC=a$。

计算方法：

$$AB=CD=CE-DE$$

$$b=\frac{ME}{\tan\alpha}-\frac{ME}{\tan\beta}$$

$$ME=\frac{b\tan\alpha\tan\beta}{\tan\beta-\tan\alpha}$$

$$MN=ME+EN=\frac{b\tan\alpha\tan\beta}{\tan\beta-\tan\alpha}+a$$

记录表格如表 10-11 所示。

表 10-11　测量教学楼高度方法 3 数据记录表

地点 3：教学楼				
数据	仰角$\angle MCE=\alpha$	仰角$\angle MDE=\beta$	测点 A 到测点 B 的水平距离 $AB=b$	人眼到地面的高度 $AC=a$
数据 1				
数据 2				
数据 3				
数据 4				
数据 5				

可能存在的测量误差：

在这一测量方法中可能存在的误差，除制作测倾器时存在的误差外，还有就是对测点 B 的选取，若 A 与 B 不能保证在垂直于教学楼的同一水平线上，则会产生误差。

如何减小误差：

在测点 A 的同学手持激光笔射向教学楼底部，以确定 B 点位置。

（三）数据处理及分析

这一阶段，小组成员将收集的数据利用 excel 软件或图形计算器进行处理，从测量数据的稳定性及与真实数据的接近程度来分析不同的测量方法各自的优劣性。教师在本环节要给予学生知识上的和技术上的帮助和支持，以确保学生能对数据进行合理的处理和分析，最终得到正确的结论。活动过程如图 10-13 所示。

图 10-13 数据处理及分析活动

（四）成果展示与汇报

本次活动课各小组的成果展示形式可由学生自己决定，如 PPT、黑板报、手抄报等形式均可，给学生充分的准备时间，在下一节课的时间让学生进行展示。最后，教师进行本次数学活动的总结。

课后，可布置作业将各组成果汇编成册，较好的作品可以帮助学生形成数学小论文。

（五）活动评价与反馈

本次活动的评价采取学生自评、小组成员互评、教师评价三部分结合的方法，从整体活动过程、成果展示形式选择及效果以及团队配合效果这几个方面来打分，充分发挥了数学活动课的学生自主性特点，并且要有小组自己的总结，这有助于培养学生及时反思的好习惯。

以下是本次活动的评价量规(见表 10-12)。

表 10-12 "测量建筑物高度"活动课评价量规

"测量建筑物高度"活动课成果评价打分表							
展示小组：				评价人：			日期：
评价项目	评价标准	评价等级			评分			改进建议
		优秀	良好	一般	自评	他评	师评	

续表

活动过程设计(60%)	能够充分做好活动的准备工作,考虑全面,有相应的应对措施	8～10	5～8	0～5		
	能够针对不同的建筑物选择适当的测量方法并充分考虑测量中可能存在的误差	16～20	11～15	5～10		
	能够在活动进行过程中按照测量方法顺利完成测量	8～10	5～8	0～5		
	能够利用计算机对测量数据进行处理,并对结果进行合理解释	8～10	5～8	0～5		
	能够对不同的测量建筑物高度的方法予以优劣性分析	8～10	5～8	0～5		
成果展示技术(20%)	展示要包含小组所要说明的全部内容,材料丰富,有吸引力	8～10	5～8	0～5		
	展示能够配合展示人员讲述内容,链接准确,图文并茂,简洁明快,重点突出,步骤清晰	8～10	5～8	0～5		
团队配合程度(20%)	小组成员配合默契,分工明确	8～10	5～8	0～5		
	成员个人都能从此次活动中有所收获	8～10	5～8	0～5		
小组总结(可从成员收获或本次活动总结的角度来谈)						

三、本节课的评价反思

第一,准备工作做充分、多问几个行不行。在进行活动课方案的设计时,对于准备工作务必细致谨慎。特别从教师的角度来考虑,学生还处于身心发展阶段,各方面不够完善,因此,教师需要在准备工作时考虑得更加充分,帮助或引导学生一起减少实施过程中出现的问题。特别在每一个细节之处多问自己几个行不行,如用一卷长绳进行多次测量行不行,如果不行怎么办;用影子法测量时,没有太阳行不行,不行怎么办,平面镜法测距离时,镜子太大行不行,不行怎么办。这一系列的问题若能在准备期间就考虑周全,就会让实施过程顺利许多。

第二,工具准备需谨慎、多问多看多交流。确定实施方案之后,就是准备工具,以实施方案。那么在工具准备过程中,很多时候,教师或小组成员容易出现各自准备各自的工具,期间并不交流,直到要去测量前才会将工具凑到一起的情况。但从本次活动的实施过程来看,学生之间存在着个体差异性,对待任务或理解任务都可能会出现偏差,因此,为防止由于工具准备不到位而出现的实施障碍,教师也好,小组成员也好,应多交流,多互相看一看工具准备得如何。

第三,小组人人是主人、明确任务效果佳。这一经验有两层含义,前半句是说,小组中的每一个同学都是主人,都应该对本小组的活动方案、需要测量的数据、测量方法原理等了然于胸,这样在实施过程中就能够节省时间,不必要一个同学向其他同学去解释这一步是要实现什么样的效果。后半句是说,在小组分工时就明确每一位同学的任务是什么,如有的人需要记录数据,那么就要在活动前对数据收集表进行详细的了解,有的人需要作为观测者,那么观测过程中,每种方法需要注意什么就需要细致地分析。总之,小组内每个人的工作尽量提前分配好,避免现场划分,同时虽小组中有组长,但组员也应以主人的身份参与到各环节的工作中,才能彻底发挥数学活动课的意义。

【点评分析】

本节课的整体设计意图在于选择学生生活中熟悉的课题,学生在实践活动中都能动手操作,都能对原理清楚理解,人人都能收获知识和提高能力。整个活动过程采用的是小组活动形式,并调动了学生的整体感官,充分体现了数学实践活动课的特点。

数学教学是数学活动的教学,是师生之间、学生之间交往与共同发展的过程。[1] 数学教师在数学活动的教学中,应当激发学生的潜能,让学生在教师的引导下,通过主动参与数学活动,大胆创新与实践,进而习得知识与技能。在这个过程中,教师是学生数学活动的组织者、引导者和合作者。因此,组织好数学活动的教学,需要数学教师具备较高的数学素养和丰富的数学课堂教学经验。为此,就需要我们数学教师在数学课堂教学中不断磨炼各项教学技能,积累组织数学活动的教学经验。

本章总结

1. 学生的数学活动就是学生学习数学,探索、掌握和应用数学知识的活动,是经历数学化过程的活动,是学生与教材,以及教师产生交互作用建构数学知识的活动。
2. 数学活动课主要可以分为:数学探究课,数学建模课,数学实践课。
3. 数学活动的特征主要有:活动的数学性,活动的整体性,有指导的建构性。
4. 数学基本活动经验是指学习主体通过亲身经历数学活动过程所获得的具有个性特征的经验。

---

[1] 中华人民共和国教育部.普通高中数学课程标准(实验)[M].北京:人民教育出版社,2003.

5. 基本的数学活动经验可以分为：直接的活动经验，间接的活动经验，设计的活动经验，思考的活动经验。

6.《义务教育数学课程标准(2011年版)》在数学课程目标中明确提出了"四基"，即获得适应社会生活和进一步发展所必需的基础知识、基本技能、基本思想和基本活动经验。

7. 组织数学活动教学可以通过以下几种形式：(1)组织学生讨论。根据学生参加讨论的规模和参与程度，组织学生讨论又可分为组织全班讨论、组织小组讨论、组织学生辩论。(2)组织学生探究。组织数学探究学习的实施步骤主要有选择问题、实施探究和成果展示三个过程。(3)组织学生合作学习。数学合作学习是数学教学中的一种教学组织形式，是指学生在教师组织下的，为了完成共同的数学任务，有明确的责任分工的互助性学习。通常以小组合作学习为主要形式。各个小组合作学习的任务可以是相同的，也可以是不同的。(4)组织学生实践操作。数学实践操作活动是指，学生在教师的指导下，通过运用数学知识，调动学生的所有感官，动脑、动口、动手操作的多种实践活动。

8. 数学活动教学的基本模式：(1)创设情境；(2)提出问题，明确活动规则；(3)学生自主活动，教师指导；(4)发现规律；(5)拓展应用；(6)师生总结。

9. 数学活动教学的实施过程中，要注意以下几个方面：(1)教师角色的新定位；(2)精心设计数学活动内容；(3)明确要求；(4)加强指导；(5)注重交流和总结。

思考与练习

1. 简答：请简述数学活动的概念及其主要特征。

_____
_____
_____

2. 填空：

数学活动课主要包括：_____课、_____课和_____课。

3. 判断：下列活动哪些是数学活动，哪些不是数学活动，并请说明理由。

- 中国人2500年内连续记录了哈雷彗星的每一次回归。
- 密铺的规律与种类研究。
- 画轮廓曲线求积分而得到灯泡的体积。
- 2005年11月19日，西北农林科技大学生命学院学生吕超将圆周率背诵到小数点后第42 195位而创造一项吉尼斯世界纪录。
- 中学生美术课上的素描训练。
- 装修工铺地板。
- 欧拉计算哈雷彗星的轨道和周期。
- 用投影法画世界地图或工程制图。
- 爱迪生把灯泡浸入水中量出排开的水量。
- 儿童用小木棍搬运来认识数或感知数的加减法运算。

- 码头搬运工装卸木料。
- 证明π是无理数。

4. 实训活动

在本章第二节"组织数学活动的方法与策略"的开篇，引入了"关于一次'失败'的'摸球'数学活动"的随堂讨论。在课堂讨论以及学习完本章之后，请完成以下练习：

(1) 你试对这个"失败"的数学活动提出改进建议；

(2) 编写关于该数学活动的教学设计；

(3) 在小组内实训你所设计的数学活动。

参 考 文 献

[1] 中华人民共和国教育部.全日制义务教育数学课程标准(实验稿)[S].北京:北京师范大学出版社,2001.

[2] 数学课程标准研制组.数学课程标准解读[M].北京:北京师范大学出版社,2002.

[3] 中华人民共和国教育部.普通高中数学课程标准(实验)[M].北京:人民教育出版社,2003.

[4] 课程教材研究所,数学课程教材研究开发中心.数学文化[M].北京:人民教育出版社,2003.

[5] 数学课程标准研制组.普通高中数学课题标准(实验)解读[M].南京:江苏教育出版社,2004.

[6] 何小亚,姚静.中学数学教学设计[M].北京:科学出版社,2008.

[7] 叶雪梅.数学微格教学[M].厦门:厦门大学出版社,2008.

[8] 宁连华.数学探究学习论[M].北京:高等教育出版社,2008.

[9] 仲秀英.数学活动的内涵与特征及其对教学的启示[J].数学教育学报,2009,(4):23-26.

[10] 刘兼,曹一鸣.学科知识与教学能力[M].北京:高等教育出版社,2011.

[11] 中华人民共和国教育部.义务教育数学课程标准(2011年版)[M].北京:北京师范大学出版社,2012.

[12] 教育部基础教育课程教材专家工作委员会.义务教育数学课程标准解读:2011年版[M].北京:北京师范大学出版社,2012.

[13] 课程教材研究所中学数学课程教材研究开发中心.义务教育课程标准实验教科书数学七年级上册教师用书[M].北京:人民教育出版社,2012.

[14] 赵金玉.良师教案[M].宁波:宁波出版社,2012.

[15] 顾沛.数学基础教育中的"双基"如何发展为"四基"[J].数学教育学报,2012,(1):14-16.

[16] 林野.精心组织 提高数学活动实效[J].现代阅读,2012,(1):170.

[17] 屠桂芳,孙四周.什么样的活动是"数学活动"[J].数学教育学报,2012,(5):98-100.

北京大学出版社
教育出版中心 精品图书

21世纪高校广播电视专业系列教材

书名	作者
电视节目策划教程（第二版）	项仲平
电视导播教程（第二版）	程晋
电视文艺创作教程	王建辉
广播剧创作教程	王国臣
电视导论	李欣
电视纪录片教程	卢炜
电视导演教程	袁立本
电视摄像教程	刘荃
电视节目制作教程	张晓锋
视听语言	宋杰
影视剪辑实务教程	李琳
影视摄制导论	朱怡
新媒体短视频创作教程	姜荣文
电影视听语言——视听元素与场面调度案例分析	李骏
影视照明技术	张兴
影视音乐	陈斌
影视剪辑创作与技巧	张拓
纪录片创作教程	潘志琪
影视拍摄实务	翟臣

21世纪信息传播实验系列教材（徐福荫 黄慕雄 主编）

书名	作者
网络新闻实务	罗昕
多媒体软件设计与开发	张新华
播音与主持艺术（第三版）	黄碧云 睢凌
摄影基础（第二版）	张红 钟日辉 王首农

21世纪数字媒体专业系列教材

书名	作者
视听语言	赵慧英
数字影视剪辑艺术	曾祥民
数字摄像与表现	王以宁
数字摄影基础	王朋娇
数字媒体设计与创意	陈卫东
数字视频创意设计与实践（第二版）	王靖
大学摄影实用教程（第二版）	朱小阳
大学摄影实用教程	朱小阳

21世纪教育技术学精品教材（张景中 主编）

书名	作者
教育技术学导论（第二版）	李芒 金林
远程教育原理与技术	王继新 张屹
教学系统设计理论与实践	杨九民 梁林梅
信息技术教学论	雷体南 叶良明
信息技术与课程整合（第二版）	赵呈领 杨琳 刘清堂
教育技术学研究方法（第三版）	张屹 黄磊

21世纪高校网络与新媒体专业系列教材

书名	作者
文化产业概论	尹章池
网络文化教程	李文明
网络与新媒体评论	杨娟
新媒体概论	尹章池
新媒体视听节目制作（第二版）	周建青
融合新闻学导论（第二版）	石长顺
新媒体网页设计与制作（第二版）	惠悲荷
网络新媒体实务	张合斌
突发新闻教程	李军
视听新媒体节目制作	邓秀军
视听评论	何志武
出镜记者案例分析	刘静 邓秀军
视听新媒体导论	郭小平
网络与新媒体广告（第二版）	尚恒志 张合斌
网络与新媒体文学	唐东堰 雷奕
全媒体新闻采访写作教程	李军
网络直播基础	周建青
大数据新闻传媒概论	尹章池

21世纪特殊教育创新教材·理论与基础系列

书名	作者
特殊教育的哲学基础	方俊明
特殊教育的医学基础	张婷
融合教育导论（第二版）	雷江华
特殊教育学（第二版）	雷江华 方俊明
特殊儿童心理学（第二版）	方俊明 雷江华
特殊教育史	朱宗顺
特殊教育研究方法（第二版）	杜晓新 宋永宁 等
特殊教育发展模式	任颂羔

21世纪特殊教育创新教材·发展与教育系列

书名	作者
视觉障碍儿童的发展与教育	邓猛
听觉障碍儿童的发展与教育（第二版）	贺荟中
智力障碍儿童的发展与教育（第二版）	刘春玲 马红英
学习困难儿童的发展与教育（第二版）	赵微
自闭症谱系障碍儿童的发展与教育	周念丽
情绪与行为障碍儿童的发展与教育	李闻戈
超常儿童的发展与教育（第二版）	苏雪云 张旭

21世纪特殊教育创新教材·康复与训练系列

书名	作者
特殊儿童应用行为分析（第二版）	李芳 李丹
特殊儿童的游戏治疗	周念丽
特殊儿童的美术治疗	孙霞
特殊儿童的音乐治疗	胡世红
特殊儿童的心理治疗（第三版）	杨广学
特殊教育的辅具与康复	蒋建荣
特殊儿童的感觉统合训练（第二版）	王和平
孤独症儿童课程与教学设计	王梅

21世纪特殊教育创新教材·融合教育系列

书名	作者
融合教育本土化实践与发展	邓猛 等
融合教育理论反思与本土化探索	邓猛
融合教育实践指南	邓猛
融合教育理论指南	邓猛
融合教育导论（第二版）	雷江华
学前融合教育（第二版）	雷江华 刘慧丽

21世纪特殊教育创新教材（第二辑）

书名	作者
特殊儿童心理与教育（第二版）	杨广学 张巧明 王芳
教育康复学导论	杜晓新 黄昭鸣
特殊儿童病理学	王和平 杨长江
特殊学校教师教育技能	昝飞 马红英

自闭谱系障碍儿童早期干预丛书

书名	作者
如何发展自闭谱系障碍儿童的沟通能力	朱晓晨 苏雪云
如何理解自闭谱系障碍和早期干预	苏雪云
如何发展自闭谱系障碍儿童的社会交往能力	吕梦 杨广学
如何发展自闭谱系障碍儿童的自我照料能力	倪萍萍 周波
如何在游戏中干预自闭谱系障碍儿童	朱瑞 周念丽
如何发展自闭谱系障碍儿童的感知和运动能力	韩文娟 徐芳 王和平
如何发展自闭谱系障碍儿童的认知能力	潘前前 杨福义
自闭症谱系障碍儿童的发展与教育	周念丽
如何通过音乐干预自闭谱系障碍儿童	张正琴
如何通过画画干预自闭谱系障碍儿童	张正琴
如何运用ACC促进自闭谱系障碍儿童的发展	苏雪云
孤独症儿童的关键性技能训练法	李丹
自闭症儿童家长辅导手册	雷江华
孤独症儿童课程与教学设计	王梅
融合教育理论反思与本土化探索	邓猛
自闭症谱系障碍儿童家庭支持系统	孙玉梅
自闭症谱系障碍儿童团体社交游戏干预	李芳
孤独症儿童的教育与发展	王梅 梁松梅

特殊学校教育·康复·职业训练丛书 （黄建行 雷江华 主编）

书名	作者
信息技术在特殊教育中的应用	
智障学生职业教育模式	
特殊教育学校学生康复与训练	
特殊教育学校校本课程开发	
特殊教育学校特奥运动项目建设	

21世纪学前教育专业规划教材

书名	作者
学前教育概论	李生兰
学前教育管理学（第二版）	王雯
幼儿园课程新论	李生兰
幼儿园歌曲钢琴伴奏教程	果旭伟
幼儿园舞蹈教学活动设计与指导（第二版）	董丽
实用乐理与视唱（第二版）	代苗
学前儿童美术教育	冯婉贞
学前儿童科学教育	洪秀敏
学前儿童游戏	范明丽
学前教育研究方法	郑福明
学前教育史	郭法奇
学前教育政策与法规	魏真
学前心理学	涂艳国 蔡艳
学前教育理论与实践教程	王维 王维娅 孙岩
学前儿童数学教育与活动设计	赵振国
学前融合教育（第二版）	雷江华 刘慧丽
幼儿园教育质量评价导论	吴钢
幼儿学习与教育心理学	张莉
学前教育管理	虞永平

大学之道丛书精装版

书名	作者
美国高等教育通史	[美]亚瑟·科恩
知识社会中的大学	[英]杰勒德·德兰迪
大学之用（第五版）	[美]克拉克·克尔
营利性大学的崛起	[美]理查德·鲁克
学术部落与学术领地：知识探索与学科文化	[英]托尼·比彻 保罗·特罗勒尔
美国现代大学的崛起	[美]劳伦斯·维赛
教育的终结——大学何以放弃了对人生意义的追求	[美]安东尼·T.克龙曼
世界一流大学的管理之道——大学管理研究导论	程星
后现代大学来临？	[英]安东尼·史密斯 弗兰克·韦伯斯特

大学之道丛书

书名	作者
市场化的底限	[美]大卫·科伯
大学的理念	[英]亨利·纽曼
哈佛：谁说了算	[美]理查德·布瑞德利

麻省理工学院如何追求卓越	［美］查尔斯·维斯特
大学与市场的悖论	［美］罗杰·盖格
高等教育公司：营利性大学的崛起	［美］理查德·鲁克
公司文化中的大学：大学如何应对市场化压力	
	［美］埃里克·古尔德
美国高等教育质量认证与评估	
	［美］美国中部州高等教育委员会
现代大学及其图新	［美］谢尔顿·罗斯布莱特
美国文理学院的兴衰——凯尼恩学院纪实 ［美］P.F.克鲁格
教育的终结：大学何以放弃了对人生意义的追求	
	［美］安东尼·T.克龙曼
大学的逻辑（第三版）	张维迎
我的科大十年（续集）	孔宪铎
高等教育理念	［英］罗纳德·巴尼特
美国现代大学的崛起	［美］劳伦斯·维赛
美国大学时代的学术自由	［美］沃特·梅兹格
美国高等教育通史	［美］亚瑟·科恩
美国高等教育史	［美］约翰·塞林
哈佛通识教育红皮书	哈佛委员会
高等教育何以为"高"——牛津导师制教学反思	
	［英］大卫·帕尔菲曼
印度理工学院的精英们	［印度］桑迪潘·德布
知识社会中的大学	［英］杰勒德·德兰迪
高等教育的未来：浮言、现实与市场风险	
	［美］弗兰克·纽曼等
后现代大学来临？	［英］安东尼·史密斯等
美国大学之魂	［美］乔治·M.马斯登
大学理念重审：与纽曼对话 ［美］雅罗斯拉夫·帕利坎
学术部落及其领地——当代学术界生态揭秘（第二版）	
	［英］托尼·比彻 保罗·特罗勒尔
德国古典大学观及其对中国大学的影响（第二版） 陈洪捷
转变中的大学：传统、议题与前景	郭为藩
学术资本主义：政治、政策和创业型大学	
	［美］希拉·斯劳特 拉里·莱斯利
21世纪的大学	［美］詹姆斯·杜德斯达
美国公立大学的未来	
	［美］詹姆斯·杜德斯达 弗瑞斯·沃马克
东西象牙塔	孔宪铎
理性捍卫大学	眭依凡

学术规范与研究方法系列

如何为学术刊物撰稿（第三版）	［英］罗薇娜·莫瑞
如何查找文献（第二版）	［英］萨莉·拉姆齐
给研究生的学术建议（第二版）	［英］玛丽安·彼得等
社会科学研究的基本规则（第四版）	［英］朱迪斯·贝尔
做好社会研究的10个关键	［英］马丁·丹斯考姆
如何写好科研项目申请书	［美］安德鲁·弗里德兰等
教育研究方法（第六版）	［美］梅瑞迪斯·高尔等
高等教育研究：进展与方法	［英］马尔科姆·泰特
如何成为学术论文写作高手	［美］华乐丝
参加国际学术会议必须要做的那些事	［美］华乐丝
如何成为优秀的研究生	［美］布卢姆
结构方程模型及其应用	易丹辉 李静萍
学位论文写作与学术规范（第二版）	李武 毛远逸 肖东发
生命科学论文写作指南	［加］白青云
法律实证研究方法（第二版）	白建军
传播学定性研究方法（第二版）	李琨

21世纪高校教师职业发展读本

如何成为卓越的大学教师	［美］肯·贝恩
给大学新教员的建议	［美］罗伯特·博伊斯
如何提高学生学习质量	［英］迈克尔·普洛瑟等
学术界的生存智慧	［美］约翰·达利等
给研究生导师的建议（第2版）	［英］萨拉·德拉蒙特等

21世纪教师教育系列教材·物理教育系列

中学物理教学设计	王霞
中学物理微格教学教程（第三版）	张军朋 詹伟琴 王恬
中学物理科学探究学习评价与案例	张军朋 许桂清
物理教学论	邢红军
中学物理教学法	邢红军
中学物理教学评价与案例分析	王建中 孟红娟
中学物理课程与教学论	张军朋 许桂清
物理学习心理学	张军朋
中学物理课程与教学设计	王霞

21世纪教育科学系列教材·学科学习心理学系列

数学学习心理学（第三版）	孔凡哲
语文学习心理学	董蓓菲

21世纪教师教育系列教材

教育心理学（第二版）	李晓东
教育学基础	庞守兴
教育学	余文森 王晞
教育研究方法	刘淑杰
教育心理学	王晓明
心理学导论	杨凤云
教育心理学概论	连榕 罗丽芳
课程与教学论	李允
教师专业发展导论	于胜刚
学校教育概论	李清雁
现代教育评价教程（第二版）	吴钢
教师礼仪实务	刘霄

家庭教育新论	闫旭蕾 杨萍
中学班级管理	张宝书
教育职业道德	刘亭亭
教师心理健康	张怀春
现代教育技术	冯玲玉
青少年发展与教育心理学	张清
课程与教学论	李允
课堂与教学艺术（第二版）	孙菊如 陈春荣
教育学原理	靳淑梅 许红花
教育心理学	徐凯

21世纪教师教育系列教材·初等教育系列
小学教育学	田友谊
小学教育学基础	张永明 曾碧
小学班级管理	张永明 宋彩琴
初等教育课程与教学论	罗祖兵
小学教育研究方法	王红艳
新理念小学数学教学论	刘京莉
新理念小学音乐教学论（第二版）	吴跃跃

教师资格认定及师范类毕业生上岗考试辅导教材
| 教育学 | 余文森 王晞 |
| 教育心理学概论 | 连榕 罗丽芳 |

21世纪教师教育系列教材·学科教育心理学系列
| 语文教育心理学 | 董蓓菲 |
| 生物教育心理学 | 胡继飞 |

21世纪教师教育系列教材·学科教学论系列
新理念化学教学论（第二版）	王后雄
新理念科学教学论（第二版）	崔鸿 张海珠
新理念生物教学论（第二版）	崔鸿 郑晓慧
新理念地理教学论（第三版）	李家清
新理念历史教学论（第二版）	杜芳
新理念思想政治（品德）教学论（第三版）	胡田庚
新理念信息技术教学论（第二版）	吴军其
新理念数学教学论	冯虹
新理念小学音乐教学论（第二版）	吴跃跃

21世纪教师教育系列教材·语文教育系列
语文文本解读实用教程	荣维东
语文课程教师专业技能训练	张学凯 刘丽丽
语文课程与教学发展简史	武玉鹏 王从华 黄修志
语文课程学与教的心理学基础	韩雪屏 王朝霞
语文课程名师名课案例分析	武玉鹏 郭治锋等
语用性质的语文课程与教学论	王元华
语文课堂教学技能训练教程（第二版）	周小蓬

中外母语教学策略	周小蓬
中学各类作文评价指引	周小蓬
中学语文名篇新讲	杨朴 杨旸
语文教师职业技能训练教程	韩世姣

21世纪教师教育系列教材·学科教学技能训练系列
新理念生物教学技能训练（第二版）	崔鸿
新理念思想政治（品德）教学技能训练（第三版）	胡田庚 赵海山
新理念地理教学技能训练（第二版）	李家清
新理念化学教学技能训练（第二版）	王后雄
新理念数学教学技能训练	王光明

王后雄教师教育系列教材
教育考试的理论与方法	王后雄
化学教育测量与评价	王后雄
中学化学实验教学研究	王后雄
新理念化学教学诊断学	王后雄

西方心理学名著译丛
儿童的人格形成及其培养	［奥地利］阿德勒
活出生命的意义	［奥地利］阿德勒
生活的科学	［奥地利］阿德勒
理解人生	［奥地利］阿德勒
荣格心理学七讲	［美］卡尔文·霍尔
系统心理学：绪论	［美］爱德华·铁钦纳
社会心理学导论	［美］威廉·麦独孤
思维与语言	［俄］列夫·维果茨基
人类的学习	［美］爱德华·桑代克
基础与应用心理学	［德］雨果·闵斯特伯格
记忆	［德］赫尔曼·艾宾浩斯
实验心理学（上下册）	［美］伍德沃斯 施洛斯贝格
格式塔心理学原理	［美］库尔特·考夫卡

21世纪教师教育系列教材·专业养成系列（赵国栋 主编）
微课与慕课设计初级教程	
微课与慕课设计高级教程	
微课、翻转课堂和慕课设计实操教程	
网络调查研究方法概论（第二版）	
PPT云课堂教学法	
快课教学法	

其他
三笔字楷书书法教程（第二版）	刘慧龙
植物科学绘画——从入门到精通	孙英宝
艺术批评原理与写作（第二版）	王洪义
学习科学导论	尚俊杰